目錄

序言

第一章　本我、自我、超我

目錄

第四章　夢的解析

目錄

序言

西格蒙德．佛洛伊德（Sigmund Freud），一八五六年五月六日，出生於捷克的普日博爾，四歲時全家遷至維也納定居，而在青少年時代就已顯示出非凡的天賦。十七歲時，佛洛伊德考入維也納大學醫學系。從一八七六年到一八八一年，在著名生理學家約瑟夫．布羅伊爾（Josef Breuer）的指導下，開始從事研究。一八八一年獲得醫學博士學位，並在布羅伊爾的支持下，合辦了私人診所，擔任臨床神經專科醫生。一八八六年，與馬莎．伯萊斯（Martha Bernays）結婚，共育有三子和三女，女兒安娜．佛洛伊德（Anna Freud）繼承了他的事業，也成為著名的心理學家。二戰期間，由於德國納粹的迫害，佛洛伊德於一九三八年遷居至英國倫敦，並於次年十二月二十三日，因口腔癌在倫敦逝世。

佛洛伊德是精神分析學的創始人，他的一系列著作如《歇斯底里研究》

序言

(*Studien über Hysterie*)、《夢的解析》(*Die Traumdeutung*)、《性學三論》(*Studien über Hysterie*)、《自我與本我》(*Das Ich und das Es*)等，對後人產生了深遠的影響。他的心理學理論，不是一般意義上的哲學，甚至也不同於一般的心理學，因為它主要是作為一種精神病療法的理論。讀佛洛伊德的書，可以認識造成人們精神疾病的根源，從而有效地調節、完善我們的人生。本書正是佛洛伊德原著代表作的精選譯本，其內容包括：

自我、本我、超我人的心理結構分為三個部分：「本我」、「自我」和「超我」。「本我」是生理的、本能的、無意識的東西，缺乏邏輯性，只是追求滿足，無視社會價值；「自我」是理性的、通達事理的，與激情的本我相對，是可以控制的；「超我」負有監督本我的使命，有道德良心、罪惡感，具有自我觀察、為自我規劃理想的功能。

精神分析之為科學，其特點為方法，而非所欲研究的對象，這些方法可以研究文化史、宗教、神話學及精神醫學，都不至於喪失其基本性質。精神分析的目的及成就，只在於心靈內潛意識的發現。

性愛密碼在佛洛伊德以前，人們對「性」的問題的研究，大都停留在對現象的認識上。佛洛伊德的研究發現了性心理的發展史及規律，揭示了性心理在人類生活中的重要作用與影響，第一個改變了人類對這門知識的看法，提供了全面認識人自身的契機。

解析夢真的猶如空中樓閣嗎？歐洲諺語有云：「鵝夢見什麼？牠夢見玉米。」「豬夢見什麼？牠夢見粟。」夢並不是毫無意義的，也不是人們意識裡混沌、荒誕的產物，夢完全是一種有效的精神現象——願望的實現。

本書是集佛洛伊德思想之大成的作品，從書中我們可以了解人的心理結構、病態精神及其起源、人類的性愛問題，以及探討精神與夢的關係。當然，原著亦有不足之處，比如書中存在很多令人費解的心理學知識，並且某些內容由於缺乏連貫性和用詞晦澀難懂，所以編譯時會適當的刪減和改動了原著的用詞和段落，使讀者可以更容易掌握佛洛伊德的理論。

編者

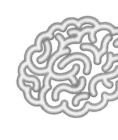

第一章

本我、自我、超我

本章佛洛伊德把人的心理結構分為「本我」、「自我」和「超我」三個部分。

「本我」包括了所有原始的遺傳的本能和慾望，宛如「一口充滿著沸騰的激動的大鍋」，其中最根本的是性慾衝動，即所謂的「原慾」(libido)，它為各種本能衝動、慾望提供力量，是人整個精神活動的基礎和源泉；「自我」所代表的是理性和判斷，它既要滿足「本我」的要求，又要使之符合「現實」，調節兩者之間的衝突。但「自我」並不能脫離「本我」而獨立存在，它不僅為「本我」服務，而且必須依靠「本我」提供的能量來活動；「超我」則代表一種對本我的道德限制（即良心），與「本我」處於對立地位，它不僅能使「本我」推遲得到滿足，甚至會使之不能被滿足，引導「自我」去限制「本我」的衝動。在一般情況下，「本我」、「自我」、「超我」三者處於平衡狀態，而它們之間的關係失調，就是人的一切行為失常的根源。

意識和潛意識

按語：

「意識」是人心理狀態的最高形式，是人的心理因素世界中的「首腦」，它統治著整個精神世界，使之動作協調。正是在意識的管轄和指揮下，精神生活才具有穩定合理的特點。「前意識」，是屬於意識的觀念和思想，因與現實的生活無關，被排除出意識，而留在意識附近，可以較快、較容易地進入意識領域內；而在意識和前意識以外，即是「潛意識」，是人類精神中占據最大量、最原始的部分。在精神世界中，潛意識壓在最深處、最底層，但又最活躍，並總是設法浮現到意識表層。

將心理生活劃分為意識和潛意識，是精神分析的基本前提，而且只有如此劃分，精神分析才能了解心理生活中那些既重要又普遍的病理過程，並在科學的框架中找到一席之地。換言之：精神分析不承認意識是心理生活的本質，但不否認意識是心理生活的一種屬性。在心理生活中，意識可以與其他屬性共存，也可以不存在。

許多人不承認潛意識的存在，因為對於大多數受過哲學教育的人來說，任何還不是有意識的心理觀念，都很令人難以置信，以至於在他們看來那似乎是極其荒謬的，簡直可以用邏輯一駁即倒，而這點在我看來，只是因為他們從來沒有研究過催眠和夢的相關現象——這種現象和病理現象大不相同——才得出不承認潛意識的結論。事實上，對於催眠和夢的問題，他們的意識心理學是無法解決的。

首先，「意識」一詞是一個純描述性的術語，它是建立在最直接、最具確定性的知覺基礎之上；其次，經驗表明，一種心理元素（例如，一個觀念）一般說來不是永遠有意識，相反，意識狀態的特點是瞬息萬變的，一個現存的意識的觀念，片刻之後或許就不再是有意識的了，雖然在某些很容易出現的條件下，還可以再成為有意識的。那麼，這個觀念在中間階段究竟是什麼呢？對此，我們一無所知，但我們可以說它是潛伏的，也就是說，它能隨時成為有意識的，或者假設我們說，它是潛意識的，那我們就是對它進行了同樣正確的描述。因此在這個意義上，「潛意識」一詞，與「潛伏的」、「能成為有意識的」相一致。

除此之外，我們已經沿著另一途徑，透過考察精神動力在其中發揮作用的某些經驗，發現了「潛意識」這一概念。我們被迫假定，存在著一些強大的心理過程或觀念——一種數量化或實用的因素第一次在這裡被討論——它可以在心理活動中，產生日常觀念所能產生的一切結果（包括也可以像觀念那樣，成為有意識的結果），雖然它們本身不能成為有意識的。而這些觀念之所以不能成為有意識的，在於有一定的力量在和這些觀念相抗衡，否則，它們就能成為有意識的。因此，這些觀念和其他公認的心理元素，顯然並沒有多大的差別。而在精神分析技巧中已經發現了一種方法，可以把那個抗衡的力量消除，使還有問題的那些觀念成為有意識的，這個事實使這一理論無可辯駁。我們把這些觀念成為有意識之前的狀態，稱為「壓抑」(suppression)，並且斷言，產生和保持這種壓抑的力量，在分析工作中被理解為「抵抗」。

因此，我們從壓抑理論中，獲得潛意識這個概念。在我們看來，壓抑為我們提供了潛意識的原型。但是，我們發現人類有兩種潛意識：一種是潛伏、但能成為有意識的；另一種是被壓抑、是不能成為有意識的。這種對精神動力學（psychodynamics）的洞察，也就影響到了我們的術語和描述，那種潛伏、只在描述意義上、而非動力學意義上的潛意識，我們稱之為「前意識」（preconscious）；而把潛意識一詞，留給那種被壓抑的動力學上的潛意識。

我們有了三個術語，即意識、前意識和潛意識，它們不再具有單純描述意義。前意識可能比潛意識更接近意識，而既然我們已經把潛意識稱為心理的，我們就更會毫不猶豫地也把潛伏的前意識也稱為心理的。那麼，為什麼我們要一致地從意識的心理活動中，區分出前意識和潛意識，而不願意與哲學家們保持一致呢？哲學家們也許會認為，只要把前意識和潛意識描述為「類心理」的兩種類型或兩個階段，就能建立和諧；但是，這樣在說明中的那些無數的困難，就會接踵而至。這樣定義的兩種「類心理」，幾乎在所有其他方面都和公認的心理事物相一致，這個重要的事實，從它們、或它們最重要的部分還不為人所知的時候，就被迫處於一種偏見的背景中。

只要我們不忘記，雖然在描述性意義上有兩種潛意識，但在動力學意義上則只有一種潛意識。明白這一點，我們就可以著手研究意識、前意識和潛意識這三個術語了。而為可以更清楚地說明，在某些情況下，可以對這種劃分不予理睬；但在另一些情況下，這種劃分就當然是必不可少的了。同時，我們多少已習慣了潛意識一詞的這兩種意義，並且能運用得當。就我看來，要避免這種意義上的不明確是不可能的；意識和潛意識之間的劃分，終究不過是一個要麼必須「肯定」，要麼必須「否定」的知覺問題，但知覺本身的行動，並沒有告訴我們一件東西為什麼會被知覺到、或沒有被知覺到。誰也沒有抱怨的權利，因為實際現象所表達的動力因素，就是意義不明確的（這一點，可以參見我的《論潛意識》（*The unconscious*）這篇心理玄學論文的第一節和第二節）。

然而，在精神分析的進一步發展中已經證明，甚至這些劃分也是不夠的，就實際目的來說同樣如此。在許多方面已經清楚表明了這一點。但是，決定性的情況如下：我們已經闡述了這種觀念，即每一個人都有一個心理過程的連貫組織，我們稱之為他的自我。這個自我與意識相聯繫，它控制著能動性的通路——也就是把興奮排放到外部世界中，而正是心理上的這個機構調節著它自身，一到晚上，這個自我就去睡覺了，但是它仍然會檢查夢。自我還由此發揮壓抑的功能，不僅把某些心理傾向排除在意識之外，而且禁止它們採取其他表現形式或活動。在精神分析中，這些被排斥的傾向與自我形成對立，自我對被壓抑表現出抵抗，而精神分析的任務，就是要把這些抵抗排除。我們發現，當把某些任務擺在患者面前時，他便陷入困境；而當他的聯想應該接近被壓抑的東西時，他就無法繼續聯想。於是，我們便告訴他：「你被一種抵抗支配著。」但事實上他卻意識不到這一點，即使他從不舒服的感受中聯想到——有一種抵抗正在他身上發揮作用，但他既不知道這種抵抗是什麼，也不知道如何去描述它，但是這種抵抗來源於他的自我，並屬於自我，這是毋庸置疑的。因此，我們發現自己處在一種意識之外的情境之中。

我們在自我本身，也發現了某種潛意識的東西，它的行為就像被壓抑的事物一樣，雖然這種東西本身並沒有意識，卻會產生很大的影響；而要使它成為有意識的，就需要做特殊的工作。從分析實踐的觀點來看，這種觀察的結果是：如果我們堅持先前那種慣有的表達方式，並試圖從意識和潛意識的爭論中發現精神官能症，我們就會陷入無盡的混亂和困境之中，我們將不得不用另一種對立——這種對立源自我們對心理結構條件的理解——來代替這種對立，即有組織的自我，和被壓抑的、從中分裂出去的自我之間的對立。

但是，對於我們的潛意識概念來說，我們所發現的結果甚至更為重要。動力學方面的考慮，促使我們作出第一次更正；我們對心理結構的知識，則促進了第二次更正。我們承認，潛意識與被壓抑的東西不同，而一切被壓抑的東西都是潛意識的，但並不是說所有的潛意識都是被壓抑的。

自我的一部分也可以是潛意識的，這毫無疑問，而這種屬於自我的潛意識，不像前意識那樣潛伏；因為假如它不是有意識的，就無法被刺激。而當我們發現，自己面臨著必須假定，有一個不被壓抑的第三種潛意識時，就必須承認：成為潛意識的這種性質，對我們來說已開始失去意義，因為它成了可能具有多種含義的性質了。如此，就不能如我們所希望的那樣，使它成為深遠的、必然性結論的依據。然而我們必須小心不要忽視，因為它最後究竟是成為意識還是潛意識的這種性質，是看透深層心理學（Depth Psychology）奧祕的唯一一束光。

自我和本我

按語：

「本我」是遺傳下來的動物性本能，是一種原始動力機制，其目標是毫不掩飾地滿足生物慾望，內部充滿了非理性、反社會和破壞性的衝動，是潛意識結構部分，是所有本能的載體，而它與生俱來，是最原始的部分，遵循著快樂原則；「自我」是每個人都包含的心理內涵，是理性、意識的主體結構，它控制著能動性的入口，及將興奮釋放到外部世界中，處於本我與外界之間，根據外部世界的需要來活動，在現實原則中感受情感。「自我」調節著「本我」，與之相對立，是檢查精神內部運動的所有過程。「自我」是部分意識的參與者，它的任務是使「本我」與外界社會更好地協調，並採取某種方式，轉移不能被社會接受的本能衝動。

病理學的研究，完全把我們的興趣集中到了被壓抑這個方面。從前文我們已經知道，「自我」這個詞在其本來意義上也可能是潛意識的，由此我們就希望更深入了解自我。到目前為止，我們從事研究的唯一嚮導，是意識和潛意識的區分標誌；最後我們卻發現，這個區分標誌本身就意義不明確。

現在我們的一切知識，都和意識密切相連，即使潛意識的知識，也只有使它成為意識的才能獲得。但是，這要怎樣成為可能的呢？當我們說「使某事物成為有意識」的時候，這是什麼意思呢？它又是如何發生的呢？

就此而言我們已經知道，在這一方面我們必須的出發點是什麼。我們說過，意識是心理結構的外表，也就是說，我們已經把它作為一種能劃歸在空間上最靠近外部世界的系統了。順便提一下，在這種情況下，使用局部解析學的術語，並不只是用來描述該機能的性質，而且實際上是符合解剖事實的。我們的研究，也必須把知覺的這個表面——器官，作為一個出發點。

從外部和內部——我們稱之為感覺和情感——獲得的一切知覺，從一開始就是意識的；但它是怎樣在思維過程的名義下，聯繫我們可以——模糊地，不確切地——概括起來的那些內部過程？它們代表心理能量的置換，而這種能量是在付諸行動的過程中，在結構部分的某個地方獲得的。它們是向著容許意識發展的外表前進呢？還是意識向著它們走來？這顯然是一個人開始嚴肅地採用心理學生活的空間概念，或拓撲心理學（Topological Psychology）時所遇到的困難之一。這兩種可能性都是不可想像的，而要解決這一問題，必須要有第三種可能性。（譯注：《論潛意識》的第二節中，已對此作了更長篇的討論）

在其他地方（譯注：即指《論潛意識》）我已經說過，潛意識觀念和前意識觀念（思想）之間真正的差別在於：前者是在未被認識到的某種素材中產生的，而後者則另外和字詞表象聯繫著。這是為前意識和潛意識這兩種系統，找到一個區分標記的第一次嘗試。於是「一件事情怎樣成為意識的？」這個問題，說成「一件事情怎樣成為前意識？」就可能更有利。而且答案就會是——「透過與之相應的字詞表象，建立聯繫而成」。這些字詞表象就是記憶痕跡：它們一度曾經是知覺，像一切記憶痕跡一樣，它們可以再次成為意識。

而在我們進一步論述其性質之前，要先開始意識到一個新發現——只有那些曾經是意識知覺的東西，才能成為有意識的，故從內容（情感除外）產生的任何東西，若想成為有意識的，就必須努力把自己轉變成外部知覺，因為這只有借助記憶痕跡才能做到。

我們把記憶痕跡，想像為包含在直接與前意識——意識知覺系統相連的系統中，這樣，那些記憶痕跡的精力灌注，就可以很快從內部擴展到後一系統的成分上。這裡立刻使我們想起了幻覺，即最生動的記憶，總是既可以從幻覺中、又能從外部知覺中區分出來（這個觀點在布洛伊爾對《歇斯底里研究》的理論貢獻中有過表述）；但是，我們也馬上會發現，當一個記憶恢復時，記憶系統中的精力灌注仍將保存，而當精力灌注不僅從記憶痕跡向知覺的成分擴展、甚至完全超越它時，就會產生一種無法與知覺區分的幻覺。

言語痕跡主要是從聽覺獲得，這樣就可以說，前意識系統有一個特殊的感覺源；而字詞表象的視覺成分是第二位，它透過閱讀獲得，可以把它先放在一邊。除了聾啞人之外，那些有輔助作用的感覺運動表象也是這樣，因為一個詞的本質，畢竟是被聽見的那個詞的記憶痕跡。

我們絕不能為了簡化而被引入歧途，以至於忘了視覺記憶痕跡的重要性——即那些（和語詞不同的）東西的重要性——或者否認透過視覺痕跡的恢復，思維過程就能成為意識的，在許多人看來，這似乎是一種適當的方法。在沃倫冬克的觀察中，研究夢和前意識幻想，就能向我們提供這種視覺思維的特殊性質的觀念。我們知道，成為意識的東西，一般說來只是具體的思維主題，視覺卻不能對這個主題各成分之間的關係有所反應。所以，圖像思維只是成為意識的一個很不完全的形式，某種程度上說，它比字詞思維更接近於潛意識過程，而且毋庸置疑，在個體發生和種系發生上，它都比後者更古老。

讓我們回到爭論中來：如果這是使本身就是潛意識的東西，藉以成為前意識的方法；那麼，對於被壓抑的東西怎樣才能成為前意識的這個問題，我們便可以做出以下回答：透過分析工作來提供前意識的中間聯繫，就可以做到。因此，意識就保持在原位；但另一方面，潛意識則不上升為意識。

鑒於外部知覺和自我之間的關係是相當清楚的，而內部知覺和自我之間的關係則需要特別研究。它再次引起了一種懷疑，即把整個意識歸屬於一個「知覺—意識」的外表系統，是否真有道理？

內部知覺產生過程感覺，而過程感覺是以最多種多樣的形式，同樣從心理結構的最深層產生。關於這些感覺和情感，我們知之甚少；我們所知道關於它們的最好的例子，是那些屬於快樂——不快樂（痛苦）系列的東西。它們比從外部產生的知覺更主要、更基本，甚至當意識朦朧不清時，它們也能產生，我曾在《超越快樂原則》（*Jenseits des Lustprinzips*）中對其更大的經濟學意義及其心理玄學的基礎表示過觀點。這些感覺就像外部知覺一樣是多層次的，它們可能同時來自於不同的地方，並可能因此而具有不同、甚至相反的性質。

快樂性質的感覺，並不具有任何內在推動性的特點；而不快樂的感覺則在最高的程度上具有這種性質。後者促進變化，促進釋放，這就是我們之所以把不快樂解釋為提高能量灌注、而把快樂解釋為降低能量灌注的原因。我們不妨把在快樂和不快樂形式下成為意識的事物，描述為在心理事件過程中的一種量和質「都尚未確定的成分」；那麼問題就會是，該成分是否能在它實際所在的地方成為意識，或者是否必須先把它轉換到知覺系統中？

臨床經驗向我們表明，這個「未確定的成分」的舉動，就像一個被壓抑的衝動，如果自我不加強制，它就會施加內驅力，直到對該強制產生抵抗、釋放行動被阻止，這個「未確定的成分」才能迅速成為不快樂的意識。同樣，由身體需要而產生的緊張，可保持為潛意識，身體的痛苦也可以如此——它是介於內部與外部知覺之間的一種東西，甚至當其根源是在外部世界時，它行動起來也像一種內在知覺。因此，它再次真實地表明，感覺和情感只有到達知覺系統才能成為意識的；而如果前進的道路受阻，即使在興奮過程中，和它們一致的那個「不確定成分」和它們一樣，它們也不會作為感覺出現。

於是，我們就以一種凝縮的、並不完全正確的方式，來討論「潛意識情感」，它和並不完全正確的潛意識觀念相似。事實上，不同在於，與潛意識觀念的聯繫，必須在它們被帶入意識之前形成，而對本身可以直接轉換的情感來說，則無此必要了。換句話說，意識和前意識的區分，對情感來講並沒有意義，前意識在此不予考慮——因為，情感要麼是意識的，要麼是潛意識的，甚至當它們和字詞表象聯繫在一起時，使它們成為意識的也不是這種聯繫，而是直接這樣形成。

字詞表象所發揮的作用，現在已經完全清楚了。由於它們的影響，內在思維過程變成了知覺，它就像對該原理的證明一樣，即一切知識在外部知覺中都有其根源。而當思維過程的過度灌注（德語：Besetzung，或譯投注、貫注）發生時，思想是在實際意義上被感知的——好像它們來自外界一樣——並因此被認為是真實的。

在把外部知覺、內部知覺和前意識「知覺—意識」的表面系統之間的關係作了這種澄清之後，我們就可以繼續研究「自我」的概念了。我們發現，這顯然要從它的中心——知覺系統著手，並且在一開始就要抓住接近記憶痕跡的前意識。但我們已經知道，這個自我也是潛意識的。

有一位作家從個人動機出發，他堅持認為自己和純科學的嚴密性不相干，而我認為，如果聽從他的建議，我們將得到很多便利。這位作家就是維也納的喬治．格勞代克，他一直執著地認為，在我們所謂的自我生活中，所表現出來的行為基本上是被動的。就像他所說的，我們是在知道的、無法控制的力量下「生活」著。我們都有同樣的印象，即使它們無法使我們不顧其他一切情況，為喬治．格勞代克的發現在科學結構中找到一席之地，我們覺得仍沒有猶豫不決的必要。現在，我提議透過回憶知覺系統出發，和從作為前意識的自我開始，且步喬治．格勞代克的後塵，將「本我」的名字賦予心靈的另一部分，從回憶這個實體加以考慮，從該實體向其他部分擴展，而其他部分的行為就好像是潛意識的「本我」。

我們繼續研究，看看這個概念是否會使我們有所收穫。

我們現在，將一個人看作是一個未知的、潛意識的心理本我；而本我的外表，就是從其知覺系統發展而來的自我。如果我們努力對此加以形象化的想像，我們可以補充說，自我並不包括整個本我，但只有這樣做，才能在一定程度上使知覺系統形成（自我的）外表。自我並未與本我徹底分離，而它的較低級部分合併到了本我之中。

除此之外，被壓抑的東西也合併到本我之中了，並且簡直成了本我不可分割的一部分。被壓抑的東西，只是由於抵抗作用而與自我徹底分開，而它可以透過本我而與自我聯繫。透過對病理學的研究，我們能立即意識到：我們所勾畫出來的幾乎一切界限，都只和心理結構的表面水準有關——這是我們所知道的唯一水準。雖必須說明，所選定的形式對任何特殊應用而言，並沒有任何誇張之處，而只想為說明的目的服務，但我們所描述的一切都可以用圖表來表現。

或許我們可以補充說，自我戴著一頂「聽覺的帽子」，正如我們從腦解剖所知道的，但它只在一邊有帽子，或也可以說是歪戴著帽子。

很明顯，自我是本我的那麼一部分，即透過前意識「知覺—意識」的媒介，已被外部世界直接影響而改變的那一部分；從某種意義來說，自我是表面分化的一種擴展。還有，自我有一種尋求把外界的影響施加給本我的傾向，並努力用現實原則，代替在本我中不受限制、占主導地位的快樂原則。在自我中，知覺所發揮的作用，就是本我中轉移給本能的作用。自我代表我們所謂的常識和理性，它與含有熱情的本我形成對照。所有一切都與我們的熟悉的一般區別一致；但同時也只能認為，這種區別在一種平均的或「理想的」情況下才適用。

在這一事實中所表現出來的自我，在功能上的重要性，即是把對能動性的正常控制轉移給自我。如此，我們便可以用一個比喻準確地說明：在自我和本我的關係中，自我好似一名騎士，它需要有控制馬的強大力量；不同的是，騎士是尋求用自己的力量做到這一點，而自我則是借力。對此我們還可以做進一步的說明，如果騎士不想與他的馬分開，騎士就必須注意引導馬的方向；同樣如此，自我經常把本我的願望付諸實施，就好像願望是它自己的一樣。

如此看來，對形成自我、並使其從本我中分化出來，除了前意識知覺系統的影響外，還有另外一種因素同樣發揮了作用。一個人的身體本身，首先是它的外表，可以產生外部知覺與內部知覺。這一點可以像任何其他客體一樣被看到，但它把兩種感覺讓給了觸覺，其中一個相當於一種內部知覺。心理生理學已全面討論了身體以此，在知覺世界的其他客體中獲得其特定位置的方式。痛苦似乎在這個過程中也發揮作用，我們在病痛期間藉以獲得的關於我們器官的新知識的方式，或許就是我們一般獲得自己身體觀念的一種典型方法。

自我首先是一個身體的自我，它不僅是一個表面的實體，而且它本身還是一種表面的投射（自我基本上是身體的感覺中衍生的，主要是從身體表面產生的那些感覺獲得的，因此，可以把它看做身體表面的一種心理投射）。如果我們想為它找到一種解剖學上的類比，就可以很容易地把它等同於解剖學家所謂的「大腦皮質上的小人」，它在大腦皮質上是倒置的，它腳朝天，臉朝後，左側是它的言語區。

我們已經多次探究過自我和意識的關係，但對此還有一些重要的事實有待描述。由於我們已經習慣於不論走到哪裡，都攜帶著我們的社會和道德的價值標準。所以，當我們聽到低級情慾的活動場所就在潛意識中時，我們並不會感到驚訝；此外，我們期待任何心理功能在我們的價值觀標準上級別越高，就會越容易發現它通往意識的道路。但在這裡精神分析的經驗卻令我們失望，一方面我們有證據表明，即使通常有強烈反思要求的精細、複雜智力操作，同樣可以在前意識中進行，而無須進入意識。這種例子無可辯駁，比如，它們可以在睡眠狀態中出現，而當某人睡醒後，就立刻知道了一個幾天前還苦苦思索的困難數學問題，或其他問題的解答方法。

但是，還有另一個現象，一個更奇怪的現象：在分析中我們發現，在有些人身上自我批評和良心的官能——這是一些心理活動，即作為特別高級的活動——是潛意識的，並且潛意識地產生最重要的影響；因此，在分析中出現潛意識抵抗的例子，絕不是單一特例。但是，這個新的發現卻表明，不管我們有多好的批判才能，都強迫我們談論一種「潛意識罪惡感」，而它比其他發現都使我們更糊塗，而且產生了新的問題，特別是當我們逐漸發現，在大量的精神官能症裡，這種潛意識的罪惡感有著決定性的作用，並在病痛痊癒的道路上設置了最強大的阻礙物。如果我們重返我們的價值觀標準，我們就不得不承認在自我中，不僅最低級的東西，就是最高級的東西也可以是潛意識的。就像是提供了我們一個剛剛斷言的有意識自我的證明，即它首先是一個身體的自我。

自我和超我

按語：

「超我」充滿清規戒律，是類似於良心的人格層面，是道德化的「自我」，是內在的道德檢察官，它包括良心和自我理想，來自於內心的道德理念，為「自我」確立了好和壞的範本，一個社會的理想和傳統價值觀，是透過「超我」傳遞給後代。

如果自我只是受知覺系統的影響，而改變本我的一部分，那麼，我們所要處理的事態就簡單得多了：但事實卻是更複雜。

我們假定，在自我之中存在一個等級、一個自我內部的分化階段，我們稱之為「自我理想」或「超我」。我們現在所要探究的問題是：自我的這一部分與意識的聯繫，不如其他部分與意識的聯繫密切，這需要提出解釋。

要提出合理的解釋，我們必須將研究的範圍稍微擴大。透過假設（在那些患憂鬱症的人中），失去的對象又在自我之內恢復原位，換言之，對象灌注被一種認同作用所取代，如此，我便可以成功地解釋憂鬱症的痛苦障礙。但是，我們尚未意識到該過程的全部意義，也不知道它的平凡和典型的程度如何。由此我們便意識到，這種替代作用在確定自我所具有的形式方面，發揮著重要作用，在形成它的所謂的「性格」方面也有巨大的貢獻。

最初，在人的一生的原始口腔期（譯注：參閱作者《性學三論》第二篇「幼兒性慾」之內容），無疑很難區別對象灌注和認同作用。我們只能假設，對象灌注在以後是從本我中產生，在本我中性的傾向，是作為需求而被感覺到。在一開始時還沒有很強壯的自我，後來就意識到了對象灌注，並且要麼默認它們，要麼試圖透過壓抑過程來防備它們。

當一個人不得不放棄一個性對象時，在他的自我中常常會發生一種變化，這種變化只能被描述為，對象在自我之內的一種復位，就如在憂鬱症中發生的那樣；而這種替代作用確切性質，到目前為止還不為我們所知。透過這種心力內投，一種退行到口腔期的機制，可能使自我更容易放棄一個對象，或使該過程更容易成為可能。這種認同作用，甚至可能是本我能夠放棄其對象的唯一條件。不管怎樣，這個過程，特別是在發展的早期階段，是一個經常發生的過程，它說明了一個結論——自我的性格，就是被放棄的對象灌注的一種沉澱物，它包含著那些對象選擇的歷史。當然，從一開始就必須承認，有各種程度的抵抗能力，正如在某種程度上所表明的，任何特殊人物的性格，都在一定程度上接受、或抵抗他性對象選擇的歷史。在有多次戀愛經歷的女人中，似乎並不難在其性格特質中，發現其對象灌注的痕跡。而我們也必須考慮，同時發生對象灌注和認同作用的情況——就是說，在這種情況下，對象被放棄之前，它還會發生性格上的變化。在這種情況下，性格的變化將能從對象關係中倖存，並且在某種意義上保存它。

從另一種觀點來看，或許可以說，一個性對象選擇，這種向自我的變化也是一種方法，而自我能以這種方法控制本我，並加深和它的聯繫——的確，在很大程度上是以默認本我的經驗為代價。當自我假定對象的特徵時，可以說，它把自己作為一個戀愛對象強加給本我，並試圖用這種說法補償本我的損失。它說：「看，我如此像那個對象，你同樣可以愛我。」

這樣從對象原慾向自戀原慾的轉移，顯然指的是放棄性目的，即一種失性慾化的過程——所以，它是一種昇華作用。的確，這個問題出現了，應該被認真地考慮，即這是否並非總是昇華作用所走的普通道路，是否一切昇華作用，都不是由於自我的媒介作用而發生，自我透過把性對象——原慾轉變為自戀原慾，然後，或許繼續給自我提供另一個目的。以後我們將不得不考慮其他本能變化，是否也有可能不是這種轉變造成的，例如，是否這種轉變，不會造成已經融合在一起的各種本能再度分解。

雖然這有點離題，但是，我們暫時不可避免地要把注意力擴展到注意自我的對象——認同作用。如果這些認同作用占了上風，並且變得為數過多、過分強大，而且互不相容，那麼，取得病理學的成果也就為期不遠了。由於不同的認同作用被抵抗所隔斷，就可能會引起自我的分裂；或許所謂多重人格，這種情況的祕密，就是各種認同作用輪流占有意識。即使事情不致如此，在四分五裂的自我幾種認同作用之間也存在著衝突，而這些衝突畢竟不能完全由病理學描述。

然而，不論這種抵抗被放棄的對象灌注影響的性格能力，放棄之後可能是什麼結果，童年最早期的第一次認同作用，影響都將普遍和持久。這就把我們領回自我理想的起源，因為在自我理想的背後，隱藏著一個人的第一個、而且是最重要的認同作用，即以父親自居的作用，而這在每個人的史前時代都曾發生。顯而易見，這並不是最初對象灌注的結果，而是一種直接、即刻的認同作用，比任何對象灌注都早。但是，這種最早的性慾期、且與父母有關的這種對象選擇，正常說來，似乎會在被討論的那種認同作用中發現，並因而強化前一種認同作用。

然而，問題是如此複雜，有必要更細緻地探究，而問題的錯綜複雜歸之於兩種因素：伊底帕斯情結（譯注：Oedipus Complex，參閱包含這一主題的論文《伊底帕斯情結的解除》）的三角特徵，和一個人身體上的雌雄同體。

可以簡要敘述男孩子的情況：當還很小的時候，小男孩就發展出了對母親的對象灌注，這最初和母親的乳房有關，是在所依賴的原型上發展出最早的對象選擇的例子；男孩子用以父親認同（自居）的方式來對待父親。這兩種關係一度同時存在，直至對母親的性願望變得更加強烈，而將父親視為障礙，這就引起了伊底帕斯情結。於是，男孩對父親就帶上了敵對的色彩，並且希望驅逐父親以取代他對母親的位置。此後，男孩與父親的關係就有了心理上的矛盾，而在認同作用中，這種內在的矛盾心理好像一開始就表現出來了。對母親那種純粹深情的對象關係和對父親的矛盾態度，就構成了孩子身上簡單積極的伊底帕斯情結。

隨著伊底帕斯情結的退化，男孩子對母親的對象灌注就必須被放棄。它的位置可以被下列兩種情形之一所取代：要麼以母親認同，要麼加強以父親認同的作用。我們習慣上認為後一種結果是正常的，它允許把對母親的深情關係，在一定限度內保留下來。伊底帕斯情結的解除，便會加強男孩子性格中的男子氣。

如果是小女孩，則她身上伊底帕斯情結態度的結果，就可能以類似的方式，加強以其母親的認同作用——這種結果將會使女孩子的女性性格固定下來。（譯注：伊底帕斯情結的結果是男孩與女孩的「確切類比」，此觀點在此後不久便被作者放棄了。見《兩性解剖差異所帶來的心理結果》）

由於這些認同作用，並不包括把被放棄的對象吸收到自我中，因此它們並不是我們所期望的；但是，這種二選一的結果也可能出現，且在女孩子身上比男孩子身上更容易觀察到。分析表明，當女孩子不再將父親看作戀愛對象之後，就把會凸顯出男子氣概，並且認同父親，即以失去的對象認同來代替其母親認同。這將明顯地依賴於她的男子氣概是否足夠強烈——不管它可能是由什麼構成的。

由此看來，在兩種性別中，男性素養和女性素養的相對強度，決定著伊底帕斯的結果，是一種與父親認同或與母親認同的作用，這是雌雄同體藉以取代後來變化的伊底帕斯情結的方式之一。而另一種方式甚至更為重要，因為人們得到的印象是，簡單的伊底帕斯情結根本不是它的最普遍的形式，而代表一種簡化或圖式化，而確實，這對實際目的來說十分恰當。更深入的研究通常能更全面的揭示伊底帕斯情結，且這種情結是雙重的——即消極的和積極的，且歸之於最初在童年期表現出來的那種雌雄同體。換言之，一個男孩子不僅對父親有一種矛盾態度、對母親有一種深情的對象選擇，他也同時像女孩子那樣，對父親表示出深情的女性態度、對母親表示相應的嫉妒或敵意。而正是這種由雌雄同體所帶來的複雜因素，使人難以獲得清楚的事實觀念，而這些事實與最早的對象選擇和認同作用聯繫，導致我們可能把在與父親的關係中所表現出來的矛盾心理，完全歸咎於雌雄同體，但如我剛才所說，它並不是由競爭和認同作用中發展起來的。

一般來說，當涉及精神官能症患者時，如果假設存在著完全的伊底帕斯情結，是完全有可能的。精神分析的經驗表明，在許多情況下，它的構成成分總要有一方或另一方的消失，除了那些依稀可辨的痕跡外。這樣就可以形成一個系統：即一端是正常的、積極的伊底帕斯情結；另一端則是倒置的、消極的伊底帕斯情結；其中間的部分，將展示兩種成分中占優勢的類型。而隨著伊底帕斯的分解，它所包含的四種傾向將以這樣的方式組織起來，以產生父親認同和母親認同作用。父親認同作用，將保留原來屬於積極情結的與母親的對象關係，同時將取代以前屬於倒錯（變態）情結的父親的對象關係；母親認同作用除在細節上必要的修正外，也將同樣是真實的。任何個體身上兩種認同作用的相對強度，就會在身上反映出其中一種性素養優勢。

因此，受伊底帕斯情結支配的性慾期，其廣泛普遍的結果，可以被視為是在自我中形成的一種沉澱物，並以這兩種認同作用所構成。自我的這種變化保留著它的特殊地位，它以一種自我理想或超我的形式，與自我的其他成分形成對照。

但是，超我不僅僅是由本我最早的對象選擇，所遺留下來的沉澱物，它同時也代表反對那些選擇的作用。超我和自我的關係並不僅僅局限於這條規則，即「你應該如此（像你的父親那樣）」，它也包括這條禁律，即「你絕不能如此（就像你父親那樣）」；換言之，「你不能做他所做的一切，有許多事情是他的特權」，而自我理想的這種兩面性，是從這個事實中獲得，即自我理想對伊底帕斯情結施加壓抑作用的任務。的確，它的存在正是應該歸功於那一革命事件。顯然，壓抑對伊底帕斯情結並非易事，特別是父親，被視為是實現伊底帕斯願望的障礙。如此，這個幼小的自我便獲得強化，透過在自身之內建立這個同樣的障礙，以幫助壓抑。做到這一點的力量，可以說是從父親那裡借來的，這種出借是一個非常重大的行動。超我保持著父親的性格，而當伊底帕斯情結越強烈、並且迅速地屈從於壓抑時（在紀律、宗教教義、學校教育的影響下），超我對自我的支配，就越來越嚴厲——即以良心、或以一種潛意識罪惡感的形式。

倘若我們再回過頭，考慮一下我們已經描述過的超我的根源，我們將認識到它是兩個非常重要因素的結果：一個是生物因素，另一個是歷史因素，即在一個人身上長期存在的童年期的無能和依賴性、伊底帕斯情結的事實，和我們已表明的那種壓抑，都和原慾潛伏期的發展中斷有關。根據一個精神分析學的假設，我們發現，超我從自我中分化出來無非是個機遇問題，它代表著個人發展與種族發展中那些重要的特點。

人們一再指責精神分析，批評它不顧人類本性中較高級的、道德的、超個人的方面。這種指責在方法論和歷史學這兩個方面是不公正的，因為首先，我們從一開始就把壓抑的功能，歸之於自我中道德和美學的傾向；其次，許多人都否定精神分析能產生一種全面的、完善的理論結構，就如一種哲學體系那樣。我們不得不分析正常和不正常的現象，沿著理解心理的錯綜複雜的道路一步步地找到出路，只要研究心理上這個被壓抑的部分是我們的任務，我們就沒有必要對存在著更高級的心理生命感到不安。但是，既然我們已經著手自我分析，我們就可以回應那些對道德感到震驚的人、以及那些抱怨說人體中一定存在著某種更高級性質的人——我們可以說：「毋庸置疑，在這個自我理想或超我中，的確有那種更高級性質，它是我們和父母關係的代表，當我們還是孩子的時候，就知道這些更高級性質了。我們對這些高級性質既羨慕又害怕，而後來我們把它們納入到自身當中。」

自我理想是伊底帕斯情結的繼承者，因而也是本我最強而有力的衝動和最重要的原慾變化的表現。透過建立這個自我理想，自我掌握了它的伊底帕斯情結，同時使自己處於本我的支配之下。鑒於自我主要是外部世界、現實的代表，而超我則與其形成對照，是內部世界、本我的代表。自我與理想之間的衝突，最終將反映外部和內部世界、現實和心理的這種對立。

理想形成後，生物的發展和人類種族所經歷的變遷遺留，這些在本我中的一切痕跡就被自我接受，並在每個人身上又由自我重新體驗了一遍。因為自我理想所形成的方式，以及每一個人在種系發生上的天賦——他的古代遺留——有最豐富的聯繫。這正是我們每個人心理生活中最深層的東西，而透過理想的形式，才變成了我們所評價的人類心靈中最高級的東西。

顯而易見，自我理想在一切方面，都符合我們所期望的人類的更高級性質。就一種代替做父親的渴望而言，自我理想是所有宗教的萌芽，宣布自我不符合其理想這個自我判斷，會使宗教信仰者產生一種證明自己渴望的謙卑感。伴隨著兒童的長大，教師或其他權威人士繼續承擔了父親的功能，他們把指令權和禁律權都交給了自我理想，並且繼續以良心的形式行使道德的稽查功能，而在良心的要求和自我的實際表現之間感到緊張，是作為一種罪惡感被體驗到。社會情感就建立在以別人自居、並具有同樣自我理想的基點上。

宗教、道德和社會感（科學和藝術暫且不談）——人類最高級東西的主要成分，最初是同一個東西。根據我在《圖騰與禁忌》（*Totem und Tabu*）中提出的假設，它們的獲得從種系發生學上講，源於戀父情結，即透過掌握伊底帕斯情結的實際過程，獲得宗教和道德的限制，和為了克服由此而保留在年輕一代成員身上、他們競爭所需要獲得的社會情感。在發展所有這些道德的獲得物時，似乎男性居領先地位；然後透過交叉遺傳，傳遞給女性；甚至在今天，社會情感，也是作為一種建立在對其兄弟姐妹的嫉妒和競爭的衝動基礎上的上層建築(Superstructure)，而在個體身上產生。由於敵意不能得到滿足，便發展出一種與先前競爭對手的認同作用。研究同性戀的適當案例，也進一步證實了這種懷疑，即在這種情況下，認同作用也代替了繼敵意、攻擊性態度之後的深情的對象選擇。

然而，隨著種系發生的提出，新的問題產生了：究竟是原始人的自我還是本我的早期，就從戀父情結中獲得了宗教和道德？如果是自我，我們為什麼不略述一下這些被自我遺傳的東西呢？如果是本我，它又是怎樣和本我的性格一致的呢？或者說，我們把自我、本我、超我之間的分化帶回到這樣早的時期是錯誤的嗎？又或者說，難道我們不應該老老實實地承認，我們關於自我過程的整個概念，對理解種系發生毫無助益、也不能應用於它嗎？

讓我們先回答最易於回答的問題。自我和本我的分化，不僅要歸因於原始人，甚至要歸因於更簡單的有機體，因為這是外界影響所不可避免的表達方式。根據我們的假設，超我實際上起源於圖騰崇拜的經驗，而究竟是否是自我體驗、並獲得了這些東西，這一問題不久便不再有意義了。思考立刻向我們表明，除了自我之外，本我不能體驗到任何外部變化，而自我是外部世界通往本我的代表。

所以，根據自我來討論直接遺傳是不可能的。正是在這裡，實際個體和種系概念之間的鴻溝才變得愈加明顯。此外，我們一定不能把自我和本我之間的差別看得過為嚴重，但也不能忘記，自我實際上是經過特殊分化的一部分本我。

自我的經驗似乎最初並不會遺傳，但是，當這些經驗足夠經常的重複，並在隨後許多代人身上有了足夠的強度之後，可以說，自我的經驗就轉移到本我的經驗中去了，即成為遺傳所保留下來的那種印跡。所以，在能被遺傳的本我之中貯藏著由無數透過自我所導致的存在的遺蹟；並且當自我從本我中形成它的超我時，它或許僅是恢復已經逝去的自我的形象，並且保證它們的復活。

超我藉以產生的方式，解釋了自我和本我對象灌注的早期衝突，是怎樣得以繼續進行，並和超我繼續發生衝突。如果自我未能滿意地掌握伊底帕斯情結，那麼，從本我產生的伊底帕斯情結的精力灌注，將在自我理想的反向作用中找到一種發洩口。在理想和這些潛意識的本能傾向之間可能發生的大量交往，說明理想本身在很有可能屬於潛意識，無法達到自我。

在心靈最深層曾經激烈進行的爭鬥，並未因迅速的昇華和認同作用而結束，現在是在更高的領域內進行，就像在威廉·馮·考爾巴赫（Wilhelm von Kaulbach）的油畫中《漢斯之戰》（The Battle of the Huns）一樣，在天上解決爭端。（譯注：這場戰役就是人們通常所知的沙隆之戰（Battle of the Catalaunian Plains），在西元四五一年的這場戰役中，阿提拉被羅馬人打敗。考爾巴赫將其作為他的一幅壁畫的主題，最初是為柏林的諾伊斯博物館繪製的。根據可追溯到西元五世紀的新柏拉圖學派的一個傳說，在這場戰役中，戰死的勇士們被描繪為在戰場上空繼續戰鬥）

兩類本能

按語：

本節旨在說明人的本能歸屬。本能開始是一種中性能量，因為轉換的角度不同，它便有兩種性質不同的能量傾注方向，即「愛慾」（性本能）和「死亡本能」。「愛慾」與「死亡本能」是人類體內相互對立、又相互依存的矛盾體，是人的基本本能。愛慾要求統一和聯合，指揮創造和生產，並要求有機體自我的防禦功能，讓人們去愛、去發展，是人類前進的力量來源；相反，死亡本能即要求割裂事物，它發散出破壞力量，其目的是毀滅生命。愛慾與死亡本能在精神中必須保持穩定的比例。愛慾遵循的是快樂原則，但愛慾時常會轉變為死亡本能，這是由於，現實環境和我們的超我常常不允許愛慾無限制地滿足，愛慾就積蓄了過多的能量，此時就需要轉變為相反能量來平衡精神結構，即死亡本能。從某種意義上說，愛慾的邁進，亦是走近死亡，兩者有相同的最終目標。

如前所述，如果我們把心靈分為三個部分，即自我、本我和超我，而這種區分代表我們進一步的認識的話，那麼，就能更徹底了解心理內部的動態關係，且能更清晰的描述它們。我們已經得出了一個結論：自我很容易受知覺的影響，廣義地說，知覺對自我的意義，就像本能對本我的意義一樣。同時，自我與本我一樣也容易受本能的影響，事實上，自我只是本我的一部分變形。

在《超越快樂原則》中我提出了一種本能的觀點，在此我將繼續以其為基礎，進行進一步的討論。依據這一觀點，我們不得不區分出兩類本能，下面我們將簡要地闡述。

其一，就是愛慾（Eros）或性本能。它不僅包括不受禁律制約的性本能本身，受目的制約、由此衍生的具有昇華性質的本能衝動，還包括自我保護本能。愛慾必須把這種本能分配給自我，而且在我們的分析工作之初，我們有充足的理由使之與性的對象本能相對立。

其二，就沒那麼容易下定義，而我們決定把施虐狂作為第二類本能的代表。出於生物學理論的考慮，我們假定存在著一個死亡本能（Death Instinct），把有機的生命帶回到無機物狀態，則是它的任務。

現在，我們再假定愛慾的目的，在於把裡面分散著的生物物質微粒越來越廣泛地結合，從而使生命複雜化，因此，保存生命自然就是它的目的了。既然愛慾和死亡本能，均致力於重建一種由於生命出現而受到干擾的狀態，那麼就此而言，這兩類本能從最嚴格的意義上來說都是保守的。生命的出現就會因此被視為生命延續的原因，同時也被視為死亡的原因，而生命本身則是這種傾向的衝突與和解。關於生命的起源問題，乃是一個宇宙論的問題，故對生命的目的的問題，就會提出二元論的回答。

基於以上觀點，一種特殊的生理過程（合成代謝或分解代謝）將與兩類本能之一聯繫，而這兩類本能在生命實體的每一個微粒中，雖然實體的大小不等，但是這兩種本能都是活躍的。如此，某一實體就可以成為愛慾的主要代表。

這種假設，並未明白顯示這兩類本能互相融合的方式，但這種有規律的、非常廣泛的現象，卻是我們的概念所不可或缺的一個假設。看來，把單細胞有機體結合成多細胞的生命形式，就可以成功地抵消單一細胞的死亡本能，而破壞性衝動借助於一個特殊器官而轉向外部世界，這個特殊器官就是肌肉組織；而死亡本能，作為一個指向外部世界和其他有機體的破壞性本能，似乎就會因此而表明自己。

我們一旦承認兩類本能互相融合的概念，那麼，就把「解離」它們的可能性強加於我們。性本能的施虐狂部分，是本能融合服務於一個有用目的的典型事例，施虐狂促使它自身獨立的反常行為，則是典型的解離，雖不是絕對完全的解離。從此點上，我們便獲得了一個新觀點，這一觀念是以前在這一方面從未考慮過的。

我們發現，出於發洩的目的，破壞性本能習慣上是為愛慾服務的，而我們猜想癲癇發作就是本能解離的一種症狀。我們開始意識到，本能的解離和死亡本能的明顯出現，是許多嚴重的精神官能症（例如強迫症）最值得注意的表現。為了迅速概括，我們可以假定，原慾退行的本質（例如，從生殖器期退化到施虐狂的肛門期），就在於本能的解離之中；而如果情形相反，就會像從早期階段向發育完全的生殖器階段的進展，將受增加性成分制約一樣。於是又出現了一個問題，即在精神官能症的結構傾向中往往異常強烈的矛盾心理，是否不應被視為是一種解離的產物。然而，矛盾心理是這樣一種基本現象，以至於它更能代表一種尚未完成的本能融合狀態。

顯而易見，我們現在應該將興趣轉向詢問，在我們假定存在著的人格結構——本我、自我和超我——與兩類本能之間，是否不可能有什麼指導性的聯繫。再者，支配心理過程的快樂原則，是否可以顯示出它和兩類本能以及我們在心理上做的這些分化有什麼固定的聯繫。但在討論問題之前，我們必須先消除一種懷疑，它和表述問題的術語有關。至於快樂原則，那是毋庸置疑的，自我內部的分化也有很好的臨床上的理由，可是，兩類本能的區分似乎沒有充足的證據，而且發現，它很可能與臨床分析的事實相矛盾。

我們姑且不論兩類本能之間的對立，讓我們先考慮一下愛和恨的極端情況。要發現愛慾的一個代表毫無困難，而我們慶幸的是，我們能夠在破壞性本能中找到一個難以捉摸的死亡本能代表，即恨。臨床觀察表明，不僅愛總是以意想不到的規律性伴隨著恨（矛盾心理），在人類的關係中，恨也常常是愛的先河，而且在很多情況下，恨會變成愛，愛也會變成恨。如果這種變化不僅僅只是一種時間上的相繼關係，就是說，如果其中一方實際上變成了另一方，那就顯然就沒有根據認為愛慾和死亡本能存在著基本的差別。

某人對同一人先愛後恨或先恨後愛，是因為對方使他產生了那樣想的原因，而這一點顯然與我們的主題無關；另外一種情況，尚不明顯的愛，最初是用敵意或攻擊性傾向來表現自己，這一點同樣與我們的主題無關，因為可能是在對象灌注中，破壞性成分勝過了性愛，只是性愛是之後才加入。我們所知道的關於精神官能症心理學的幾個例子，其中有更好的基礎來假設的確發生了某種變化。

在被害妄想症中，患者為防備自己對某人產生過分強烈的同性戀，而採取一種特別的方式：那個他曾最愛的人成了他的迫害對象，而患者常常會對他進行危險的攻擊。這裡，我們有權插入一個以前的階段，這個階段把愛變成了恨。分析研究到了最近，才使我們認識到，在同性戀的根源和失去性慾化的社會情感根源的案例中，存在能引起攻擊慾望、非常強烈的敵對情感，而只有在克服了這些情感之後，以前恨過的對象才會變成了愛的對象，並引起某種自居作用。這就產生了一個問題，即是否在這些事例中，我們打算假定恨可以直接轉變成愛？顯然，這裡的變化是純內部的，對象行為上的變化，對它們沒有影響。

然而，研究妄想症患者的變化，使我們開始意識到可能還存在著另一種機制。一種矛盾的態度從一開始就表現出來，並且這種轉變是依靠灌注的應用置換來發揮作用，能量以此從性衝動中退縮，並補充到敵對的衝動中。

當克服了一種敵意的敵對態度，並產生同性戀的時候，就發生了一件類似的事情：敵對態度沒有任何滿意的前景，因此它被一種愛的態度所取代，對此才會有更令人滿意的前景，即發洩的可能性。所以我們發現，不論在何種情況下，我們對把恨直接轉變為愛的假設都不滿意，這兩類本能本質上的區別毫不相容。但我們注意到，透過引入另外一個把愛變成恨的機制，就默默地提出了另一個應該得到明確闡述的假設。

我們認為，在心理中——不管在自我還是本我中——好像存在著一個可轉換的能量，這能量本身是中性的，它能被施加在一個在性質不同的性衝動或破壞性衝動上，增加它的整個精力灌注。而如果不假設存在這種可替換的能量，我們就無法取得進展。問題是它來自何方、屬於什麼、代表什麼意？

本能衝動的性質、及其在經歷了各種變化後繼續存在的問題，仍然十分模糊，迄今為止尚未解決；但在性的成分本能中，這很易於為觀察理解。例如我們發現，在成分本能之間存在著某種程度的交往；還發現，從某一特定的性慾來源中獲得的本能，可以轉移它的強度，用來強化發自另一根源的成分本能；我們還發現，一種本能的滿足可以取代另一種本能滿足，以及更多具有同樣性質的事實——所有的這一切，必將鼓勵我們提出某些假設的勇氣。

退一步而言，到目前為止，我除了提出一種假設，也拿不出什麼證據。下面這個觀點似乎有道理，即這個在自我及本我中都同樣活躍、中立、可置換（displacement）的能量，都毫無疑問地是從自戀的原慾的儲存庫發出來的——這是個失去性能力的愛慾（整體來說，性本能看來比破壞性本能更具可塑性，更容易轉移和置換）。由此，我們就能很容易地繼續假設，這個可置換的原慾是受快樂原則支配，而為避免能量積壓和促進能量釋放所服務。在這種關係中，很容易觀察到某種冷淡，只要發生能量釋放，對釋放藉以發生的道路就會很冷淡。我們知道，它是本我中精力灌注過程的特點。在性慾灌注中發現，那裡表現出了一種對對象的特別冷淡，它在以分析所產生的移情中表現得特別明顯，不管分析者可能是誰，它都必然會表現出來。最近，蘭克（Rank Otto）發表了一些關於方法良好實例，能說服報復性的精神官能症活動，所指向的是錯誤的對象。

這種潛意識方面的行為，使人們想起了三個鄉村裁縫的喜劇故事，其中一個裁縫必須被處以絞刑，因為村中的唯一的一個鐵匠犯了死罪。（譯注：這個故事，是作者在其《詼諧與潛意識關係》（*Jokes and Their Relation to the Unconscious*）中的最後一章講述）處罰必須實施，即使處罰的並不是犯罪者本人。正是在夢的研究中，我們第一次在置換作用中，遇到了這種由初始過程所引起的放縱情況。在這種情況下，被下降到僅僅是次要地位的也正是這些對象，正如我們所討論的這種情況一樣，它是釋放能量的道路。過分講究對象的選擇和能量釋放的道路，這似乎成了自我的特點。

如果這個可置換的能量，是失去性能力的原慾，就可以將它也描述為被昇華了的能量；因為就它幫助建立了那種結合或結合傾向而言，這是自我的特殊性質，仍然保持著愛慾的主要目的——統一和結合。如果在更廣泛的意義上，將思維過程包含在這些置換作用中，那麼，思維活動也要從被昇華了的性動機力量中得到補充。

這裡我們確定了已經討論過的可能性，即昇華作用可以透過自我的調解而有規律地發生。讓我們回憶另一種情況，自我對付本我的第一次對象灌注（當然也包括對付以後的灌注），是把從中接收的原慾納入到自身之中，並把它結合到靠認同作用產生的自我矯正中。把性慾原慾轉變為自我原慾，當然包括放棄性目的——失性慾化。這在任何情況下，都表明了在自我和愛慾的關係中，自我的一個重要功能。自我由此而從對象灌注中獲得原慾，而把自身作為唯一的戀愛對象，使本我的原慾失去性能力或使原慾昇華。自我的工作和愛慾的目的相反，它使自我服務於相反的本能衝動，它只好默認另外一些本我的對象灌注，可以說，它只好與它們攜手前進。後面我們還將返回到，自我這種活動的另一個可能的結果。

這似乎表示了，自戀理論的一種重要的補充。一開始，所有的原慾都是在本我中積累起來，而自我還在形成過程、或者說還很不健全。這個原慾一部分被本我釋放出來，成為性慾的對象灌注，於是，現在日益強大的自我就試圖獲得這個原慾，並把自身作為戀愛對象強加給自我。而由於原慾是從戀愛對象身上撤回而獲得，自我的自戀因此就被看作是次要的。

在追溯本能衝動時我們一再發現，本能衝動是作為愛慾的衍生物來表現自己。要不是出於對《超越快樂原則》中所提及的考慮，和最終為了依附於愛慾的施虐狂成分的緣故，我們就難以堅持基本的二元觀念；但既然無法擺脫那種觀點，便被迫作出結論，即死亡本能在本質上是緘默的，生命的吶喊大部分是由愛慾所發出（事實上，按照我們的觀點，正是透過愛慾這個結構，指向外部世界的破壞性本能，才從自身轉向）。

生命的吶喊，也是從反對愛慾的鬥爭中發出，毋庸置疑，快樂原則在同原慾——即把這種障礙引入生命過程的一種力量——的鬥爭中，是作為一種指南為本我服務。如果生命真受費希納（Gustav Theodor Fechner）的恆定性原則所支配，它就會不斷地滑向死亡，而愛慾、性本能的要求以本能需求的形式，阻止了下降的速度，並把新的緊張引入。也就是說，受快樂原則——受不快樂知覺——所支配的本我，以各種方式來阻止緊張。要做到這一點，首先要盡可能地遵照非失性慾化原慾要求，也就是說，努力滿足直接的性傾向，但它進一步、並且以一種更全面的形式這樣做了。這種形式，與一個把所有成人要求都納入其中的特殊滿足形式有關——也就是說，透過釋放性慾的物質，這些物質是緊張的飽和的管理者。在性活動中，性慾物質的排放，在某種程度上和軀體及種質的分離一致，說明了死亡和某些低等動物的交配活動相同這一事實。這些生物在二次生產中死亡，因為當愛慾在經過滿足過程而被排除後，死亡本能就可以放手實現它的目的了。最後，如我們所知，自我透過使某些原慾本身及其目的的昇華，在它控制緊張的時候幫助了本我。

本能與原慾

按語：

在「兩類本能」一節中，佛洛伊德提出「原慾」這一概念，而且在其之後的著作中，這一名詞也高頻率地出現。「原慾」的概念，界定為一種量化力量，可測量性興奮的過程與變化。佛洛伊德將心理表徵稱為「自我原慾」，它的產生、增強或減少、分配與轉移，有助於我們理解作者所描述的性心理現象。

我們已經知道，自我是本我的一個變形，自我與本我一樣很容易受本能的影響。於是，我們提出了兩類本能，即愛慾（性本能）和死亡本能。在分析中，我們提出了一個讓人感到陌生的概念——原慾，這一概念是如此的重要，以至於在後面的論述中也常常提到，在此，我們有必要對其加以澄清。

原慾是取自情緒理論的一種表述，我們用這一名詞，稱呼那些與包含在「愛」之下一切事物有關的本能能量——以量的大小來考慮這一能量（雖然目前實際上是不可測量的）。我們用愛一詞所指的東西的核心，自然就是以性結合為目的的「性愛」（這就是通常所稱的「愛」，或詩人們所歌頌的愛）。但是，我們並不把如何在「愛」這一名稱中所共有的東西分離，例如「自愛」以及對父母和兒童的愛、友愛和對全人類的愛，還有對具體對象和抽象觀念的奉獻，我們的根據在於這一事實：精神分析研究表明，所有這些傾向是，同樣的本能衝動的表現；而在兩性之間的關係中，這些衝動迫切地趨向結合，但在其他場合中，它們離開、或者避免實現這一目標，儘管它們總是保持著原初的本性，這也足以使得它們的身分可被認識（如在渴望親近和自我犧牲那樣的特性中）。

於是，我們的意見是，語言在創造具有多種用法的「愛」一詞的過程中，已經行使著完全合理的部分統一。我們最多也不過是把它當作科學討論和解釋的基礎。當精神分析做出這一決定時，引起了一場軒然大波，被當成像是荒謬絕倫發明的罪過。然而，在這種「寬泛」的意義上看待愛，並非什麼獨創性的事物，在起源、功用和性愛的關係方面，哲學家柏拉圖的「愛的本能」，恰好與「愛力」、即精神分析的原慾相吻合，正如普費斯特（Oskar Pfister）和納赫曼佐思已詳細表明的那樣；當使徒保羅在他著名的《哥林多書》（*Corinthians*）中讚美愛至高無止時，他肯定是在同樣「寬泛」的意義上理解它（譯注：「雖然我用人和天使的語言說話，但我沒有愛，我變成像只會發出響聲的銅管，或者是一個叮叮響的鈸鈸」）。但這只表明，人們不總是嚴肅地對待他們的偉大思想家，即使當他們極力聲稱尊崇偉大思想家的時候亦如此。

於是，精神分析把這些「愛的本能」稱作「性本能」，並根據它們的起源稱作「占有」。大多數「有教養」的人，把這一術語當作是一種侮辱，並用「泛性論」（Pansexualism）的責難作為報復，來攻擊精神分析。把性當作是對人性的抑制和恥辱的任何人，都會隨意地使用更高雅的詞「愛的本能」或「愛慾的」，我自己本來也可以從一開始就如此做，這樣可以使自己免遭更多的敵對。

但我不想這樣做，因為我不願意向怯懦屈服。人們絕無法說清楚，這種屈服可能把你引向何方，而若人們首先在用詞上屈服，最後就會一點一點在本質上屈服了。我看不出羞於談性有什麼好處，最終不過是我們德語詞「愛」的翻版；最後，誰若懂得等待，誰就不必讓步。

自我的依賴關係

按語：

本文是作者對「本我」、「自我」和「超我」關係更詳細地描述，可以說是對前文的總結。「本我」透過「自我」達到滿足慾望的目的，「超我」透過「自我」抑制慾望。在整個精神體系中，自我依靠它和知覺系統的關係，以時序來安排心理過程，使它們服從於「現實檢驗」，換言之，「自我」協調著「超我」和「本我」，依照現實原則，採取適當的行為措施；「超我」和「本我」則威脅著「自我」，從而引起強烈的焦慮和罪惡感。

我們的論題的複雜性，可以作為下述事實的一個藉口，即本書各章的標題，沒有一個和它們的內容完全一致，並且在轉向該題目的新方面時，我們都要經常回到已經研究過的那些問題上。

如同通常所說的那樣，自我大部分是從認同作用中形成，而認同取代了已被本我放棄的灌注；這些認同作用中的第一種，總是作為自我中的一個特殊職能而活動，且以超我的形式和自我分離；而當它在後來強壯起來時，自我就可能更堅決地抵抗這種認同作用的影響。超我把它在自我中的特殊地位，或與自我的關係，歸於必須從兩個方面考慮的一種因素：一方面它是第一種認同作用，是當自我還很脆弱時就產生的認同作用，另一方面它是伊底帕斯情結的繼承者，因而把一些最重要的對象引入到自我中。超我和後來自我所產生的變化關係，大致上就是童年最初性慾期、和青春期之後性生活之間的關係。雖然它很容易受後來的一切影響，但它一生仍然保留著從戀父情結衍生的特點——即和自我分離、並統治自我的能力。它是對自我以前的虛弱和依賴性的一種紀念，成熟的自我仍然受它的支配。就像兒童曾被迫服從父母那樣，自我也服從由超我發出的絕對命令。

然而，超我衍生於本我的第一次對象灌注，衍生於伊底帕斯情結，這種衍生對它來說還有更大的意義。正如我們已經描述的那樣，這種衍生把它和本我在種系發生上獲得的東西聯繫，並使它成為以前自我結構的再生物，這個自我結構已把它們的沉澱物留在了本我中。因此，超我總是和本我密切聯繫，並能作為它和自我聯繫的代表。它深入到本我之內，並且由於這個理由而比自我更遠離意識。

透過把我們的注意力轉向某些臨床事實，我們就能更容易理解這些關係，這些事實早已失去其新意，但仍有待理論探討。

在分析工作中，有些人以相當獨特的方式行事。當我們滿懷希望地與他們講話、或對治療的進展表示滿意時，他們則露出不滿的神情，而且他們的情況總是變得更糟糕。患者一開始把這種情況看做是挑戰，試圖證明自己比醫生更優越，但後來則開始採取一種更深刻、更公正的觀點。人們開始認識到，不僅這種人不能承受任何表揚，而且還對治療的進展做出相反的反應。每一種在他人身上有改善或不再惡化的局部治療方法，卻在他們身上暫時引起了病情惡化；這些患者在治療期間病情加劇，而不是好轉，並往往表現出所謂「消極的治療反應」。

毫無疑問，在這些人身上有某種與康復堅決作對的東西，他害怕接近康復，好像康復是一種危險。我們習慣上說，在這些人身上，生病的需求比渴望康復更高，而假如我們以一般的方式來分析這種抵抗——那麼，即使我們容許患者對醫生這樣的抵抗態度、容許患者想從疾病中獲得各種好處的那種固著（Fixated），大部分抵抗仍然遺留下來。這表明它本身就是康復中最強大的障礙，甚至比諸如自戀的難接近性（一種對醫生的消極態度，或對生病好處的依戀）這種熟悉的障礙更強。

最後，當我們開始意識到，我們正在對付的所謂「道德」因素，是一種罪惡感，它要在疾病中獲得滿足，並拒絕放棄受病痛的懲罰。這個相當令人失望的解釋，作為最後的結論是正確的；但是就患者而言，這種罪惡感是無聲的，並沒有說他有罪，他也不覺得有罪，只覺得生病了。這種罪惡感只表現為抵抗痊癒，要使患者相信，這種動機是他繼續生病的原因，這也很困難，因為他堅持那種更明顯的解釋，即用分析法所做的治療，對他的病情來說毫無裨益。

我們的描述適用於這種事態的最極端的例子，但是這個因素在非常多的病例中、或許在一切較嚴重的精神官能症的病例中，都只會被考慮到很小的部分。事實上，可能正是這種情況下的這個因素，即自我理想的態度決定著精神病的嚴重性。因此，我們將毫不猶豫地更全面地探討罪惡感在不同條件下表現自己的方式。

解釋正常的、有意識的罪惡感（良心）並沒有什麼困難，它是以自我和自我理想之間的緊張為基礎，並且是由它的批判功能進行自我譴責的表現。可以推測，在精神官能症中熟知的自卑感，可能和這種有意識的罪惡感密切相關。在兩種非常熟悉的疾病中，罪惡感被過分強烈的意識到，因為自我理想在其中表現得特別嚴厲，常常極其殘暴地對自我大發雷霆。自我理想在這兩種疾病（強迫症和憂鬱症）中的態度，和這種類似性一起，表現出同樣意義的差異。

在某些形式的強迫症中，罪惡感竭力表現自己，但又不能向自我證明自己是正確的。所以，這種患者的自我反對轉嫁罪責，並在否定它的同時尋求醫生的支持。對此予以默認是愚蠢的，因為這樣做毫無用處。分析最終表明，超我正受著自我所不知道的過程的影響。要想發現真正位於罪惡感根基的被壓抑的衝動是可能的。因此，在這種情況下，超我比自我更了解潛意識的本我。

在憂鬱症中，超我獲得了對意識的控制，這種印象甚至更加強烈。但在這種病例中，自我不敢貿然反抗；它承認有罪並甘願受罰。我們理解這種差異。在強迫症中，問題在於，應受斥責的衝動從未形成自我的一部分；而在憂鬱症中，超我向其表達憤怒的對象則透過認同作用而成為自我的一部分。當然，我們還不清楚，為什麼罪惡感能在這兩種精神官能症中，能達到如此的強度；但是，這種事態所表現的主要問題在於另一方面，在我們處理了其他病例之後再來討論——在這些其他病例中，罪惡感始終是潛意識的。

在歇斯底里（Hysteria）和某種歇斯底里的狀態下，基本的條件就是發現這種罪惡感，罪惡感用以保持潛意識的機制很容易就能發現。歇斯底里的自我保護，使自己免受痛苦知覺，而它的超我正是以此來威脅它，要採取那種保護自己免於難以忍受的對象灌注的方式，也就是採取一種壓抑行為。因此，正是自我應該對這種保留在潛意識中的罪惡感負責。我們知道，一般來說，自我是在超我的支配下壓抑；但是在這種病例中，它把同樣的武器轉而對準它的嚴厲的監工了。在強迫症裡，如我們所知，反向作用的現象占主導地位；但是（歇斯底里中的）自我，在這裡卻和罪惡感所涉及的素材保持距離。

我們可以進一步大膽假設，大部分罪惡感在正常情況下必定屬於潛意識，因為良心的根源和潛意識的伊底帕斯情結緊密相連。如果有人想提出這種矛盾的假設，即正常的人不僅遠比他所相信的更不道德，而且也遠比他所知道的更道德，那麼，該論斷的前半句是以精神分析的發現為依據，而剩下的後半句，精神分析則不反對人們提出異議。這種潛意識罪惡感的加劇會使人成為罪犯，這是個令人驚訝的發現，但無疑卻是個事實。在許多罪犯中，特別是年輕的罪犯中，會發現他們在犯罪之前，就存在著非常強烈的罪惡感。因此，罪惡感不是它的結果，而是他的動機，就好像能把這種潛意識的罪惡感施加到某種真實、直接的東西上，就是一種寬慰。

在所有情境中，超我表現出它和意識的自我無關，但和潛意識的本我卻有密切關係。現在關於它的重要性，我們把它歸之於自我中的前意識字詞記憶痕跡。於是，問題也就必然產生了：超我假如屬於潛意識，它是否還能存在於這種字詞表象中？或者假如超我不屬於潛意識，它究竟存在於何處呢？我們暫時的回答，是超我和自我一樣，都不可能否認它是從聽覺印象中起源，因為它是自我的一部分，且在很大一部分透過這些字詞表象（概念、抽象作用）和意識相通。但是，這種灌注的能量，並未到達起源於知覺（教學、讀書等）的超我內容，而是觸及了起源於本我的超我內容。

我們放在後面回答的問題就是：超我是怎樣作為一種罪惡感（或者更確切地說，作為一種批評——因為罪惡感是在自我中回答這種批評的知覺）來表示自己，又是怎樣發展成對自我特別粗暴和嚴厲的呢？如果我們先轉向憂鬱症，就會發現，對意識獲得支配權特別強烈的超我，對自我大發雷霆，好像它要竭盡全力對這個人施虐。按照我們關於施虐狂的觀點，我們應該說，破壞性成分置身於超我之中，並轉而反對自我。現在在超我中取得支配地位的事物，可以說是對死亡本能的一種純粹的培養。事實上，假如自我不及時轉變成躁鬱症以免受其統治的話，死亡本能就常常會驅使自我走向死亡。

以某種強迫症形式進行的良心譴責，同樣也是令人痛苦和煩惱，但對這方面情況我們不太清楚。值得注意的是，強迫症和憂鬱症相反，它絕不採取自我毀滅的步驟：好像它能避免自殺的危險，而且比歇斯底里能更好地保護自己免除危險，我們能夠發現，保證自我的安全，就是保留了對象這個事實。在強迫症中，透過向前生殖器組織的退行，就能使愛的衝動轉為對對象的攻擊衝動。破壞性本能在這裡再次得到釋放，其目的在於毀滅對象，或至少看起來具有這個意圖。這些目的尚未被自我採納，自我用反相作用和預防措施來奮力反對這種意圖，而這些意圖就保留在本我中。但是，超我的表現卻好像是說，自我應該為此負責，並且在懲罰這些破壞性意圖時，用它的嚴肅性表明，它們不但是由退行導致的偽裝，而且實際上用恨代替了愛。由於兩方面都孤立無援，自我同樣徒勞地防禦兇殘的本我煽動、並防禦責備實施懲罰的良心。但它至少成功地控制了這兩方面的最殘忍行動，第一個結果是沒完沒了的自我折磨，其次是在它所能達到的範圍內折磨對象。

它們用各種方法來，對付個人有機體內危險的死亡本能活動，其中一部分和性成分的融合，被描繪成無害的；而另一部分以攻擊的形式，掉過頭來朝向外部世界，而在很大程度上它們無疑繼續暢行無阻地從事內部工作。那麼，在憂鬱症中，超我是怎樣成為死亡本能的一個集結點的呢？

從本能控制觀和道德觀來看，或許可以說本我完全是非道德的，自我則力爭成為道德的，而超我則可能是超道德的，因此才能變得像本我那樣冷酷無情。值得注意的是，一個人越是控制它對別人的攻擊性傾向，他在其自我理想中就越殘暴——也就是越有攻擊性。而日常的觀點對這種情況的看法則正好相反：自我理想所建立的標準，似乎成為壓制攻擊性的動機。但是，我們前面說過還有這樣一個事實，即一個人越控制它的攻擊性，它的自我理想對其自我的攻擊性傾向就越強烈。這就像是一種置換作用，一種向其自我的轉向，即便是普通正常的道德品行也有一種嚴厲限制、殘酷禁止的性質。的確，無情懲罰的那個更高級的存在，正是從這裡產生。

若不引入一個新的假設，我就無法繼續考慮這些問題。如我們所知，超我產生於把父親作為榜樣的一種認同作用。每一種這類認同作用，本質上都是失性慾化的，甚至是昇華的。現在看來，好像當這種轉變發生時，同時會出現一種本能的調離。昇華之後，性成分再也沒有力量，把以前和它結合的全部破壞性成分都結合，這些成分以傾向於攻擊性和破壞性的形式被釋放。這種解離就是被理想——它獨裁的「你必須……」——所展示的普遍嚴厲性和殘酷性的根源。

讓我們再來看一看強迫症，這裡的情況就不同了。把愛變成攻擊性，雖未受到自我力量的影響，卻是在本我中產生的一種攻擊性的結果。但是，這個過程已超出本我，而擴展到了超我，超我現在加強了對清白自我的殘暴統治。但是，看來在這種情況下和在憂鬱症的情況下一樣，自我透過認同作用控制原慾，但這樣做便受到了超我的懲罰，超我用以前曾和原慾混合在一起的攻擊性來懲罰自我。

我們關於自我的觀點開始趨向於清晰，它的各種關係也變得日漸明了。我們現在已經看到了自我的力量和弱點，發揮著重要的作用。自我依靠它和知覺系統的關係，而以時序來安排心理過程，使它們服從於「現實檢驗」。透過插入這種思維過程，自我就能保證動力釋放的延遲，並控制著運動的通路，當然，這後一種力量與其說是事實問題，不如說是形式問題。就行動而論，自我的地位就像君主立憲的地位一樣，沒有它的批准，什麼法律也無法通過；但是，他對國會提出的任何議案行使否決權以前，早就猶豫不決。起源於外部的一切生活經驗豐富了自我；但是，本我對它來說則是另一個外部世界。自我力圖使本我處於自己的統治下，它把原慾從本我中撤回，並把本我的對象灌注轉變成自我結構，並在超我的幫助下，是以我們還不清楚的方式，利用了貯藏在本我中的過去經驗。

本我的內容藉以深入自我的道路有兩條，一條是直接的，另一條是借助於自我理想的引導；對某些心理活動來說，這兩條道路中它們採納哪一條，可能具有決定性的重要性。自我從接受本能發展到控制它們、從服從本能發展到抑制它們。在這個成就中，自我理想承擔了很大一部分，的確，它部分地是反對本我那種本能過程的一種反相作用，而精神分析是使自我更推進本我的統治一個工具。

但是，從另一種觀點來看，我們把這同一個自我，看做是受三個主人的支使，受到三種不同危險威脅的可憐的傢伙：這三種危險分別來自外界，來自本我的原慾和超我的嚴厲性。因為焦慮是一種退出危險的表示，因此，就有和這三種危險對應的三種焦慮。就像居住在邊疆的人一樣，自我試圖做世界和本我之間的媒介，它要使本我遵照世界的願望去做，並透過肌肉的活動，使世界順從本我的願望。實際上，自我的行為就像用精神分析治療的醫生一樣，由於它注重現實世界的力量，而把自己作為一個原慾對象提供給本我，目的在於使本我的原慾依附於它自己。它不僅是本我的一個助手，而且是向主人討喜的一個順從奴隸。只要有可能，自我就試圖和本我友善相處，它用前意識的文飾，把本我的潛意識要求掩蓋；甚至當自我事實上是冷酷無情時，它也假裝對本我的命令表示順從，為本我和現實的衝突披上了偽裝；如若可能，自我也會替和超我的衝突披上偽裝。自我在本我和現實之間的地位，使它經常變成獻媚的、機會主義的和假惺惺的，就像一名政客，雖然看見了真理，卻又想保持他的受大眾擁戴的地位。

自我對兩類本能的態度並不是公正的。透過它的認同作用和昇華作用，對本我的死亡本能，掌握原慾能夠幫助它，但這樣做會給自我帶來成為死亡本能的對象和滅亡自己的危險。為了能以這種方式給以幫助，它只好用原慾來充斥自身，這樣它本身就成為愛慾的代表，並且從那時起就渴望活下去和被人所愛。

但是，由於自我的昇華作用，導致本能解離和超我中解放了攻擊性本能，自我對原慾的鬥爭則面臨著受虐待和死亡的危險。在受到超我的攻擊之苦，甚至屈從於這些攻擊的情況下，自我所遭受的命運，就像原生動物被自己創造的裂變物所毀滅一樣。從經濟的觀點來看，在超我中發揮作用的道德品行，似乎是一種類似的裂變物。

在自我所處的這種從屬關係中，它和超我的關係或許是最有趣的。

自我是焦慮的真正住所。由於受到三方面的威脅，自我透過從危險知覺或從本我的同樣危險的過程中，收回自己的精力灌注，並把它作為焦慮釋放，從而發展逃避反射。後來由於引入了保護性灌注（恐懼症的機制），而取代了這個原始的反應。自我所害怕的東西，不論是來自外界、還是來自原慾的危險，我們都無法詳加說明，我們只知道這種害怕具有推翻和消滅的性質，但無法用精神分析來把握，自我只是服從快樂原則的警告。另一方面，我們還能說明，在自我害怕超我的背後究竟隱藏著什麼：自我害怕的是良心。良心成為自我理想的更優越存在，並曾用閹割來威脅自我，而這種對閹割的恐懼，可能就是後來對良心的恐懼所聚焦的核心，並作為良心的恐懼而保留下來。

「每一種恐懼，最終都是對死亡的恐懼」，這個言過其實的警句幾乎毫無意義，而且無論怎麼說都不能被證明合理。在我看來正好相反，把害怕死亡和害怕外界對象（現實性焦慮）及精神官能症的原慾焦慮區分，才是完全正確。這為精神分析提出了一個困難的問題，因為死亡是一個具有消極內容的抽象概念，對此我們沒有發現任何與潛意識有關的東西。看來害怕死亡只能是，自我放棄它的自戀原慾灌注，也就是放棄它自己，正如在另一些使它感覺焦慮的情況下，自我放棄某個外部對象那樣。而我相信對死亡的恐懼，是發生在自我和超我之間的某種事物。

我們知道，對死亡的恐懼只有在兩種情況下才會出現（這兩種情況和其他各種焦慮發生的情境完全相似），也就是說，這是一種對外部危險的反應和一種內部過程，例如憂鬱症。精神官能症的表現形式，可以再次幫助我們理解一個正常人。

對於憂鬱症患者對死亡的恐懼，只承認一種解釋：自我之所以放棄自己，是因為它感到自己受到超我的仇恨和迫害，而不是被超我所愛。因此，在自我看來，活著就意味著被愛——被超我所愛。這裡，超我又一次作為本我的代表而出現，超我實現的是保護和拯救的功能，這是和早期時代由父親實現、而後來則由天意或命運實現的功能相同。但是，當自我發現自己處在一種真正的極端危險中，而它認為無法憑藉自己的力量來克服這種危險時，它必然會得出同樣的結論：它發現自己被一切保護力量所拋棄，只有死路一條。另外，這種情境又和出生時所經歷的第一次巨大焦慮狀態、以及嬰兒時期那種渴望的焦慮——由於和擁有保護作用的母親分離而引起的焦慮——處於同樣的情境。

這些考慮使我們能把對死亡的恐懼，像對良心的恐懼一樣，視為對閹割恐懼的一種發展。罪惡感在精神官能症中的重大意義，使我們可以想像，一般的精神官能症焦慮，在很嚴重的情況下，往往會被自我與超我之間產生的焦慮（對閹割、良心和死亡的恐懼）所強化。

我們最終再回到本我上，本我沒有辦法向自我表示愛或恨，並不能說它想要什麼，因為它還沒有達到統一的意志。愛慾和死亡本能在本我內部爭鬥，而我們已經發現了，一組本能是用什麼樣的武器來抵禦另一組本能，這就有可能把本我描述為受那些緘默、但卻強大的死亡本能支配。死亡本能渴望處於平靜狀態，而且（受快樂原則的慫恿）讓愛慾這個挑撥離間的傢伙也處於平靜狀態；但是，或許這樣就會低估愛慾所發揮的作用。

自我與團體心理

按語：

前面所涉及的「本我」、「自我」和「超我」，無疑屬於個體心理學的範疇。佛洛伊德指出，在某些例外的條件下，個體心理學才能忽視個體與他人的關係。在個體的心理生活中，不可避免地要涉及到作為一種模範、一種對象、一個幫助者、一個敵對者的某個別人。在此，個體心理學便完全合理地擴展成為團體心理學。本節的主旨便在於詳細探討團體心理學。

討論到此，我們已基本完成了本章的使命，雖由於問題的複雜性而使討論趨於繁瑣，但慶幸的是我們尚未離題太遠，而且相信我們已將主題盡可能地表達清楚。

我們在原有的「意識、前意識、潛意識」的基礎上，建立了「本我、自我、超我」的心理結構。「本我」是生理上的、本能的、無意識的東西，缺乏邏輯性，只是追求滿足，無視社會價值；「自我」是理性的、通達事理，與激情的本我相對，是可以控制的；「超我」負有監督自我的使命，有道德良心、罪惡感，具有自我觀察、為自我規劃理想的功能。我們如果繼續陳述下去，無疑是對前面內容的重複。所以，在此我們要擴大我們討論的範圍，由「個體心理」

轉而討論「心理團體」。不是從定義出發，而是從表明要加以討論的對象範圍開始，並從中選擇一些特點顯著、能依附的實有特徵事實，這似乎更實用。我們可以透過引用勒龐（Gustave Le Bon）理所當然的名作《烏合之眾：團體心理學》（*Psychologie des Foules*）來達到這兩個目的。

我們需要把這點說得更清楚些：如果一門心理學，致力於探討個人的先天傾向、本能衝動、動機和目的、行動以及他與最親密人的關係，如果這樣一門心理學完全澄清了以上所有的問題，那麼會突然發現，又面臨著一個新的尚未完成的任務。它不得不解釋這樣一個驚人的事實：在某些條件下，它所要理解的這個個體，以完全不同於先前預料的方式感覺、思考和行動。這種條件就是：他介入了一個已獲得「心理團體」這一特徵的人集合體。

那麼，「團體」是什麼？它怎樣對個體的心理生活，施加如此決定性影響的能力？它強加於個體心理變化的性質又是什麼？

回答這三個問題，是理論團體心理學的任務。探討它們最好的方式顯然是從第三個問題開始，因為描述被解釋的事物，必須先於解釋方面的每一次嘗試。觀察個體的變化，為團體心理學提供了素材。

現在我們要引用勒龐發表的個人意見：

「由心理團體所表現出來的最驚人特性是：無論組成心理團體的個人是誰，不管他們的生活方式、職業、性格、智力是相似還是不相似，他們被轉變成一個團體這一事實，使他們擁有了一種集體心理。這種集體心理使得他們以完全不同於個人獨處時的方式感覺、思考和行動。除個人形成一個團體的情況外，某些觀念和感情就不會產生，或者不把它們本身轉變成行動。心理團體是由異質因素形成的暫時性存在——它們暫時被結合在一起，正像細胞透過它們的重新組合而構成一種生命體形式一樣，這種新的存在物，展示出非常不同於單一細胞單獨時的各種特徵。」

需要說明的是，我們將自由打斷勒龐的敘述，以便插入我們自己的評註，並相應地在要點之上插入觀察素材。

如上所述，如果團體中的個體被結合成一個整體，那麼，必定有某種東西將他們聯結在一起，這個紐帶可能正是構成團體特徵的東西。對此勒龐並未作出回答，他繼續考慮個體在團體中時所經歷的變化。

「要證明構成團體一部分的個體，在多大程度上不同於孤立的個體，非常容易，但要發現這種差別的原因則並非易事。」

「不管怎樣，要對這些原因有粗略認識，首先有必要想起近代心理學所確立的真理：潛意識現象不僅在有機體中，而且在智慧運作中發揮第一支配作用。心靈的意識生活較之潛意識生活，其重要性並不大。而最老練的分析者、最敏銳的觀察者，幾乎都只能發現決定他行動的極少量意識動機。我們意識行動是在心靈中主要由遺傳影響所創造的潛意識基質結果。這種基質由代代相傳的無數共同特徵所組成——構成了一個種族天賦。在我們承認的行動的原因背後，無疑存在著我們不承認的祕密原因，而且在這些祕密原因的背後，存在著許多我們自己忽視的更祕密的其他原因。我們很大部分的日常行動是逃避我們覺察的隱藏動機的結果。」

勒龐認為，在團體中，個體的特定習性被湮沒了，相應地，他們的個性也消失了。種族潛意識顯現出來；異質的東西被淹沒在同質的東西中。我們應該說，心理的表層結構——在個體中它的發展顯示出如此不相似——被消除，而在每個人身上都相似的潛意識基礎則顯露出來。

在這個意義上，處在團體中的個體開始顯示出一種共有的性格。但勒龐相信：他們也展示他們先前不具有的新特徵。勒龐在三種不同的因素中尋找這一點理由。

「第一種因素是，構成團體一個部分的個體——僅僅從數量上考慮——獲得了致使他屈從於各種本能的強烈感受，要是在他單獨情況下，他就會約束這些本能。他將會不那麼有意地檢點自己，因為他想：團體是無名的，因而可不負責任。這樣，總是控制個體的責任感就完全消失了。」

在我們看來，我們沒有必要把重要性過多地歸屬於新特徵的出現。對我們而言，僅須指出，在團體之中，個體被納入允許他擺脫壓抑他的潛意識本能衝動的條件。於是，他展示的貌似的新特徵，實際上是這種潛意識的顯現——人類心中一切罪惡，作為一種傾向被包含在潛意識中。在這些環境中，我們不難理解良心或責任感的消失。一直以來我們論點是，「社會性焦慮」是所謂良心的本質。（原注：勒龐的觀點與我們的觀點有差別。勒龐的潛意識更特別地包含種族心靈最深隱藏的特徵——事實這屬於精神分析的範圍之外。我們的確認識到，自我的核心——它包含人類心靈的「遠古遺留」——是潛意識的；但除此之外，我們還區分了「被壓抑的潛意識」——它源於那種遠古遺留的一部分，而這種被壓抑事物的概念，在勒龐那裡是看不到的）

「第二個原因是感染，它也介入來決定團體中人們特殊性格的顯現，同時也決定他們所持的傾向。感染是容易確立存在的一種現象，但不易解釋。它必定屬於催眠一類的現象，我們不久將要對此提出研究。在團體中，每一種情感與行動都是感染的，這種感染很強，以致於個體讓個人利益犧牲於集體利益。這是一種與本性非常矛盾的態度，除了當一個人是作為團體中的一員之外，他幾乎不會這樣做。」

後面我們將做出一個重要的猜想，這個猜想的依據是這後一個觀點：

「第三個原因尤為重要，它決定了團體中個體的特殊性格——時常與單獨的個體所顯現出來的性格完全相反。這一原因即暗示性，而上面所敘述的第二個原因——感染僅僅是暗示性的一個結果。」

「為了理解這種現象，則必須記住近期生理學的某些發現。現在我們知道，透過各種過程，一個人可以被引入這樣一種狀態：他完全失去他的意識個性，服從於剝奪他個性操縱者的所有暗示，而且他的行動、性格以及習慣完全矛盾。最仔細的研究似乎證明，個體沉浸於一個團體中一段時間，不久就會發現自己處於一種特殊狀態——不是被該團體所施加的磁性影響的結果，就是來自某些我們不知道的其他原因。這種特殊狀態與被催眠者覺得自己受催眠師操縱的「著迷」狀態十分酷似……意識的個性完全消失了；意志和分辨也失去了，所有的情感和思想都受制於催眠師所確定的方法。」

「作為心理團體一部分的個體，也大致如此，他對自己的行動不再有意識。在他的情況中——正如在被催眠的情況中一樣，在某些能力被催眠的同時，其他能力可能卻大大發展。在暗示的影響下，他將以不可遏制的衝動完成某些行動。這種衝動在團體情況中，比在被催眠的情況中更不可遏制，從暗示對團體所有個體都是同樣的這一事實中，這種衝動透過互相影響而更強烈。」

「於是我們看到，意識個性消失，而潛意識個性占支配地位，憑藉情感和觀念的暗示和感染，向同一方面轉變，傾向於將暗示得到的觀念直接轉換成行動；我們看到，這些就是作為團體一部分的個體主要特徵。他不再是他自己，而是成為一個不再被自己意志所引導的自動裝置。」

我們之所以如此詳盡地援引這些段落，是為了表明：勒龐把團體中的個體狀態，解釋為實際上是催眠狀態，而不僅僅是在這兩種狀態中做出比較。我們無意對此提出任何反駁，只是希望強調一個事實：團體中改變個體的第二個原因（感染）和第三個原因（高度的暗示性），顯然是不一樣的。因為感染本質上似乎是暗示性的表現形式。而這兩種因素的效應，在勒龐看來似乎沒有什麼明顯區分。如果我們把感染與團體中個體成員的彼此相互作用聯繫，而我們把團體中暗示作用的那些表現形式——勒龐當作類似於催眠影響的現象——指向另一來源，我們或許就能更好地解釋他的觀點。但是，指向什麼來源呢？當我們注意到該比較的主要因素之一，即在團體中將取代催眠師的那個人沒有被勒龐提及，我們不禁感受到這種缺憾的涵義。但他還是區分了這種模糊不清的「著迷」影響，與個體彼此施加的、原初的暗示得以強化的感染。

此外，還有一個重要的考慮有助於我們理解團體中的個體：

「而且，根據他成為一個組織化團體一部分的這一事實，這個人在文明的階梯上下降了幾級。當他隻身獨處時，他可能是一個有教養的人；而在一個團體中，他卻是一個野蠻人——即按本能行事的動物。他擁有原始人的那種任性、殘暴、兇狠以及豪爽與仗義。」

勒龐又特別詳盡地敘述了當一個人湮沒在團體中時，所體驗到的智慧力的降低。（原注：試比席勒的兩行詩「獨處的人還算機靈敏銳，而在團體中他簡直是個傻瓜」）

現在讓我們離開個體，轉向勒龐所概括的心理團體。它所顯示的不是單一的特徵——精神分析會在確立或追溯它的來源方面發現各種困難，而勒龐本人則透過指出它與原始人和兒童生活的相似性，向我們表明了這一方面。

一個團體是衝動、易變且不安的，它幾乎被潛意識所控制（原注：「潛意識」在這裡，被勒龐在描述的意義上正確使用，它不只是意味著「被壓抑的」）一個團體所服從的那些衝動，依情況可能是慷慨或殘忍的、勇猛或懦弱的，但它們總是如此專橫，以致於沒有個人利益——甚至自我保存利益。就團體而言，沒有什麼預先謀劃的東西，雖然它可能熱切欲求某些東西，但絕不會持久，因為它不能百折不撓，不能在它的慾望和所欲求的事物滿足之間容忍任何延遲。它具有一種全能感，而對於團體中的個體而言，這一觀念不可能消失。（原注：試比較我的《圖騰與禁忌》中第三篇論文）

一個團體非常容易輕信他人與易受影響，它沒有批判的能力，對它而言不存在不合適的事情。它以意象的形式——憑聯想彼此喚起——思考，正像個體在自由聯想（如夢）狀態中出現的那樣，從來不用任何理性的力量去檢驗這些思維與現實是否一致。一個團體的感情總是非常單一且極為浮誇，以至於一個團體既不知道懷疑、也不知道不確定性。

團體走向極端，如果表現出某種懷疑，它會即刻變成無可爭辯的確定，只要一絲反感就會轉變成強烈的憎恨。這種每一情緒的同樣極端和無限制的強化，也是兒童情感生活的一個特徵。

正如一個團體本身完全傾向於極端一樣，它透過強烈的刺激才能興奮。任何一個人希望影響團體，那麼在他的論證中就不必有邏輯的規則，而必須危言聳聽、誇大其辭，且必須一再地重複同樣的事物。

由於一個團體對構成真理或錯誤的東西不置疑慮，而且意識到自己的強大力量，故一方面它服從權威，一方面它又毫不寬容；它尊重力量，只稍稍受仁慈的影響——它把這純粹當一種軟弱的形式；它對自己的英雄所要求的東西是武力，甚至是強暴；它想要被支配與被壓抑，並對它的主人感到恐懼。從根本上說，它完全是保守的，它無限地尊重傳統，而對一切革新與進步深惡痛絕。

人們必須考慮這樣的事實，才能對團體的道德做出正確的判斷，即當個體集合在一個團體中時，他們所有的個體抑制消失了，作為原始時代的遺留，而潛伏在個體中的所有的殘忍、獸性和毀滅性的本能開始躁動，去尋找自由的滿足。但在暗示的影響下，團體也能在塑造克制、無私和對理想的奉獻方面取得更高的成就。儘管就個人而言，他自己的利益幾乎是唯一的驅動力，但就團體而言，這種個人利益幾乎微不足道。說個體具有其由團體所確立的道德標準，是完全可能的。而一個個體的智慧總是遠遠高於一個團體的智慧，集體的道德行為既可能大大的低於、也可能大大高於個體的道德行為。

勒龐描述的某些其他特徵極為清晰地表明，心理團體與原始人心理的同一是多麼富有根據。在團體中，多數矛盾的觀念能比肩並存，彼此寬容，不存在任何源出於它們之間的邏輯矛盾。但是正如精神分析早就指出的那樣，在個體、兒童和精神官能症患者的潛意識心理生活中，情況也是如此。

再者，一個團體受制於語詞的真正魔力。語詞在心理團體中，能喚起最對可怕的騷動，也能使這種騷動平息。

「理由和論證勝不過某些語詞和公式，這些語詞和公式在團體面前莊重地吟誦出來，一旦它們被發出聲，每個人的臉上便會顯露出崇敬的表情，所有人都頂禮膜拜。它們被許多人當作是自然力或超自然的力量。」

在這方面，僅僅只要記起原始人中的名稱禁忌，以及他們為名稱和語詞所賦予的魔力就行了。

最後，團體不渴求真理，它們需要的是幻覺，沒有幻覺便不能行事。它們總是認為不真實的東西優越於真實的東西，且幾乎被不真實的東西像真實的東西一樣強烈地受其影響，它們具有不區分兩者的明顯傾向。

我們已指出，幻想生活和未被滿足的願望幻覺占支配地位，這是精神官能症心理學中的決定性因素。我們發現，引導精神官能症患者的東西，不是通常的客觀實在，而是心理的實在。歇斯底里症症狀以幻想、而不是真實經驗的重複為基礎；強迫症中的罪惡感，以絕沒有被執行的罪惡意向這一事實為基礎。的確，正像在夢和精神官能症一樣，在一個團體的心理活動中，檢驗事物真實性的功能，較之有其情感灌注願望衝動的力量，變得微乎其微了。

關於團體的領袖問題，勒龐所說的東西就不怎麼詳盡了，不能使我們如此清楚地分辨出一個潛在的原則。他認為，生物一旦以某些數量聚集在一起，不管是一群動物還是人的集合，它們都本能地把自己置於一個首領的權威之下。一個團體是一個順從的動物群，沒有首領就絕不能生存。它如此地渴求忠誠，以至於它本能地服從於自稱為首領的任何人。

雖然一個團體的需求，相應地迎合了領袖的產生，然而他在其個人素養方面也必須適應這一需求。為了喚起團體的信仰，他本人必須被（在觀念中的）強烈信仰支配著；他必須擁有強烈並施加於人的意志，該團體——它沒有自己的意志——能從他那裡接受意志。然後，勒龐討論了不同類型的領袖，以及他們對團體施加作用的手段。他總體上相信，領袖們是借助他們本人狂信的那些觀念，來使自己得以存在。

而且，他把某種神祕、不可抗拒的力量，既賦予了這些觀念也賦予領袖，他稱之為「威信」。威信是被某一個體、一種作品或一種觀念影響我們的一類支配性的東西，它直接麻痺我們的批判能力，使我們充滿驚愕和崇敬，它似乎喚起像催眠中的「入迷」那樣的感情。

勒龐將「人為性威信」和「人格威信」加以區分。某些人靠他們的名譽、財富和聲望贏得前一種（某些意見、藝術品等靠傳統），而由於在每一情況下這種威信都要追溯到過去，因而在理解這種令人迷惑的影響方面，它不能對我們有更多的幫助；「人格威信」則隸屬於少數憑它而成為領袖的人，它的效果似乎是透過某種有吸引力的魔術作用，使每個人服從領袖。然而，所有威信都依賴於成功，在失敗的場合下，威信就會喪失。

勒龐給我們的印象是，他沒有成功地將領袖的作用、威信的重要性，與他對心理團體圖景的卓越描繪完全融合。

我們必須補充說明，事實上，勒龐的論述並沒有提出任何新東西。他對心理團體所說的一切不利和貶低的東西，在他之前已經被其他人，以同樣獨特和同樣敵意地闡述過了，並且早期的文獻也已被思想家、政治家和著作家們用同樣的調子重複過了。包含勒龐最重要觀點的兩個主題——在團體中理智功能的集體性抑制和情感的增強，不久前已被系統闡述過。剩下的作為勒龐特有的事物，說到底就是潛意識以及與原始人心理生活做比較這兩個概念，甚至這些在他之前，也常常被人很自然提到了。

不過還要指出的是，勒龐和其他人對心理團體的描述和估價絕非毫無爭議。無疑，剛才述及的心理團體的一切現象是正確觀察的結果，但也有可能可以區分出團體構成的其他表現形式。在這些表現形式中，會在恰好相反的意義上發揮作用，並且必然對心理團體提出更高的評價；勒龐本人也打算承認，在某些場合，團體的品格可以高於組成團體的個體的品格，只有集體能產生高度的無私和奉獻精神。

「就獨處的個人來說，個人利益幾乎是唯一的驅動力，而就團體而言，個人利益簡直是微不足道的。」

其他作者則列舉這樣的事實：只有社會才全然為個體規定任何倫理準則，而個體通常是不能以其他方式達到社會要求。他們還指出，在某些例外的情況下，在團體中可以產生熱情奔放的現象——使得最輝煌的團體成就可能實現。

就智力活動而言，事實仍然是，思想領域的偉大決策、重大的發現和問題的解決，只有獨立工作的個體才有可能產生。但是，甚至心理團體在智力領域也能有創造性的才能，正如尤其由語言本身，以及由民歌、民間傳說等等所顯示的那樣。而且，個別思想家或著作家，也得益於他生活中的團體影響有多大，以及是否在完善一項他人同時參與的精神產品，個人所發揮的功用更大？仍然是懸而未決的問題。

面對這些完全矛盾的說明，看起來似乎團體心理學的工作，必然導致無效的結局。但是也不難找到逃離這種困境的希望。在「團體」一詞下面，有可能出現非常不同的結構，需要將它們區分。西蓋勒、勒龐和其他人論及的是短暫存在的團體——各式各樣的個人，由某種眼前利益而匆匆地聚集起來。革命團體的特徵——特別是法國大革命的特徵——無疑影響了他們的描述。與此相反的觀點，則來源於考察那些穩定的團體或社團——人們在它們中度過一生，它們則體現為社會的各種機構，而第一種團體與第二種團體的關係，就像滔滔海浪與海底地隆的關係。

麥獨孤（William McDougall）在他的《團體心理》（*The Group Mind*）中，就是從剛才敘及的同樣矛盾出發，並且在組織的因素中尋求對這一矛盾的解決。他說，在最簡單的情況下，這種「團體」全然不具有組織，或者不具有稱得上組織的那種東西，他把這一類團體描述為「人群」。但是他也承認，無論如何，一個人群在不具有初步組織的情況下，幾乎無法聚集在一起。正是在這些簡單團體中，特別容易觀察到集體心理的某些基本事實。在一個偶合人群的各個成員能構成像心理學意義上的團體之前，必須滿足的條件是：這些個體必須彼此間有某些共同的東西，對某一對象的共同興趣、在某種或其他情境中相似的情緒傾向，以及（我想要插話說，「結果是」）「這些範圍的交互影響」。「這種心理同質性」的程度愈高，個體形成一種心理團體就愈容易，並且心理團體的各種表現也就愈顯著。

一個團體構成後，最顯著、也最重要的結果，是每一成員產生的「情緒高漲或情緒強烈」。依麥獨孤之見，在團體中，人們的情緒會激盪到在其他條件下很少、或從沒有達到的程度；對於那些有關的人們來說，使他們自己如此無節制地受其激情擺布，以至於被淹沒在該團體中並失去他們個體性的局限感，乃是一種令人愉快的體驗。麥獨孤用他稱之為「借助原始交感反應的情緒直接誘發原則」——即借助我們已熟悉的情緒感染，來解釋個人被共同衝動所左右的方式。事實是，對一種情感狀態訊號的知覺，在能夠知覺它們的那些人中會自動地累積、而喚起同樣的情感。能同時觀察到有同樣情感的人愈多，則這種自動的強迫就成長得愈強烈。個人失去了他的差別能力、讓自己陷入同樣的情感。但在此過程中，他增加了其他人的興奮——其他人在他身上也導致這種興奮，因而個人的情感負荷被相互之間的作用加劇。這種以強迫的性質去做與他人一樣的事，並與別人保持和諧，無疑有某種東西在發揮作用。情緒衝動愈是粗陋和簡單，則愈是相應地適於擴散至團體。

出自團體的某些其他影響，有利於這種情感強化的機制，一個團體給個體的印象是作為無限的力量和不可抗拒的危險。團體暫時取代了整個人類社會。人類社會是權威的行使者，個人對它的懲罰感到恐懼，因此個人甘受如此多的抑制。對他來說，自己與社會對立顯然是危險的，而追隨他周圍人的樣板則更為安全，甚至也許「不惜與狼共舞」。在服從新權威的過程中，他可能會失去他先前的「良心」，如此聽任消除抑制、而獲得極度快樂的吸引。因而從總體上看，我們應該看到，團體中的個人會從事一些他在平常生活時會盡量避免了的事情，這並非特別異常；我們甚至可能以這種方式，希望澄清被「暗示」這謎一樣的詞，所常常掩蓋的模糊東西。

麥獨孤並不質疑團體中智力集體性抑制這一論題。他認為，智力較低者把高智力者降低到他們自己的水準上，而高智力者的行動往往受阻，因為情感的強化，大體上會為正常的智力工作造成不利的條件；再者是因為個人受到團體的威嚇，他們的精神活動不自由；最後是因為每個人的責任感下降了。

麥獨孤所總括簡單的、「非組織化」團體心理行為論斷，與勒龐的一樣不友善：

「過於情緒化、衝動、暴戾、反覆無常、不一致、猶豫不決，並且常常走向極端，僅僅顯示出粗糙的情緒和不細膩的情感；極易受暗示，不注意深思熟慮，匆匆做判斷，只具有簡單且不完善的推理形式；容易被人操縱，缺乏自我意識，缺乏自尊和責任感，易於意識到自己的力量而神魂顛倒，以致傾向於產生我們已能預料到的所有不負責任與絕對力量的所有表現形式。因而這種團體的行為就像頑皮的兒童，或陌生環境中未開化、易衝動的野蠻人行為，而不像它普通成員的行為；在最壞的情況下，它就像野獸的行為而不像人的行為。」

既然麥獨孤將高度組織化的團體行為與剛才描述的東西加以對比，我們將特別有興趣了解這種組織由什麼組成、又是透過什麼因素產生。作者列舉了將集體心理生活提高到更高水準的五個「基本條件」。

第一個也是根本的條件是，應該有某種程度的團體存在的連續性。這可能既是內容上的，也是形式上的：如果同樣一些人在該團體中持續存在一段時間，就是內容上的；如果在團體內部存在著被個人連續擔任的固定的職務體系，則就是形式上的。

第二個條件是，團體的個別成員應該對該團體的性質、機構、作用和能力有明確的認識，以便他可以由此發展為團體的情感紐帶。

第三個條件是，該團體應該和與它類似、許多方面又與它不同的其他團體發生相互作用——也許以競爭的形式。

第四個條件是，該團體應該具有傳統、習俗和習慣，特別是諸如決定它的成員彼此之間的關係。

第五個條件是，該團體應該有確定的結構——體現在其成員的作用的專業化和分工上。

根據麥獨孤的觀點，如果滿足了這些條件，則團體形成的心理缺陷便會得到消除。透過從該團體撤回行使智力任務，並為其個體成員保留這個任務，就能避免集體智力降低。

似乎在我們看來，麥獨孤規定為一個團體的「組織」條件，可以更合理地以其他方式來描述。問題在於，怎樣為團體恰好獲得那些由於團體的形成而消失的各種個人特徵。對於在原始團體之外的個人來說，他具有自己的連續性、自我意識、傳統和習俗、特定作用和位置，並與對手保持著距離。而由於他進入了一種「非組織化的」團體，他暫時失去了這種獨特性。如果我們這樣認識：我們的目的是用個人的屬性武裝團體，那麼我們將想起特羅特（Trotter）的有價值的評述：構成團體的傾向，在生物學上是所有高等有機體的多細胞特性延續。

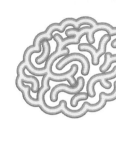

第二章
精神分析

佛洛伊德早就觀察到，每一種精神病都有其潛在的目的性，就是迫使患者脫離實際、與現實隔離，同時他將混雜的精神病理學說和概念分解成個別組成部分。從另一方面來說，並不是所有的病理學家都能認識到，這個概念是多麼複雜——實際上也就是說精神病學作為一個整體，其結構是多麼的複雜。在佛洛伊德以前，曾有醫生把「喪失現實功能」，視為是精神官能症患者發病的共同特點；因此，與佛洛伊德同時代，就有一些陳述極其混亂的研究報告，表明根本不懂生物學障礙與精神官能症基本條件之間的聯繫。在十九世紀末出版的佛洛伊德的《歇斯底里研究》（*Studien über Hysterie*）一書中的〈精神治療法〉一章，一般被公認為精神分析方法理論的正式開頭。佛洛伊德本人經常用「精神分析」這個概念，「精神分析」這個概念是在一八九六年三月發表的法語論文中首次正式出現的；接著同年五月，同一篇論文的德語版，也正式發表出現了「精神分析」這個概念。佛洛伊德的精神分析學，包含著三個不可分割的內容：精神治療法、關於心理的一般理論，與精神分析的方法。

精神分析的方法

按語：

按照佛洛伊德本人的定義，精神分析的方法，應該包括催眠術（Hypnosis）、掃煙囪法（Chimney-Sweeping）等精神病療法，而所有這些方法，構成了精神分析理論。

精神分析之為科學，其特點為方法，而非其所研究的對象。這些方法可用以研究文化史、宗教科學、神話學及精神醫學，都不至喪失其基本性質。精神分析的目的及成就，只在於心靈內潛意識的發現。

集中在精神分析實踐中的臨床經驗，我們發現：精神分析的方法，應該包括催眠術、掃煙囪法、精神集中法等等精神病治療方法。

我關於精神分析的最初觀點，大多來自我的老師兼合作者——維也納的醫生約瑟夫．布羅伊爾——的一個關於歇斯底里症的臨床病例。由於自古以來，醫生對於歇斯底里症一直束手無策，最好的結果就是保持其良性狀態，不使其發病。所以，一旦診斷患者是「歇斯底里症」的時候，醫生一般認為他們自身遭受了痛苦的「歇斯底里」。「歇斯底里」(hysteria)

一詞，源於古希臘詞彙「子宮」（hystera），被認為這是只有女人才會患上的疾病，甚至在一段時間內，這種神經系統疾病被認為是巫術的一種，在中世紀，許多女患者因此被送上了火刑架。

如今，在病理學界，對於歇斯底里症的普遍看法是——如果患者的情況還未深入到腦組織損傷的程度，最好採取藥物治療——但即使如此，大多數藥物對於這種疾病往往無濟於事，醫生仍舊把歇斯底里看作是一種「偽裝」或「擬態」，甚至有人把它說成是一種特殊的「想像」或「假想」，看作是「婦女病」，把它診斷為子宮的倒錯或陰蒂的病症所引起的，故在治療時一般要採取切除陰蒂的野蠻手術，或讓患者嗅一種叫纈草的植物，以因為可以引起一種特殊的反應——子宮的收縮。

一八八〇年，一位二十一歲的女孩安娜·歐（Anna O.）找到布羅伊爾，請他治療折磨她已久的歇斯底里症。她原本有著出眾的才華，但因為看護患病的父親，在兩年中卻經歷了一系列身心紊亂，出現了肢體麻木及嚴重癱瘓，甚至視覺神經障礙；當她需要進食時，她難以保證頭部協調，並且伴隨著強烈的神經性咳嗽、噁心，喪失了喝水的能力——在一個炎熱的夏天，患者感到極度乾渴，然而卻突然不能喝水了，而且毫無理由。當時我注意到的場景是：她手中拿著一杯水，可是一碰到自己的嘴唇就會把它推開，就像得了恐水症一樣。顯然在這幾秒鐘內，她便處於失神狀態，只能靠吃水果來減輕乾渴的煎熬。在最後的一段時期內，安娜的語言能力也退化了，甚至無法說出母語，奇怪的是，卻能連續說出流利的英語。在一系列治療中，布羅伊爾醫生始終表現出良好的職業素養，體現出關心和同情，雖然不知道如何具體幫助這個患者，但經過多年臨床經驗，他積累了一定的方法。同時注意到一些特殊的地方：患者處於「失神」或「心理變態」時，常自言自語地重複幾個詞，好像是在她嚴密的神經體系中疏漏的一樣。

布羅伊爾有了一個偉大的構想：他決定採用催眠術，使患者處於睡眠狀態，並對她反覆重複自己曾經吐露的詞，並觀察由此帶來的聯想。顯然，這種提示使患者的意識中的內容斷斷續續重新出現、並連接在一起，使她用簡單的宣洩方式表達出來；令人咋舌的是，她所表達的關於幻境的內容具有驚人的美，甚至超越了一般唯美派詩人的作品。布羅伊爾立刻意識到，他所採取的實驗方法，恰恰是對付這個精神異常病例的良藥。對此，我在《歇斯底里研究》中總結了治療歇斯底里症的關鍵內容——在催眠精神病患者時，如果患者能夠回憶起他們最初出現的形式以及有關的聯想，就能夠為他們的不良情緒提供發洩口，從而使病症消失。人在正常精神狀態背後、在意識的深層中，存在一種原始的意識形成。任何症狀都不是單一的、有傷害性的情況的產物，而是由許多類似的情形累積形成。所以，當一個患者在催眠的虛幻狀態之下回想起某一情景，而達到能自由表達其情感、或表達原先被壓抑的心智行為的目的時，症狀就會自然消失，不再出現。

布羅伊爾的具體做法是，將安娜催眠到很深的程度，然後要她回答一些問題，要求她說出到底是什麼樣的想法壓迫著她的思維，折磨著她的精神。她清醒的時候和別的患者並無二致，無法分辨出自己病態的具體所在，也無法說出病症與個人生活的關係；但當她被催眠時，她立刻就可以認清到底是什麼引起自己發病。情況正是這樣，當反覆治療後，患者終於談到了使她在恍惚中厭惡水的原因：這源於她厭惡的英國保姆。數年前，當安娜走進廚房時，她看到保姆的狗正用餐桌上的杯子喝水，而她保留了自己的厭惡情緒，只是把這段記憶埋藏在心裡；更深入地說，她所患的一切症狀，都和她服待患病父親的經歷有關，每一個症狀都具有它本質的含義，都是些累積情緒的表現，其中十之八九都是她在父親病榻之側時，所興起的一些非壓抑下去不可的念頭、或衝動轉移成症狀性行為的後果。

布羅伊爾發現，在患者發洩了這段長久以來壓抑的不愉快經歷之後，她在口渴時已能毫無異樣地喝下大量的水，那些症狀從此永遠地消失了。而在治療反覆發作的憂鬱性意識錯亂之後，布羅伊爾接著又用同樣的方法，為她治癒了各種壓抑和肉體上的毛病。

正是這樣，我開始在自己的治療中採取老師的方法，逐漸實現了運用精神分析治療疾病的想法。然而，在具體的治療過程中，卻依然存在不盡如人意的地方，也正因為此，造成了我長期的困惑。在經過眾多的挫折與觀察研究之後，我終於明白，關鍵在於某一個病例上所發現的成果，並不能當作普遍的真理，而廣泛地應用到其他的患者身上。但不可否認，布羅伊爾的治療發現，抓住了歇斯底里等一些精神病態的重要特性，具有極高的應用價值。那種讓患者用言語表達幻覺和想法的療法，被稱之為「談話治療」（Talk Therapy）或「掃煙囪」。在與安娜談話的時候，患者會忽然忘記自己的母語——德語，而只能講英語。這就說明，在催眠狀態下，患者失去了自制能力，原始意識狀態從多種壓抑的一般狀態中恢復。於是在被催眠狀態下，她正常使用的長久語言習慣反而被壓抑了，而原來被壓抑的英語反而上升為主要語言。

在接診大量的臨床治療（其中大多數患者是精神官能症者）之後，我豐富了自己精神官能症治療的經驗，採用電療、浴療、推拿療法和催眠療法治療精神病，都發揮了一定的積極效用。之後，我更集中地使用催眠療法治療歇斯底里症，在實踐治療所採用的一系列有效方法中，成效最突出的是催眠術，可以說正是催眠術治療法，在對歇斯底里症的治療取得了決定性的勝利，正是基於這一勝利，從而發現了「潛意識」，並成為我精神分析理論的基礎。

但是，在進一步治療中我逐漸發現，採用催眠進行暗示存在著很大的弊端，尤其催眠術的施用頻率不可能是百分之百，某些意志堅定的患者就很難被催眠成功，同時也無法將所有患者都催眠到袒露內心隱私所需要的深度，一切努力仍然沒有觸及歇斯底里症的最本質內核。同時我還發現，醫生與患者的關係對治療效果存在著重大的影響，精神治療取決於患者與醫生之間的個人關係的發展。如果雙方關係和諧，則治療效果倍增；反之，則進展緩慢，甚至治療失敗。

為了強化自己催眠的手法，一八八九年夏天，我帶著一個女患者到法國的南錫，求教於當時經常採用催眠術的法國醫生伯恩海姆（Hippolyte Bernheim）。這位女患者與布羅伊爾所治療的恐水女孩安娜類似，也是一位極有才華的歇斯底里症患者。我採用了催眠療法，但效果並不理想，無法徹底根治她的病，而她的症狀不時地復發。一開始我自覺慚愧，認為是由於自己的知識有限，而不能使催眠達到使她夢遊或記憶消失的境界，所以才將她帶到南錫，與伯恩海姆一起研究、討論，並讓伯恩海姆親自對她實際催眠療法，卻結果發現催眠療法確實不能使她達到那種境界。

於是，我不得不面對這樣的事實——暗示法所獲得的成功治療，也只是一部分的。在後來逐漸摸索中，我全面研究了一般神經系統疾病的特點，改進了布羅伊爾「掃煙囪法」的治療技術，提出了所謂的「精神集中法」，這是從上述案例中得到的啟示。所謂催眠術，就是把被壓抑的、已被遺忘的經驗疏導出來。所以，我設想可以用將手壓在病者額頭上的「精神集中法」，使患者回憶起遺忘的事情，以便配合歇斯底里的治療。在發現「精神集中法」的功效之後，我便逐漸放棄了催眠術。

以上所述，好似我個人經歷的縮寫，對此我不否認，因為任何經驗的豐富必須伴隨時間的推移。在精神分析中，分析方法是其重要的組成部分，從「催眠術」，到加入暗示的「掃煙囪法」，再到「精神集中法」，乃至於在此基礎上透過夢的分析而引出的「自由聯想法」，這一切的宗旨只有一個，那就是實用——有利於精神病的治療，而在不斷地研究實踐中，也完成了「精神分析療法」的系統化。

焦慮

按語：

「焦慮」是大多數神經質者都有的表現，並成為他們最可怕的苦惱；「焦慮」可以變本加厲，而成為最無聊杞憂的原因。佛洛伊德在本節將「焦慮」區分為：「真實的焦慮」——對外界危險的知覺反應；各種恐懼症的焦慮——與危險無關，常附著固定的對象和情緒之上。佛洛伊德為我們詳細論述了這兩種焦慮，並指出恐懼症的焦慮與兒童的焦慮一樣，都是由於原慾無法發洩，便不斷地轉變為一種類似於真實的焦慮。於是外界某種無足輕重的危險，便被當作原慾所希望得到的代表了。

大多數神經質的人都有「焦慮」的表現，並且成為他們最可怕的苦惱。焦慮或恐懼，在實際上可以變本加厲，而成為最無聊杞憂的原因。對於「焦慮」這一問題，我絕不能加以輕視，在此我決定提出神經質的焦慮問題，並加以詳細探討。

焦慮不安而恐懼，實在沒有加以描寫的必要，因為無論是誰，偶爾都會親身體驗到這個情緒。而神經質的人，又為何比別人更容易焦慮不安呢？我們也許認為本該如此，以為「神經質」與「焦慮不安」兩個詞可以互相通用、意義相同，其實不然。生活中有些人很容易焦慮不安，但卻不是神經質的人；而一些症狀很多的精神官能症的患者，反而沒有焦慮的傾向。

無論如何，有一個事實是毋庸置疑的，即焦慮這個問題是各種重要問題的核心，我們只要能破解這個難解之謎，便可以明白自己全部的心理生活。

生活中，一個人或許會花許多時間討論焦慮，而且從未想過神經質這一名詞，他也不會將焦慮稱為神經質，這種焦慮可稱為「真實的焦慮」。真實的焦慮或恐懼，是一種自然而合理的事情，我們可以稱之為對外界危險與意料中傷害的知覺反應。這種焦慮和逃避的反射，互為聯結，可以視為自我保護本能的一種表現。至於引起焦慮的對象和情境，則大部分隨其人對外界的知識、和其所感受到的壓力而異。例如：野蠻人怕炮火、日蝕與月蝕，文明人既能開炮，又能預測天象，故對此絲毫不感恐懼；野蠻人在森林中看到足跡蹄印就會恐懼，但這在文明人看來卻無動於衷，因為這只是野獸在附近的訊號；一個經驗豐富的航海家看見天空中烏雲密布，便知暴風雨即將來臨，因而十分恐慌，但普通乘客卻若無其事、不知恐懼。

由上可知，真實的焦慮乃是合理的，而且是一個有利益的主張，細究起來，實在有修正對焦慮觀念的必要。當危險將至時，唯一有幫助的行為便是冷靜、量力而行，理智地做出抉擇——是逃避、防禦，還是主動出擊？至於驚慌恐懼，實在沒有必要。我們應該明白，過分恐懼實際最為有害，恐懼時不但無法冷靜以對，甚至連逃避都無法做到，從而使自己陷入艱難的境地。

多數人會認為，焦慮不安無益於生存，但對於這個問題，只有更詳細地分析恐懼的情境之後，我們才能有更深切的了解。

首先要注意的是對危險的「預期心」，有了這種預期心，我們的知覺便會比較敏銳，而且連筋肉也會緊繃。這種預期心顯然有益於生存，否則就可能會產生嚴重的後果。而在建立預期準備心理之後，一方面是筋肉的活動，大多數人是採取逃避行為，而高明一點的人則採取抗拒行為；另一方面，便是我們所謂焦慮不安的恐懼感。如果這種恐懼感的生成時間越短、或強度越弱，則從焦慮預期心轉化為行為的準備也就越容易，而整個事件的發展，也越有利於個體的安全。所以就我看來，在我們所謂的焦慮或恐懼中，「焦慮的預期」似乎屬於有益的成分，而「焦慮的發展」則為有害的成分。

至於焦慮、害怕、驚恐等名詞在習慣用法上，是否具有相同的意義，我並不打算在此討論。依我之見，焦慮並不問對象為何，乃是就情境而言；害怕則是將注意力集中於對象；驚恐則似乎確定含有特殊的意義——它也是就情境而言，但危險卻是突然發生，因此心理上並未經過焦慮的預期準備。因此我們可以說：有了焦慮，便不可能有驚恐。

細心的人一定會注意到，「焦慮」一詞的用法，似乎充滿了曖昧隱晦、模糊不清的弊病。一般而言，這個詞是用來表示危險發生時所引起的主觀情境，而這種情境是情緒的一種。那麼，情緒在動態意義上講，究竟是怎麼一回事呢？首先，它包含著某種行動的興奮或發洩；其次，它包含著兩種感覺——即已經完成動作的知覺，和直接引起的快感或痛感，這種快感或痛感便給予情緒以主要的情調。然而，對於這種解釋我們並不完全滿意，我們絕不認為這種說明已完全列舉了情緒的本質。關於某些情緒，我們似乎有比較深入的了解，而且知道其為某種特殊的經驗重演。這種經驗起源很早，是人人皆有的早期經驗，可以在物種的早期歷史中發現，而非個體歷史中所有。對此，我或許可以說，一個情緒狀態的構造，正無異於歇斯底里性精神官能症，都是記憶的沉澱物。因此歇斯底里的發生，正可比喻為一種新形成的個人情緒，而正常情緒可比喻為一種已成為遺傳、且普遍的歇斯底里症。

需要說明的是，以上關於情緒的見解，並非是心理學的共識，且恰好相反。這些概念均成長於精神分析的土壤之中，是精神分析的產物。對此，我不作過多解釋，且讓我們繼續探討。

相信我們已經知道，這個由焦慮情緒中，所重新發現的過去印象究竟是什麼——即關於被生產的經驗。這種經驗包含痛苦的情感、興奮的發洩及身體的感覺等等，而成為生命中危險經驗的原型，而且可再現於驚駭或焦慮的情境中。之所以會引起被生產時焦慮不安的經驗，是由於新血液的供給停止，使刺激異常增加——所以，第一次焦慮是由毒性所引起的。焦慮不安這個名詞，意即狹小之地或狹路，強調呼吸的緊張，而這種用力呼吸乃是一種具體情境（按即指子宮口等）所產生的結果，之後便經常伴隨情緒重複產生；又第一次焦慮不安乃由於與母體分離所致，我們相信有機體即使經過了無數代，仍深潛伏著這種第一次焦慮重複，所以沒有誰能免除焦慮不安的情緒。

我所說的被生產，是焦慮情緒的起源和初型，這並不是由玄想虛構而來，而是從人們樸素的直覺心靈中獲得。記得很多年前，我與許多家庭醫生一起用餐，有一位婦產科醫生的助理告訴我們，關於助產學生畢業考試的趣事。考官問學生：生產時如果在水中看見嬰兒的排泄物，有什麼意義？有一名女考生立即回答說，孩子是因為受了驚嚇，結果她的考試飽受嘲笑並且落第；但在我內心對她隱隱感到同情。我懷疑這個純粹靠直覺的女人，是否已經看出一個很重要的關係？

現在讓我們回過頭來討論精神官能症的焦慮。精神官能症患者的焦慮，究竟有怎樣特殊的表現和情境呢？首次，它是一種普遍的顧慮，是一種「自由漂浮、無固定目標」的焦慮不安，很容易附著於任何思想上，並影響判斷力、引起期望心，彷彿期待可以自圓其說的機會。這種情境可稱為「期望的恐懼」或「焦慮的期望」，患有這種焦慮的人，常常為種種可能的災難憂慮，將每一件偶然發生或不確定的事都解釋為不祥之兆。生活中，往往也有這種害怕禍患降臨的例子，但他們並未患病，這種人可稱為多愁善感的、悲觀的，甚至是杞人憂天。然而，真正的焦慮性精神官能症患者，則常以這種過度的「期望的恐懼」，認為禍害真的會來臨。

除此之外，還有一種與此相反的焦慮，並不附著於任何思想之上，而常附著於固定的對象和情緒上，此即各種不同的「特殊恐懼性的焦慮」。美國著名的心理學家霍爾（Granville Stanley Hall），最近費盡心力區別各種恐懼症（Phobia），並用希臘文命名，好像是埃及的十種災疫一樣，只是數目比十還多罷了（譯注：《舊約聖經．出埃及記》中，耶和華降臨在古埃及的十個災禍）。要注意的是，恐懼症的對象或內容可包含曠野、天空、黑暗、貓、鼠、蛇、蜘蛛、毛毛蟲、雷電、刀劍、血、群眾、封閉場所、孤獨、過橋、航海等等，而這些形形色色的事物，也可大致分為三組。

有許多對象和情境，一般人也會感到畏懼，因為它們和危險確實有關。這種第一組的恐懼症強度似乎十分強烈，但仍可以理解，如我們大多數人看見蛇，都會感到害怕而想逃避，對蛇的恐懼症可以說是人類所共有的。

第二組的對象和危險仍有關係，只是這種危險常被我們輕視，情境的恐懼多半屬於此組。如偶爾發生的火車相撞、輪船沉沒、橋梁突然坍塌，但這些事情並不常見，因而危險也就不值得我們注意了。其他如群眾、封閉場所、雷電同樣如此。對於這些恐懼，我們所無法了解的並不是它的內容，而是它們的強度。隨恐懼而來的焦慮絕對無法形容，反過來說，精神官能症患者對於我們在某些情況下所焦慮的事情，實際上反而絲毫不感到害怕。

而第三組，就完全不是我們所能了解的了，如一名強壯的男子，在自己所住的街區，竟害怕走一條街道或廣場；一名強壯的女人，竟因一隻貓走近，或一隻小老鼠在她面前飛馳而過，便會大驚小怪地喊叫，甚至害怕得幾乎暈倒、喪失知覺。我們究竟要如何理解這些人所憂慮的危險呢？以這種「動物恐懼症」而言，便不再是於一般人的恐懼上增加強度的問題了；為了證明情形正好相反，我們也可看看下列這些情形：如有人不見貓則已，一見便不禁去撫摸它，以引起貓的注意；老鼠原本是大多數女人害怕的動物，但也有女人喜歡愛人稱自己為「小老鼠」；一個人害怕走過橋梁或廣場，其行為無異於小孩，但小孩是因受成人的教訓，才知道這樣是危險的；患有幽閉恐懼症的人，如有朋友帶著他走過空曠的地方，他的焦慮不安就可以被消除。

前兩種焦慮，一為「自由漂浮」的期望恐懼；一為附著於固定某物之上的恐懼症，二者各自獨立，沒有相互關係，其中之一也絕不是另一種的更進一步的結果，且很少會合二為一。即使如此，也是偶然現象。最強烈的焦慮也不一定會成為恐懼症；反之，終身患恐懼症的人，也未必便有悲觀的期望焦慮。有許多恐懼症，都是人長大後才習得的，如怕空地、怕坐船、怕搭火車等；還有一些恐懼症似乎是與生俱來的，如怕黑、怕雷電等。前者為嚴重病態，後者則為個人怪癖。無論是誰，如果患有後者中的一種，我們便可以懷疑他也兼患其他恐懼症。在此需要說明的是，這些恐懼症應當都屬於焦慮性歇斯底里症；換言之，我們認為它們和所謂的轉化型歇斯底里症有密切的關係。

第三種精神官能症的焦慮，則是一種難解之謎，它和危險並沒有明顯的關係。這種焦慮不安也許會在歇斯底里症中發現，而和其症狀相伴而至；或者發生在不同刺激的條件之下，而由這種條件，我們雖知道它有情緒的表現，但卻不能預料它是否屬於焦慮的情緒；或者甚至沒有任何條件，而僅為一種毫無原因發生的焦慮狀態，我們對此感到莫名其妙，患者也同樣不明其意。即使我們多方探究，也不能看出其危險之所在。所以，由這些自然而來的病症，我們認為我們之所謂「焦慮」，可分離成許多成分，這整個病症也可以用一個特別明顯的症狀來代表，如顫慄、衰弱、頭暈、心跳加速、呼吸困難等，而我們所視為焦慮的情緒反而消失不見，或者說微弱得不為我們所察。這些症狀可稱之為「焦慮的等同物」，與焦慮擁有相同的臨床症狀及起因。

上面的內容為我們引出了兩個問題：「真實焦慮」是對危險的一種反應，但「精神官能症的焦慮」則與危險無任何關係。這兩種焦慮究竟有無互相關聯的可能？又如何才能了解精神官能症的焦慮呢？臨床觀察提供了種種的線索，可以用來了解精神官能症的焦慮意義：

一、我們不難看出，期望的驚恐或一般的焦慮，與性生活的某些經驗——或原慾應用的某些方式——有很大的關係。對此，最簡單而最耐人尋味的例子，是那些習慣於阻礙興奮的人們。他們曾經無法充分發洩自己強烈的性興奮，且缺乏完滿的結束。如男人在訂婚之後、結婚之前；女人因丈夫沒有充分的性能力，或者丈夫為了避孕而草草完成性交，便常常會產生上述的經驗。在這種情形之下，原慾的興奮消失不見了，取而代之的則是焦慮感，從而形成期望的驚懼，或形成焦慮不安的病症。男人的焦慮精神官能症，大多數以性交中斷為原因，所以醫生在診斷時，必須先研究有無這種起因的可能；而錯誤的性行為如果能夠被修正，這種焦慮的精神官能症便可消除，這一點，大量的實例已予以了證明。女人則與男人不同，她們的性機能在本質上是被動的，性行為全由男人的行動而定。一個女人如果越喜歡性愛，就越有快樂滿足的能力，那麼她對男人無能的表現或性交中斷，就越會表現出焦慮不安；如果女人對性方面不感興趣，或性的要求不強，那麼即使受到同樣的待遇，卻不至於產生同樣嚴重的結果。除此之外，節慾與焦慮不安之間也有密切的關係。在今天，許多醫生均熱心主張節慾，但是如果一方面沒有滿足原慾，一方面又堅求發洩，另一方面又無法轉移至昇華作用，則所謂節慾，也僅只能成為引起焦慮不安的條件。

以上討論，我並沒有完全指出原慾和焦慮不安之關聯。如在青春期和更年期，原慾會異常增加，對於焦慮不安自然有許多影響。在許多性興奮的情況中，我們也可以直接發現性興奮和焦慮不安的混合，以及原慾興奮終被焦慮不安所取代。凡此一切產生了雙重的印象：第一，原慾增加，卻沒有正常的消耗發洩的機會；第二，僅屬於身體的一個問題，即焦慮不安究竟為何由性慾產生，在目前尚不能清楚地了解。我們只能說，若性慾消失，焦慮不安便會隨之而來。

二、第二種線索，是由精神官能症（尤其是歇斯底里症）的分析而得到的。我們知道，焦慮不安往往是歇斯底里症所有的症狀之一，而沒有對象的焦慮，也可以長期存在、或表現於發病之時。患者不能說明其恐懼的原因，於是常常借助二度潤飾作用，使自己和最可怕的對象，如死亡、災難等聯繫。我們如果分析其焦慮、或伴有焦慮的症狀所發生的情境，往往可推測出，焦慮表現所替代的橫遭阻撓，究竟是何種正常的心理歷程；換言之，我們可以推想，潛意識的歷程好像未受壓抑，能毫無阻礙地進入意識內。這個歷程本該伴隨一種特殊的情緒，但令人驚訝的是，這個進入意識內的情緒（不論是何種），都可以被焦慮不安取代。所以，對於歇斯底里性的焦慮不安而言，其在潛意識上相對應的情緒，應該是一種性質類似的情感，如羞愧、懊惱，或尷尬不安，也可是一種「正面」的原慾興奮，或一種反抗、攻擊性的情緒，如氣憤或暴怒。所以在其相對應的觀念內容受到潛抑作用（repression）的時候，焦慮不安無異於一種通用貨幣，可以用來作為一切情緒的兌換品。

三、有些患者的症狀有強迫動作的形式，似乎可以免除焦慮不安，這些人便提供了第三種線索。如果我們禁止這些患者的強迫動作，如不停洗手、或其他種種儀式，或者他們如果要自動放棄其中一種強迫行為，他們就會為一種極大的恐懼所迫，而不得不臣服於這種強迫行為。我們知道，在其強迫動作之下潛藏著焦慮，而其之所以有這種強迫的行為，也只是為了逃避這種焦慮恐懼感。所以在強迫症內，其焦慮不安乃被症狀的形成所替代；此時再回過頭來看歇斯底里症，則也可以發現與此略同的一種關係——潛抑作用的結果，會產生一種單純的焦慮、一種混有其他症狀的焦慮，甚或一種沒有焦慮的症狀。所以，從抽象意義的角度來說，似乎可以說：症狀之所以形成，其目的只在於逃避、免除焦慮不安的發展。由此可見，焦慮在精神官能症的問題上，顯然占有至關重要的地位。

透過觀察焦慮的精神官能症，我們可以得到下列結論：若原慾喪失正常的運作方式，便會導致焦慮不安，而這種經過是以身體經驗為基礎。由歇斯底里性的精神官能症及強迫症的分析來看，又可以得到另一結論：心理方面的反抗，也可以使原慾喪失正常的運作方式。因此關於精神官能症的起源，我們所知道的僅此而已，雖仍不明確，但在短時間內也沒有其他好的方法，可用以增進我們在這方面的知識。

我們所要進行的下一步工作，即建立「精神官能症的焦慮」與「真實的焦慮」之間的聯繫，這似乎更為艱難。要達到這一目的，我們可藉自我和原慾的對比關係說明。焦慮的發展，乃是自我對危險的反應及逃避之前的準備。那麼我們現在可以再進一步推想，自我在精神官能症的焦慮中，也有逃避原慾的企圖，其對待體內的危險，亦如它對待體外的危險一樣，這樣則「心凡有所慮，便必有所懼」的假設，便得到了證明。但這個比喻尚不局限於此。就好像逃避外界危險時，筋肉立即緊張，就可以立即做出相當的防禦動作，而現在「精神官能症的焦慮」的發展，也使症狀形成，因此焦慮便擁有了穩固的基礎。

於是我們難以了解的問題，遂出現在了他處。焦慮的目的，在於使自我逃避原慾，而焦慮的起源仍在於原慾之內，這是不易領會的。我們必須清楚，一個人的原慾，基本上乃是他的一部分，不能視之為身外之物。這是焦慮的發展的「形勢動力學」的問題，迄今為止仍隱晦不明，例如被消耗的究竟是何種精神能力呢？這些能力究竟屬於何種系統呢？等等問題無法給出一個明確的答覆，但我絕不會忽略另外兩個線索以證明我們的聯想。現在我們將轉而研究兒童的焦慮的來源，及附著於恐懼症的精神官能症的焦慮的起源。

焦慮心理在兒童中是十分普遍的現象，我們很難確定其究竟是屬於精神官能症的焦慮，還是真實的焦慮。實際上，在研究兒童本身的態度後，這種焦慮的區別便大有問題了。因為一方面我們很容易發現，兒童害怕陌生人，而且害怕陌生的對象和情境；但如果我們考慮他們的無知與柔弱，便會感到釋然。因此，我們認為兒童有真實焦慮的傾向，且假如兒童的焦慮心理是來自於遺傳的話，就只能適用於這種傾向。兒童似乎不是在重演史前人類以及現代原始人的行為，這些人由於無知與無助，不管是面對新奇陌生、或面對自己熟悉的事物，均會有恐懼感；然而，這些事物在我們看來，卻沒什麼好恐懼的。倘若兒童的恐懼症，至少有一部分被視為人類發展初期的遺留，那也恰好與我們的期望相吻合。

另一方面，也是不能夠忽視的，即兒童的焦慮心理並不完全相等。那些對各種對象及情境感到異常畏懼的兒童，到年齡稍長時，往往會變為精神官能症者，所以將兒童的焦慮歸為真實的焦慮也不妥當，因為其也可能是精神官能症傾向的一種記號。因此，焦慮心理實際上比神經質更為原始。我們可以斷定，兒童或成人之所以體驗到對原慾力量的恐懼，只是因為他們對任何事物皆感害怕。如此，焦慮起源於原慾的主張，便可以被推翻了。在研究真實的焦慮條件後，就邏輯上而言，可以得到如下結論：對於身體軟弱無助的意識——即阿德勒（Alfred Adler）所謂的自卑感——到年長後仍然存在，此便成為精神官能症的真正原因。

這句話好像很簡單，但我們不得不極為重視。這種「自卑感」——和焦慮傾向及症狀形成——似乎確實可以存在於年長時期，那為什麼在某些例外的情形中，竟會有我們稱之為「健康正常」的結果呢？對此，我們不得不進一步的說明。仔細觀察兒童的焦慮心理後，會得到什麼知識呢？兒童會對生人感到恐懼，然而兒童之所以會害怕陌生人，最初並不是因為他認為陌生人懷有惡意，而是因為自己很弱小，遠不及他們強壯，因此認為陌生人會危及自己的生命、安全和快樂——這種以為兒童懷疑和害怕外界的強大惡勢力的觀念，是一種極其淺陋的理論學說。

恰好相反，兒童之所以害怕陌生人，乃是因為他習慣於期望一個親愛而熟悉的面孔——母親的面孔。而由於渴求失望，遂轉變成恐懼——由於兒童的原慾無法消耗，又不能長久儲存不用，因此才變成恐懼發洩。這種情形乃是兒童焦慮的初型，而其在被生產時所有原始焦慮的條件（即和母體分離一事），也再見於這種情形之中，由此可見這並非偶然。

在兒童所有恐懼的情境中，最早的乃是黑暗和孤獨，且前者常終身不滅，而兒童渴求那不在的保護者或母親之出現的慾望，則為兩者所共有。我曾聽過一個害怕黑暗的小孩子大喊：

「媽媽，跟我說話吧，我好害怕！」

「但說話有什麼用？你看不見我啊！」

孩子回答道：「如果妳跟我說話，便可以使房間明亮一點。」

所以，在黑暗中所擁有的期望，乃轉變為對黑暗的恐懼了。精神官能症的焦慮附屬於真實的焦慮，而成為其特殊的一種的狀況，我們並未發現；我們反而觀察到，兒童的行為有些像真實的焦慮，而其根本的性質源於無法發洩的原慾，在這點上與精神官能症的焦慮相同。兒童在出生時，似乎很缺乏真正的「真實的焦慮」。那些後來成為焦慮的情形，如搭火車、搭輪船、登高、走水上獨橋等等，小孩則毫無恐懼，因為其所知越少，所畏也越少。兒童十分喜歡誇大自己的能力，他們因為不知危險，所以在行動中毫無顧忌，有玩弄剪刀、玩火、跑向河邊、坐在窗檻上，總之他所做的事，都會傷害自己，而使照顧他的人心有餘悸。由於我們不能讓他在痛苦的經驗中學習，所以若要使他引起「真實的焦慮」，便只能透過訓練。

假使有些孩子，被教育後就能迅速掌握焦慮，對未受警告的事物也能持警惕之心，那麼我們就可以猜到，他們天生必定比別的孩子有更大量的原慾需求，否則他們必定會因原慾的滿足而被寵壞，而那些後來變得神經質的人，在孩提時代都屬於此類。我們知道，一個人若不能長久忍受無法大量發洩的原慾，那麼他就很容易罹患精神官能症。由此可見，這其中包含著一種先天的因素，對此我們從未加以否認。我們所要抗議的，只是由觀察和分析所有一致的結果看來，天生的因素本無地位，或分量不多，而有些學者卻偏偏強調此先天因素，而將其他因素完全排斥在外。

在此，我們透過觀察兒童的焦慮心理，而獲得的總結如下：兒童的恐懼，最初與真實的焦慮無關，但與成人所有的精神官能症的焦慮則關係密切。兒童的恐懼也像精神官能症的焦慮一樣，是起源於不能發洩的原慾；而兒童所愛的對象一旦失去或消失，兒童便會利用此種恐懼，來取代外在對象或某些情境。

我們透過分析恐懼症的所得到的知識，並不比我們已知道的多。兒童的焦慮如此，恐懼症同樣如此。總之，原慾如果無法發洩，便會不斷地轉變為一種類似於真實的焦慮，於是外界某種無足輕重的危險，就會被當作原慾所希望得到的代表。這兩種焦慮是互相一致的，這一點不足為奇，因為兒童的恐懼不只是後來歇斯底里症中所有恐懼的雛形，而且又是其直接的前奏。

每一種歇斯底里症的恐懼，即使由於有不同的內容，而必須有不同的名稱，卻都可溯源於兒童的恐懼，且為其延續狀態。兩種情況的區別，在於它們的作用機制。成人的原慾即使暫時無法發洩，也不足以轉變為焦慮不安，因為他們早已知道如何保存其原慾而不用，或懂得應用原慾於其他方面；但是，假如原慾係附著於一種曾經被壓抑的心理興奮，那麼類似於兒童的情形——在兒童身上，尚未有意識和潛意識的區分——便隨之而出現；因為其人已由於退化作用，而回復到孩提時代的恐懼，於是便形成了一座橋梁，使原慾很容易過渡成為焦慮。

原慾會轉化為焦慮，說得更清楚一點，原慾會以焦慮的方式尋求發洩，這是由於潛抑作用的結果。對此我們必須加以補充：轉變成焦慮，並不是受壓抑的原慾所有、唯一，及最後的命運。在精神官能症中，還有一種程序的目的，在於阻止焦慮的形成，而其方法不止一種。例如在恐懼症中，我們便可見其精神官能症的歷程分為兩個階段：第一個階段行使潛抑作用，而使原慾轉變成為焦慮，而焦慮則又針對外界的危險；第二個階段，則為建立所有的防禦的壁壘及完全保障，以避免與外界的一切危險接觸。自我既然深深地感到原慾的危險，於是以潛抑作用作為逃避原慾壓迫的工具。恐懼症則可比喻為抵抗外來危險的城堡，而可怕的原慾則正如來自外界的危險一樣。恐懼症的這個防禦系統之所以還有弱點，乃是因為城堡雖可以抵禦外部危險，卻無法抵禦由內部而引起的危險，而把來自原慾的危險投射至外界，是永遠難以有效的。

所以，其他精神官能症便利用別種防禦方法，以阻止焦慮發展的可能。這是精神官能症的心理學中最引人入勝的一部分，但在此討論未免離題太遠，而且還必須有特殊的知識作為基礎。所以，我們只是簡略地作如下說明。我已經說過，自我安置一種反攻的堡壘於潛抑作用之上，這個堡壘必須安全，潛抑作用才能繼續存在。至於它的任務，則是利用各種抵抗方法，以免潛抑作用之後又使焦慮發展。

且回過頭來講恐懼症。我現在希望你們已經知道，僅是設法解釋恐懼的內容，並且除了對它們的衍生物（各式各樣的產生恐懼症的對象或情境）外，對它們皆不感興趣，這是絕對不夠的。恐懼症的內容之重要，正與顯夢的重要性一樣——兩者都只是一種謎團。我們必須承認，在各式各樣恐懼的內容中，無論其有何種變化，但其中仍有許多種因為物種的遺傳關係，特別適合成為恐懼的對象，這些曾是霍爾所指出的。而且這些恐懼的對象，除了和危險有「象徵」關係外，大多沒有其他關聯。

因此，我們深信，焦慮問題在精神官能症的心理學中占有重要的地位。我們還深深地覺得，焦慮的發展、原慾的命運與潛意識系統，有非常密切的關係。只是還有一個事實，即「真實的焦慮」必須視為自我本能用以保持自我的一種表示。這個事實雖無法否認，但卻尚不能完滿地存在於我們的學理系統內，這乃是我們理論的不足之處。

壓抑

按語：

佛洛伊德把精神壓抑的概念，引入對精神官能症發生的分析，其中深入探討了壓抑的本質、原因、結果及精神官能症的關係。佛洛伊德指出，壓抑的最重要作用，就是防止因精神釋放而造成的大量情感因素刺激有機體，它發展成一種重要的影響，即以自我判斷資訊是否有利於大腦接受，而不是是否有利於現象，由此就產生了錯覺。在情感的釋放中，它形成一種新的規則：服從於至高無上的快樂原則，目的在於減輕過多的心理器官負擔；同時透過內在的精神完成這一任務，又恰當地改變現實。令人讚嘆的是，全部過程所花費的時間絕不超過百分之一秒……

本能衝動的變化之一，是在抵抗中使衝動無法發揮任何作用。我們將進一步探討的問題是：在某些條件下，衝動便進入了「壓抑」狀態。如果問題在於外在刺激的運作上，那所採取最適宜的方式無疑是逃避。然而對於衝動而言，逃避是沒有用的，因為自我無法逃避自己。此後，反抗本能衝動的更好方式便是拒絕，而它是建立在判斷的基礎之上。壓抑是譴責的前期表現，處在逃避與譴責之間。而在精神分析之前，未曾有過有關於壓抑的明確闡釋。

從理論上分析壓抑並不容易。本能衝動為什麼會有這種變化?這種變化的發生,雖然是有一定的必要條件,即本能目的的實現應產生不愉快,而不是愉快,但這種可能性卻又很難想像,因為從來沒有這樣的本能——本能的滿足總是愉快的。我們必須設想出一些特殊情形,而在這些過程中,使愉快性滿足變成了不愉快。

為了更準確界定壓抑,讓我們討論一下其他的本能情形。有時候,有些外在刺激變成了內在的,比如:當飲食過度而傷害了某些器官時,一種新的興奮源便產生了,並加強了緊張度,這種刺激與本能十分相似。我們這方面的經驗,可以用疼痛加以說明,但是,這種「假本能」的目的,僅在於中止器官的改變及相伴的不愉快,因為停止疼痛不可能獲得其他的直接愉快。除此之外,疼痛具有強制性,要減緩疼痛,就必須改變受傷的器官、或克服心理傷害的影響,故疼痛的情形根本無助於我們對壓抑的認識。

現在讓我們看一下,當類似飢餓的本能無法滿足時,會出現什麼樣的情形。此時,飢餓也變得具有強制性,除了得到滿足,什麼都沒有用,它進入了需要的持續緊張狀態;然而,就壓抑的本質而言,它絕不是如此輕易就可以排遣的。所以,壓抑絕不是在這種情況產生的——即本能未獲得滿足的緊張,達到了無法容忍的程度的情況。因此,有機體防禦的方法必須轉而在其他聯結中討論。

集中在精神分析實踐中的臨床經驗，我們發現，被壓抑的本能很可能是想要獲得滿足，而且在任何情形下，滿足就其本身來說都是愉快的。但它與其他的目標和要求都不相容，於是便導致了有時愉快、有時不愉快。這個情況的後果為壓抑制造了條件，即由不愉快招致的動機力量，超過了由滿足而帶來的愉快。精神分析關於「移情性精神官能症」(transference neurosis) 的觀察，使我們得出了如下結論：壓抑起初並不是一種防禦機制，只有在意識與潛意識之間出現明顯的「裂縫」時，它才會出現。壓抑的本質，在於將某些東西從意識中移開，並保持一定的距離。

關於壓抑的這種觀點，可以更徹底說明。在心理組織達不到這一階段之前，避開本能衝動的任務，是由本能可能出現的變化承擔。比如，轉向反面或曲解自我；而若要更深入的分析壓抑的範圍及其與潛意識的關係，就必須先釐清楚心理結構的連續性及意識與潛意識的區別，才能更深入地探討壓抑的本質問題。如此，我們便可以十分清晰的描述臨床觀察到的壓抑特點。

我們有理由假定存在一種「原初壓抑」(primal repression)，它是壓抑的第一階段，由被拒絕進入意識的本能的心理（或觀念）表徵組成，有了它才出現了「固著」。此後，表徵仍保持不變，而本能則附著其上。這是由潛意識過程的特徵所決定，我們會在後面加以討論。

壓抑的第二個階段，才是「合宜壓抑」(repression proper)，影響壓抑表徵的心理衍生物，或影響有關的其他思想鏈，這些觀念或思想具有同樣被原初壓抑的命運。因此，合宜壓抑便成了一種「後壓力」。除此之外，僅僅強調意識直接排斥被壓抑的東西是不正確的，重要的是，原初壓抑的東西透過相互吸引，可以建立新的聯結。若這兩種力量不合作，被壓抑的事物不隨時準備接受被意識拒絕的東西，那麼，壓抑的目的也就毫無意義了。

有關精神官能症的研究，使我們注意到了壓抑的嚴重後果。我們很容易高估壓抑的心理壓力，從而遺忘下列事實：壓抑並不阻礙本能表徵在潛意識中繼續存在，阻止它組織各種力量建立新的聯結。事實上，壓抑僅使本能表徵與一個心理系統——意識——的關係受到干擾。

除此之外，精神分析還可以使我們認識到，壓抑給精神官能症患者帶來的其他嚴重後果。比如，本能表徵在壓抑下擺脫了意識的影響後，其發展更充分、更少受到干擾。壓抑在黑暗中擴散，並用極端的形式表達，當它們轉換成神經性的並呈現於精神官能症者時，透過讓患者看到奇異、危險的本能力量而使他驚恐不已。這種本能的假象，源於被抑制的幻覺發展和挫折滿足的抑制結果。挫折滿足的抑制與壓抑的結合，便是壓抑真正意義的指向。

讓我們再一次審視壓抑的反面。如果認為，壓抑是克制意識中所有的原初壓抑，那是不正確的。如果這些衍生物徹底脫離了壓抑的表徵，不管是插入其間的聯結數目所致，還是曲解的結果，就都可以自由出入意識。對意識的抵抗，似乎與原初壓抑的距離有很大關係。在使用精神分析的技巧時，我們總是要求患者盡可能地釋放被壓抑的衍生物。這些衍生物因其間接性、或因其曲解性，都可以透過意識被稽查。的確，我們要求患者提出的聯想，不受意識的目的性觀念影響和批評，而透過這樣的聯想，我們便形成了被壓抑表徵的意識性轉移——這些聯想顯然屬於間接的或曲解的。透過這一過程我們便觀察到，患者可以編織成一個聯想的網絡，直到他能夠反對某些思想，那麼受壓抑的事物便昭然若揭，於是他便被迫重複自己的壓抑。精神官能症症狀同樣如此，因為這些症狀也是壓抑的結果，必須透過自身的努力，才能將被意識否定的東西帶到意識表層上。

意識的抵抗，究竟能去除之前觀念的間接性和曲解性到何種程度，我們尚不能確定一個通則。雖然有一種微妙的平衡發生了，但只是遮掩了我們的視線。然而，它的操作方式我們卻能假定，當潛意識的灌注達到一定程度時就會中止——而超過了這一程度，潛意識就會尋求滿足。所以，壓抑在個體間存在著明顯的差異。每一被壓抑的結果，也許都有自己的特殊變形，曲解或多或少的變化，均會改變整個結果。就此而言我們便可以理解，人為什麼對某些目標特別偏愛，而作為相同知覺與經驗目標的理想，卻又令他們深惡痛絕，原來人與人之間的區別，便是由很微妙的變形所造成的。的確，正像我們在追溯戀物癖（fetishism）的起因時所發現的，原始的本能表徵很可能會分為兩半，一半受到壓抑，另一半由於這種密切的聯結而理想化。

與此相同，由解程度的增強或減弱，也可以透過其他器官的活動獲得。比如，在生產愉快或不愉快的條件下，為了改變心理力量的活動，用愉快替代本該產生的不愉快。我們已經採用了一些特殊技術，使被拒絕的本能表徵壓抑消除。到目前為止，關於這些技術的細節性研究，僅在《詼諧及其與潛意識的關係》中出現過。作為一條規則，壓抑僅是暫時性消除，它很快就會恢復原狀。

此外，此類觀察能讓我們認識壓抑的更多特徵。如前所述，壓抑的活動不僅存在著個體差異，而且具有極度的動態性。絕不能認為，壓抑的過程是一次性的。壓抑的結果是永久性的，像被殺的生物將永遠死亡一樣，需要持續的能量付出；而壓抑一旦停止，人便會受到傷害。因此，壓抑必須以新的行為出現。我們可以設想，被壓抑的觀念在意識的持續壓力下活動，而要平衡這種壓力，就必須有持續的反壓力。因此，從經濟學角度來看，壓抑的維持需要持續的能量付出，如此才能節省能量地消除壓抑。而壓抑的動態性在睡眠狀態中也能發現，壓抑本身足以產生夢；而甦醒之後，睡眠中的壓抑性灌注便再次消失、了無蹤跡。

最後我們必須知道，不管怎樣，我們對於壓抑的本能衝動的論述是微乎其微的，但若不片面對待衝動的壓抑，也許此衝動的形態就會千差萬別。它也許是不活潑的，僅需要少許的心理能量；它也許非常活躍，需要不同程度的心理能量。的確，它的活動不會使壓抑直接消除，而是透過迂迴的道路影響所有的過程，使衝動進入意識，而潛意識中未被壓抑的觀念，常常是由它活動或灌注所決定的。每天都會發生的現象是：只要一種觀念擁有很小的心理能量，那麼它就不會受壓抑，儘管它的內容會增加它與意識中主導觀念的衝突。觀念的數量對衝突具有決定性，一旦一個有害的觀念超過某一力度，便毋庸置疑會有衝突，並必然導致壓抑。所以就壓抑而言，對潛意識的能量灌注越多，那麼壓抑的傾向會透過減弱厭惡度，找到壓抑的替代。

以上我們所探討的，是關於本能表徵的壓抑問題。我們認為所謂本能表徵，指的是一個、或一組觀念，它們源於對本能的限定心理能量灌注（興趣或原慾）。臨床觀察使我們可以劃分所謂的「單獨存在物」。它表明除了觀念之外，本能表徵的其他因素也應該被考慮。壓抑的其他因素也許與觀念有很大的不同，一般已將心理表徵的其他因素稱作「情感量」。作為對本能的反應，它從觀念中分離，與其數量相稱，並用情感的形式表達。以此為基點，在描述壓抑時，我們將採取分離的方式，即作為壓抑的結果，哪些變成了觀念，哪些又變成了附著於觀念的本能能量。

當我們對兩者的變化可做出一般性的說明時，令我們驚喜的是，只要稍加努力就可以真的這樣做了。代表本能觀念的一般性變化，如果曾經是意識的，便會從意識中消失；而如果要轉為意識的，它卻要脫離意識存在。差異倒並不重要，這就就如同我認出不受歡迎的客人之後，拒絕他跨過我的門檻一步（這一適於壓抑過程的明喻，也可用已提及的壓抑的特徵作說明：我需要增加的是，為了拒絕這位客人進入，我必須在門口設立一名永久的警衛，否則這位客人會破門而入）。從數量上看，本能表徵有幾種可能的活動（從精神分析觀察的角度）：要麼本能全然壓制，以至於找不到它的任何痕跡；要麼以情感形式出現，但經過了性質上的偽裝；要麼轉為焦慮。後兩種可能性將令我們做更多的思索，即作為本能進一步變化的情感轉移，尤其是向焦慮轉移。

事實表明，壓抑的動機和目的，不過是為了避免不愉快。屬於表徵的情感的變化，遠比觀念的變化重要，這一事實對於壓抑過程的估價具有決定作用。如果壓抑不能避免不愉快情感或焦慮的出現，那麼就可以說是失敗了，儘管從觀念的意義上它實現了目的。當然，失敗的壓抑較之成功的壓抑，更能引起我們的興趣，因為成功的壓抑很可能無法被我們察覺。

現在該是試圖探討過程機制的時候了，我們尤其想知道：究竟是一種還是一種以上的機制在發揮作用，精神官能症是否會因壓抑機制的不同而有異？由於問題的複雜性，我們尚不能有確切的答案，對於壓抑機制的了解，只能透過壓抑的結果推測。如果將觀察限定在觀念層面的壓抑結果，我們便會發現，它通常會創造出替代形式。替代形成的機制又是什麼呢？或者我們是否應在此區分出不同的機制呢？我們知道，壓抑總會在其背後留下症狀。

我們是否可以這樣假定，替代形成與症狀形成相伴而生，如果在總體上是這樣的，那麼症狀形成的機制是否與壓抑的機制相同呢？最一般的可能性是，這兩者有很大的區別，並不是壓抑本身產生了替代形成和症狀，而是替代形成和症狀是回歸壓抑的標誌，它附著於其他的過程上。同樣，在考慮壓抑的機制之前，檢查一下替代形成及症狀的機制形成，似乎也很可行。

雖然進一步的設想是不現實的，因為任何設想都必須建立在不同精神官能症壓抑結果的審慎分析之上。不過我建議，在對意識和潛意識關係形成可靠概念之前，最好先將這一分析往後推遲。為避免現在的討論毫無所獲，我認為應先釐清以下問題：

一、壓抑的機制，事實上並不與替代形成的某一機制或所有機制相伴而生；

二、具有許多的替代形成機制；

三、壓抑的機制至少有一個共同點：撤回能量或原慾的灌注，轉而專門用於處理性本能。

此外，將問題限制在精神官能症的三種經典形式中，我將用一些例子說明，這些概念是怎樣應用於壓抑研究。

說明焦慮性歇斯底里症，我將舉一個經過認真分析的動物恐懼症的病例（原注：這當然是

「狼人」病例的一種參考。雖然該病例在本文出版後三年才印行，但在這之前已基本完成）。壓抑中的本能衝動，表現為對父親的原慾的態度，並伴有對父親的懼怕。而經過壓抑後，衝動從意識中消失；父親已不再作為原慾的對象，取而代之的是，某些能成為焦慮對象的動物，就觀念部分而言（本能表徵），替代形成源於某種特殊方式下觀念鏈的置換作用。衝動在數量上並未消失，而轉移成了焦慮，對狼的恐懼替代了對父愛的需求。當然，這一病例並不足以解釋最簡單的精神官能症，因為總有其他的問題需要考慮。動物恐懼症的這種壓抑可以說是極不成功的，它所做的一切無非是對觀念的轉移和替代，但根本無法消除不愉快。正因為此，精神官能症才不會停止活動。而為了實現其即時和重要的目的，它便走上了第二個階段：逃避——才產生了恐懼症，一系列的迴避均旨在防止焦慮釋放。而更進一步的專門研究，將使我們理解恐懼症實現目標的機制究竟是怎樣的。

當考察真正的轉換性歇斯底里症時，我們不得不換個角度審視壓抑過程，此時，它最顯著的特點便是情感量全然消失。一旦如此，患者便出現了沙可（Jean-Martin Charcot）稱之為「微笑且漠不關心的狀態」（la belle indiference des hysteriques）。在其他情況下，這種壓抑並非成功：有一些令人痛苦的感覺會依附到症狀之上，用以證明不可能阻止焦慮的某些釋放是，而導致了恐懼症形成。更進一步的觀點表明，過度神經支配的部分，正是被壓抑的本能表徵本身——雖然經過了凝縮，但全然自我灌注。當然，以上所述，並不能使我們完全明瞭轉換性歇斯底里症的全部機制，尤其是壓抑的因素問題，這將從其他的聯結中予以考慮。就擴散性的替代形成所引發的歇斯底里症（轉換性）壓抑而言，可以說是全然的失敗；然而，說到情感量問題（壓抑的真正任務）它卻又總是全然成功的。在轉換性歇斯底里症中，壓抑完成於症狀的形成，它不像在焦慮性歇斯底里症中那樣發展到第二個階段，確切地講，其發展是永無止盡的。

為了闡述的需要，下面我們將討論另一種不同的壓抑，即強迫症的壓抑。

首先，我們將對什麼樣的本能表徵附著於壓抑表示懷疑——究竟是原慾的，還是故意傾向？之所以會出現這種不確定性，是因為強迫症是以壓抑為基點，並用情愛替代了施虐傾向。正是對所愛之人的仇視本能，導致了壓抑，故壓抑的初期與後期往往有不同的結果。起初壓抑全然是成功的，觀念內容被拒絕、情感也消失了；而作為替代形成，自我出現變化，意識成分明顯增加，這很難稱為症狀。此時，替代與症狀並不是相伴而生，這一研究同樣為我們提供了壓抑機制的知識。

無論在強迫症中，還是在其他病症中，壓抑都導致原慾退縮，但這是透過反向形成實現的。因此在這種情況下，替代形成與壓抑具有相同的機制，並從根本上是共生的，無論從順序上還是從概念上講，它都與症狀形成不同。也許正是這種模棱兩可的關係形成了整個過程，使得該壓抑的施虐衝動得以實現。

然而，壓抑雖然起初是成功的，但它並不堅定，隨著時間的推移，其缺失會越來越明顯。矛盾透過反向形成導致了壓抑，而被壓抑了的矛盾又成功地將矛盾復歸。消失的情感又以社會焦慮、道德焦慮、良心譴責的轉換形成出現，被拒絕的觀點用置換作替代，經常置換到非常小、無關緊要的事情上。一種重建完整被壓抑觀念的趨勢，通常會清楚無誤地出現，正像我們在歇斯底里恐懼症中所看到的那樣；在數量和情感方面的壓抑失敗，會招致同樣的逃避機制，如迴避與禁止。然而，被意識拒絕的觀念卻仍頑固地堅持著，因為它避免行動，使衝動的活動受到抑制。因此對強迫症而言，壓抑變成了一種毫無結果、冗長不堪的鬥爭過程。

以上這些簡單的比較不得不令我們相信，在徹底認識壓抑的過程及精神官能症症狀的形成之前，仍需更廣泛的研究。因素的極端錯綜複雜，使我們僅能用一種方式去理解，且必須依照順序採用不同的觀點，再借助實際的素材窮追不捨，直至得到能利用的結果。對患者的任何單獨治療，其本身都是不全面的，而那些僅觸及皮毛、而未認真對待的方面不可能不令人費解。但我們希望最終的綜合研究，一定能正確理解壓抑，從而解開隱藏在深處的真正壓抑之謎。

移情

按語：

在精神分析治療過程中，患者會移情於醫生身上，如有些患者會想成為醫生的情人，有些則希望成為其子女，或是傾慕醫生、誇大醫生的能力、順從醫生的旨意……此外，醫生還會發現患者（常是男性）的另一種表現——對醫生持敵對態度。以上這一些，均屬於「移情」。本節佛洛伊德為我們揭示了其中的奧祕。

在〈精神分析的方法〉一節中，我們已經提到過這樣一個事實：醫生與患者的關係，對治療效果存在著重大影響，精神治療取決於患者與醫生之間的個人關係的發展。如果雙方關係和諧，則治療效果倍增；反之，則進展緩慢，甚至治療失敗。對此，我們尚未詳細探討，但它仍不容忽視。臨床實踐的研究告訴我們，這其中的確存在著影響治療的某種因素，而且在精神分析治療中極易被我們所忽略。這一影響治療的因素本身異常錯綜複雜，我首先向你們描述一些比較常見及簡單的形式。

在精神分析治療時，患者本來只需注意解決自己的心理衝突，可是他卻忽然對醫生本人產生了一種特殊的興趣。凡是與醫生有關的事，似乎比他們自己的事更為重要，因此乃不再集中注意力於病症上，於是他與醫生的關係，一時會表現非常是和諧。他善於順從醫生的意旨，力圖表達其感激之意，而且顯露出其出人意料的美德。醫生因此對患者甚有好感，內心暗暗慶幸能有治療此患者的福氣。醫生如有機會遇到患者的家屬，也會很高興地聽到患者對該家屬說，他很尊重醫生，家屬也便對醫生讚不絕口，以為他有種種美德。家屬們無不異口同聲地說：「他對你非常欽佩、異常信任。你所說的話，在他看來，竟都成為神的啟示。」

醫生那時當然非常謙遜，以為患者之所以尊重自己，一是因為希望自己能恢復他的健康，二是因為治療的影響，使患者聞所未聞、見所未見。在這些條件下，精神分析有了驚人的進步，患者了解醫生的暗示，並集中注意力於治療的工作，於是分析對所需要的素材——如患者的回憶聯想——都唾手可得；他的解釋正確可靠，連醫生本人也感到驚訝，以為這些新的心理學觀念本深為外界正常人所駁斥，而患者竟能如此信服，實在不能不令人異常高興。而既然有如此和諧的關係，患者的病情實際上也漸有進展。

但好景不長，屆時，精神分析便會遇到困難，患者會開始說自己不能再陳述什麼了；我們也開始感到他對這種工作似乎失去了興趣，而如果你要求他描述他在想的事，不必理會任何批判或反對意見，他也毫無反應。他的行為不再受治療情境的支配，好像從未與醫生有過任何承諾、任何協議；而由表面看來，顯然可見，他現在已因其他祕而不宣、不可告人的事情，而分散注意力了。這便使治療不易取得進展，阻抗作用再度萌生。

那麼詳細的經過到底是怎麼樣呢？

如果我們有可能明瞭這種情況，那麼其擾亂的原因就在於，患者所施於醫生的強烈依戀感情，而這個感情則非醫生的行為和治療關係所能解釋。其表現的方式和它所要得到的目標，當然隨兩人之間的情形而異。假使一人為少女，另一人為男青年，則其戀愛當然十分正常；而若一個女人若常與一個男人獨自見面，且大談內心隱祕之事，而此男人又處於指導者的地位，那麼女人對男人產生愛慕，似乎十分自然——至於就一個精神官能症的女人來說，她愛的能力多少有些變態，這一事實我們暫時不予討論。但假使一個年輕女人遇人不淑，而醫生又未有愛人，那麼她如對醫生萌生熱烈的情感，願意離婚而委身於他，或者不談離婚，但兩人彼此互相愛慕，這當然也可以理解。而這樣的事，即使在精神分析治療之外，也屢見不鮮。

然而，在這種情境之中，女孩和婦女們經常陳述最驚人的供訴，可見她們對治療的問題有一種非常特別的態度：她們一直知道，除了愛情之外，別無他法可以治療她們的疾病，而且在治療一開始，她們便已期望著這種關係，以給予她們實際生活中所缺乏的安慰。就是基於這種期望，她們才願意忍受分析的麻煩，而不惜揭露自己內心的思想，並克服一切困難。我們自己可以再補充一句：「她們竟能如此容易了解，那些往往難以為人所接受的事。」然而，這種供訴往往令我們十分震驚。我們所有的一切估計皆要隨風飄逝、化為烏有了。我們在這整個問題中，有沒有可能忽略了一個最重要的成分呢？

事實的確如此。我們的經驗愈豐富，則這種新成分也愈不易否認，雖然這個成分改變了整個問題，而使我們科學的估計感到困窘。我們腦海中首先想到的，乃是我們分析治療已面臨一個意外的阻礙，它妨礙治療的目的，並且在起源上與之毫無關聯。但是，這種對醫生的垂愛，縱使在最荒唐可笑的情境中——如老年婦女和白髮醫生的關係，甚至依我們的判斷，肯定其中並沒有所謂的引誘存在——也無法避免。由此，我們不得不重視此干擾之事，而承認我們所處理的現象本身，乃在本質上和疾病的性質有更密切的關係。

這個我們不得不承認的事實，我們稱之為「移情關係」，即指患者轉移情感於醫生身上，而受治療時的情境，自然無法解釋這種情感的起源。我們甚至懷疑此一情感起源於另外一個方面：先在患者內心醞釀，然後利用治療的機會轉移到醫生身上。移情的表達，可為熱情的愛戀，也可採取較為緩和的方式；假使一為少婦，另一為老翁，則她雖不想成為妻子或情婦，卻也有想成為其愛女的願望；原慾的願望只要稍加改變，就可成為一種理想的柏拉圖式友情之願望。有些婦女更知道如何昇華這種轉移關係，而使其有必須存在的理由；有些人則僅能以粗陋、原始、而幾乎不可能的形式來表現。但是基本上都是永遠相同的，而且為同一來源、有目共睹。

如要問這個事實的範圍，則有必要對另一點加以說明。例如，男性患者的情形究竟又如何呢？我們至少可以期望其沒有受性別及性的吸引，但事實上卻與女性一樣，也同樣地傾慕醫生、誇大醫生的能力、順從醫生的囑咐，並嫉妒一切與醫生有關的人們。轉移關係的昇華作用，較常見於男人與男人之間，至於直接的性愛關係則為數甚少。此外，醫生更常發現男性患者的另一種表現，且它最初看起來似乎與剛才的論述相反——敵對或否定的轉移關係。

首先，我們必須釐清，轉移關係在治療的開始，即發生於患者的內心，成為最強大的動力。這種動力的效果，如果可以促使患者合作，從而有利於治療的話，當然沒有人能發現、或是理會它；反之，它一旦變成了阻撓作用，即不得不引人注目了。而其所改變患者對於治療的態度，乃是由於兩種不同且相反的心理。首先，愛的吸引力變得太強大，且帶有性慾的意味，所以不得不引起內心的反抗；其次，友愛之感變成了敵對之感。一般而言，敵對情感的發生，常比友愛情感晚出現，而且也以後者為掩飾。假如兩者同時出現，便可成為感情矛盾的極佳例子，這個矛盾情感支配著我們與其他人之間最親密的關係。所以，友愛的感情和敵對的感情，同樣都表示一種依戀之感。正如服從和反抗，雖然截然相反，但卻都有賴於他人的存在。患者對醫生的敵對心態，當然也可以視為移情作用，因為治療的情境中，沒有能引起這種情感的原因，所以就此觀點來看，否定消極的轉移關係，正足以證明積極的轉移關係。

我們身為醫生，不可能服從於患者因移情而提出的所有要求，但若不親切處理這些要求，甚至氣憤拒絕，則更不合常理。我們所要做的是告訴患者，其感情不是從現狀發生的，而且與醫生本人無關，而是很久以前發生在他心中的事重複地出現。用這種方法克服移情，設法要他一再重述與回憶。如此，無論是友情還是敵對的情感，原來治療上的強大威脅移情，此時反而形成最好的工具，而藉此工具的幫助，感情生活中緊閉的心扉才得以打開。

為了卸下各位由於這種意外現象所受的震驚，在此必須作若干補充說明。我們絕不可以忘記，這種分析工作無法達到完美無缺的結果，因為它像生物一樣不斷地成長和發展，且不是開始治療後就會停止，而掌握患者時，整個病況似乎都朝同一方面產生——也就是集中在患者和醫生的關係上。如拿樹木比喻移情，這種關係就如位於木質部與韌皮部之間、隨著組織新生而逐漸粗大的形成層。當移情具有這項意義時，患者的回憶工作才稍減其重要性。如此，我們的對象已不是患者以前的疾病，而是轉變成一種新的精神官能症。

對於這種以新姿態出現的舊疾，我們從一開始就追蹤它，看著它出現和發展，而在自身也成為追蹤的焦點後就更了解它了。患者的症狀完全捨棄了原有的意義，而在轉移的關係中產生新的意義，而有那些可以在原狀態下生存的，才能保留在一種徵候下。克服這種新的人為性精神官能症，並使原來的症狀消失，就是完成治療工作。從此，患者和醫生的關係恢復正常，解脫了抑制慾望衝動的痛苦，即使沒有醫生，患者也能繼續保有自己正常的生活。

心理人格

按語：

佛洛伊德認為，人格的結構由三個部分組成，即「本我」、「自我」和「超我」，這三者是在意識、無意識活動機制下，在心理發展關係中形成的。「本我」、「自我」和「超我」三者相互交織在一起，構成人格的整體。它們各自代表了人格的某一方面：本我是生物本能我，自我是心理社會我，超我是道德理想我。它們各自追求不同的目標：本我追求快樂，自我追求現實，超我追求完美。當三者處於協調狀態時，人格則呈現出健康狀態；當三者關係發生錯亂時，就會產生心理或精神疾病。

我想讀者都明白，生活中我們在對人、對事的關係上，自己的出發點最為重要，此點在有關精神分析的事物上也是一樣。精神分析研究的乃是症狀，這些症狀比心靈上其他內容更不屬於自我，而是在自我之外。症狀乃是由潛抑作用所引發，它們彷彿是自我之前的代表，但是被壓抑的乃是自我之外的陌生領域。這一路徑從症狀到潛意識，都指向了本能的生命與性慾。由此，精神分析便遭到了最激烈的反對，即有人認為人類並不只是充滿性慾的生物，而有更高尚的本能。也許有人還會表示，他們因這些崇高本能的意識和知覺而意氣昂揚。然而，這些人也往往假定自己有權利胡思亂想、並忽視事實。

我們已經知道，人類陷入一種衝突時，就是介於本能生活的主張和為反對它所產生的阻抗作用之間。同時，我們也絲毫不敢忘記這種正發揮阻抗、反對及正壓抑的事物，我們以為這些事物都擁有特殊的力量——自我本能，而且它又與一般流行心理學的自我互相吻合。而在觀照了由科學工作的進步努力之本質後，真相是：精神分析也無法同時探究每一個領域，並且無法一口氣對每一個問題提出觀點。但到了最後，總算能集中於某一點，即我們有可能將注意力從被壓抑的事物轉向壓抑的力量，同時以堅定的期望面對這一自我。它似乎相當清楚明白，並期望我們於此處，再度發現若干我們無法準備的事物。然而，要發現第一個探究方法並不容易，而這正是本節我打算告訴你們的。

我必須讓你們知道我的懷疑，我對自我心理學的這種討論，所能對你們產生的影響，與我以前對心理內在世界的介紹大異其趣，但我無法十分肯定地說為什麼會這樣。你們會發現，我以前告訴你們的主要是事實，不論其是多麼奇異、陌生；而現在你們所聆聽的主要是意見，換句話說，只是玄想而已。不過這並沒有抓住重點。在進一步考察之後，我們必須主張，我們對自我心理學的實際素材之思考的工作數量，並不比精神官能症的心理學更多。我曾經不得不拒斥其他說明，以及我們所期望的結果：我現在相信，它毋疑是一個關於素材本身性質的問題，也是我們不慣處理這些素材的問題。無論如何，如果你們顯示出你們的判斷，將比到目前為止的判斷更加謹慎，我一點也不會感到驚訝。

我們也許可以期望，在探究之初所發現自己置身的情境，能為我們指出道路途徑。我們希望使自我成為研究的對象，即以我們自己的自我為對象。但這是否有可能呢？畢竟，在本質上自我乃是一個主體，那它怎樣能成為一個客體對象呢？毋庸置疑它可以如此，自我可以使本身化為一個客體對象，也可以把自己當作其他的對象，可以觀察、批判自己，並且做上帝才知道的一切關於自身的事。在這一點上，自我的一部分，凌駕支配了其餘部分。因此，在若干功能上，自我可以分裂，一分為二，也可以在後來又合為一起。這並不完全是一種虛構幻想，雖然它也許對我們一般所知道的部分更過分的、不同尋常的注重。另一方面，我們對下列情形都十分熟悉，即由於病理現象促使事物更擴大、也更粗糙，因而可以引起我們注意正常的情境，但這情境在另一情況下，則不為我們所注意而忽略了。當病理學顯示一種龜裂、分裂的場合時，常態則可以不至分裂，而有連接。如果我們把一個晶體用力地擲於地上，它雖會四分五裂，卻不至於粉碎成細末。晶體乃是依照其割痕而分裂成碎片，其界限雖然是隱形的，事實上卻是由結晶體的結構所決定。患者也是依照這種方式分裂，甚至古人對精神錯亂者的虔誠敬畏，我們也無法從他們身上完全消除。他們雖脫離了外在現實，但遂洞悉了更多的內在、心理的現實，並且可以向我們揭露某些我們所無法把握的事實。

我們把這些患者中的一種，描述為患有被監視的妄想。他們不停地抱怨說，自己的一舉一動，甚至連最隱私的親密行為，皆被一種不可知的力量——這些力量乃是假想的人物——所觀察注視，而受到極大困擾；而且在他們的幻覺中，還會聽到這些人報告他們的觀察結果：「他現在正在說這句話」、「現在他正在換衣服準備出門」等等。這類觀察注視，雖尚未達到迫害的程度，但也距其不遠了。這類觀察注視假定別人不信賴他們，並期望抓住他們，因為他們的行為違反了禁忌，所以必須受到懲罰。假使這些精神不正常的人正確無誤，又假使我們每個人內心的自我中，皆有宛如這樣的東西存在，而隨時隨地觀察我們，並威脅要實施處罰；以及假使存在於他們內心的東西，只是從自我中分離，涇渭分明，而且被誤置於外在現實裡，又將會如何呢？

我無法告訴你們，相同的這種事情是否會發生在你我身上。自從受到這個臨床病例的強烈影響之後，我形成了一個觀念，即把那負責觀察監視的東西，與其餘的自我互相分開，這種分離可能是自我構造的通常面目；這個觀念始終索繞盤旋於我的腦海裡，同時我也忍不住探究那由此分開的東西進一步的特性及關聯。我也很快的就採取行動，進行下一步。那被觀察的妄想內容早已表示出，這種觀察監視只不過是將來審判的準備，於是我們自然而然的猜測，這東西的另一功能，必然是我們所謂的良心。

顯而易見的，世上再沒有比我們的良心，能更規律地與我們的自我分開，並且可輕而易舉地反對自我。我心中忍不住想做某些會使我快樂的事情，但是卻由於良心不允許而放棄；或者，我讓自己受過分強烈的快樂期望所引誘，而做一些良心所反對的事情，等到做完之後，我的良心就會以痛苦的責難來處罰、折磨我，使我因為做這些事而深感悔恨。我也許可以單純地表示，意圖在自我中區分的特殊東西，就是良心。但是把這東西當做獨立的事物，並假定良心乃是其功能之一，反而就要比較謹慎小心；至於觀察自我，則是它的其他功能，乃是良心審判活動的基本前奏曲。而我們一旦發現某些事物有分離獨立的存在，就會賦予它名字，因此從這時開始，我要把自我內的這一東西，描述為「超我」。

我們很少能更深入的理解超我的觀念，因為超我享有若干程度的自主性，依照自身的意向行動，並在它的能量供應上，獨立於自我。我們不熟悉的，是引起我們注意的臨床圖像，這種圖像對這超我的嚴厲及殘酷性質與自我的變化關係，都有清晰的闡明。而我心中所想的，乃是憂鬱症的情境，或者更正確的說，是憂鬱情緒發作的情境。

縱使你們不是精神科醫生，也對這一名詞而耳熟能詳。這個疾病的最驚人面目，乃是超我——你們也許會輕聲地稱呼它為「良心」——對待自我的方式，至於它的原因及機轉，我們所知甚少。雖然憂鬱症患者和其他人們一樣，可以在其健康正常狀態時，顯示出對自己或多或少、若干程度的嚴厲態度；但在憂鬱情緒發作期間，他的超我變得更加嚴酷。它欺負、玩弄那可憐的自我，侮辱並虐待它，以最可怕的處罰手段來加以威脅，因自我之最遙遠過去的行為而責備它——它過去對此行為則一笑置之，不當一回事，有如超我在這整段期間皆花費精力於累積、收集責難，並且在等待時機，以便在力量強大時爆發出來；同時對自我的基礎，也加以輕蔑的判斷。超我把最嚴厲的道德標準，加諸於無依無助的自我身上，自我在其淫威之下非常可憐。一般而言，它代表了道德的主張，同時我們立刻會明白，我們道德上的罪惡感，乃是自我與超我之間的緊張表現。道德一般皆假定為係由上帝賜予我們的，因而深深的植根於我們內心，如果把這些患者身上的道德感，看做是一種週期性的現象而發揮功能，確實是最驚人的經驗，因為患者於若干個月之後，所有的道德熱誠皆消失無蹤，超我也沉默不語，自我再度重建，並再度享受一般人的一切權利，直到下一次發作時為止。在某些疾病形式中，在兩週期之間發生了相反的對立情況；自我發現自身正處於中邪般的快樂狀態中，慶祝自己的勝利，彷彿超我喪失了其所有力量，或融入了自我之中；而這個自由的、興奮激昂的自我，正使自己沉溺於真正毫無禁忌、毫無限制的所有各式各樣的滿足中，而在其中充滿了各種無法解決的謎題！

你肯定會期望我詳細地告訴你們，而不只是給你們一個描述。關於超我的形成，亦即關於良心的起源，我們已發現了各式各樣的事。在人人皆知的康德名言裡，常把我們內在的良心，與無上的繁星相提並論、對照比擬；一個信仰虔誠的人，也同樣的忍不住會把這兩件事，讚美為造化的傑作。蒼穹的星辰確實偉大壯觀，至於良心，上帝卻作了一件不公平及馬虎的工作，因為大部分的人內心裡只有最微弱的良心，或者稀少得根本不值一提；我們在主張良心是來自神賜時，並不曾忽視這一主張所蘊含的心理真相成分；但是這一論點需要加以分析詮釋。縱然良心是屬於「內在」的東西，但是最初它本非如此；在這方面，它與性慾生活真正相反對立，性慾在事實上，於人生之初即已存在，而不只是後來才發展增進的。但是正如人盡皆知的，年幼的小孩是非道德的，並且在其對他們追求快樂的本能上，不曾擁有內在的禁制抑阻功能。那後來由超我所發揮的成分，乃是由一種外在力量，如父母的權威開始形成塑造。父母的影響力，常借提供愛的保證，並借處罰的威脅而控制孩子，發揮作用。這些對孩子而言，代表失去愛，並由於他們自己的行為而恐懼失去愛。這種現實的焦慮不安，乃是日後道德性焦慮不安的前驅。如果它一直占有支配地位，就沒有必要談及超我及良心。唯有隨之而來的，才發展了第二度的情境（我們皆未加仔細考慮就太早地把它當做正常的情境），其中外在的限制被內在化了，超我取代了父母的職位，並觀察監視、指導及威脅自我，其方式正如早年父母之對待孩子。

然而，那攫取權力、功能，甚至父母職位的方式的超我，卻不僅只是它的繼承者，在事實上，它也是其身體的合法繼承人。它乃直接由自我衍生出來，我們現在已略知，它究竟是以如何的程序進行；然而，首先我們必須討論此兩者之間的差異。超我似乎採取了片面的選擇，並且只拾取父母的嚴格管教及嚴厲態度、他們的禁規及處罰功能，至於他們的愛心關懷，則似乎並沒有加以採取及保存。假使父母曾經真正以嚴厲態度，強制表現其權威，我們就可以十分容易地了解，孩子也會隨之發展出嚴厲的超我。但是正好與我們的期待背道而馳，經驗表明，縱使其成長撫育的方式充滿溫和慈愛，並且盡可能的避免威脅及處罰，超我也可以獲得殘忍嚴酷的相同特徵。我將於討論超我形成期間本能的轉形作用時，再討論這一矛盾性。

我之所以無法如我所希望的，告訴你們許多關於父母關係變成超我的轉形作用，有一部分原因是由於這一過程非常錯綜複雜，而且如加以討論探究，勢必造成更大的思維混亂。不過部分原因也是由於我們自身，因為我們並不能確認已對它有了完全透徹的了解。

這歷程的基礎，乃是所謂的「認同作用」——換言之，一個自我吸收另一個自我，亦即由於第一個自我，在某方面行為類似第二自我，模仿它，並在某種意義上把它當作自身的結果。曾經有人十分恰當地，把認同作用與食人族將其他人納入口腔內而合體的情形互相比擬、相提並論。它乃是感情依戀他人的非常重要的形式，且很可能是第一個重要形式，而且與對象的選擇大不相同。這兩者之間的差異，可以用類似於此的方式表示。假若一個男孩使自己認同父親，他就會希望一切皆像父親；假如他使父親成為選擇的對象，他就會希望擁有父親、占有他。在第一種情形下，他的自我以他的父親為模範，隨之改變；在第二種情況下，這點即不必要。認同作用與對象選擇，在許多方面彼此獨立分開。然而，它卻可能使自身與某些人——例如那些他當作性對象的人，互相認同、與之同一，並且以他為模範，而改變自我。有人說，自我因性對象所發生的影響，往往特別常發生於女人身上，並且這是女性的特徵。我在我多年前的著作裡，一定早就告訴過你們，那是至目前為止認同作用與對象抉擇之間，最富教誨性的關係。這在孩童及成人、在正常人與患者身上，皆同樣可輕而易舉地觀察到。假如一個人喪失了一個依戀對象，或者被迫加以放棄，他往往就會藉著使自己認同它，並再度於個人的自我內重建它，以補償自己，於是對象選擇遂因而退化至認同作用。

我自己對關於認同作用的這些見解，卻一點也不滿意，然而，假如你們可以接受我把超我的裝備描述為，對父母職位之認同作用的成功實例，也就充分足夠了。那足以決定性地判斷這個觀點的事實，乃是自我之內新形成的優勢事物，它與伊底帕斯情結的命運關係最為密切，因為超我成為感情依戀作用的繼承人，而這感情依戀對孩童非常重要。一個小孩若放棄了弒父戀母情結，則正如我們所能看見的，他就必須放棄以前對其父母所保有的強烈對象感情依附作用，同時由於這對象喪失所形成的補償作用，乃造成他對父母認同作用之強大的劇烈變化——這認同作用，可能長久以來就在他的自我內存在。這種作為早已放棄的對象感情依附作用之沉澱物的認同作用，在孩童時代的晚期，往往會重複出現。不過它會完全依照這首次的轉形作用，而產生情感上的重要性，其結果則必須在自我中發現其特殊地位。仔細密切的探究，也向我們顯示出，超我在其成長及茁壯過程中，假使不能完全成功地克服弒父戀母情結，則會遭到阻礙而萎縮。在成長發展過程中，超我也接受了那些取代父母地位的人——教育家、老師，和其選擇作為理想模範之人的影響。在正常情況下，超我越來越和本來的父母人物遠離；不妨說，它成為更加非人格的。我們也不要忘記，孩子在不同的人生階段，對父母的評價觀感也不相同。在弒父戀母情結讓位給超我的時候，父母是相當偉大光彩的，但後來他們就喪失了許多光彩。於是，孩子對父母也產生認同作用，而事實上，這認同作用對人格的形成，一般而言貢獻重大。但是在這種情況下，它們只影響了自我，而不再影響超我——這是最早年時期的父母形象所決定、影響的事物。

我希望你們的腦海裡早已形成一個印象，即超我的假說。其實，真正只是將其描述為一種結構關係的人格化，而不只是對良心這種抽象事物的人格化。我們尚需要再提到一種功能，我們把它賦予於超我之上。它也是自我理想的推動者，憑藉這一理想，自我衡量自身，並與之競爭，並設法努力滿足實現它對永遠不斷擴大的完美性的要求。毋庸置疑，這一自我理想乃是以前對父母的印象之殘留，是孩童賦予其父母完美的形象並且加以讚賞的表現。

我們已把自我觀察的功能、良心以及維護理想的功能，分配給超我。隨著我們所談到的關於其來源的問題，所產生的是它預設了一個非常重要的生物學事實，及心理事實：換言之，人類兒童時對其父母的長久依賴，以及弒父戀母情結，這兩者又再度密切的交互關聯。超我對我們而言，乃是代表每一條道德禁律，對追求完美的維護——簡言之，它正如我們在心理上所能夠把握的，那被描述為人類生活之更高層次一樣。由於其本身可回溯至父母、教育者等人的影響，因此假使我們轉向那些代表其來源的人身上，便可以更加明白其重要性。一般而言，父母類似他們的權威，在教養兒童時，會依據他們自身的超我觀點，教養兒童。他們對自己的自我之了解，不論為何，也可以以之了解自己的超我，他們在教育孩子時，是嚴正而一絲不苟的。他們已忘記了自身在童年時代的艱苦困境，而他們現在也十分樂意，能夠完全使自己與父母互相認同——這些父母在過去的往日，曾在他們身上施加很嚴厲的限制。於是孩童的超我，在事實上並不是以父母為模範，而是以父母的超我為藍本。其所包含的內容是一樣的，而且它成為傳統的傳遞，以及超越時間、日久彌新的永恆價值判斷的傳承者。

你們也許可以輕易地猜測，如果考慮超我，會使我們對人類的社會行為——例如少年犯罪的問題——有更透徹的理解，也許將更加了解教育方面的實際影響。一般人所知道的歷史唯物論的思想罪惡，似乎很有可能是由於它過分低估了這一因素。他們不屑一顧的棄置一旁，而宣稱人類的「意識型態」，只不過是人們的當代經濟條件的產物及上層構造。這點固然有理，但卻大有可能不是全部真理。人類從未完全生存於目前的時刻，過去歷史、種族及人民的傳統，也在超我的意識型態中繼續存在，並且只是相當緩慢的受到現在的影響，以及遲緩逐漸的發生新的變化；而只要它經由超我運作，就會在人類生活上發生強大有力的作用，而獨立於經濟條件之外。

我在一九二一年關於團體心理學的探究上，曾努力應用、發揮超我和自我之間的差異。我獲得如下的公式：一個心理團體乃是若干個人的集合，這些個體把彼此相同的人，引入他們的超我中，並且根據這一共同成分的基礎，使他們自身在其自我上彼此互相認同。當然，這點也只適用於有一個領導者的團體。假如我們能對這類情形有更多的發揮運用，超我的理論對我們而言，就不再是奇異陌生的了，而我們也不會再感到難堪——在我們更轉向、更表面、更高層次的心理機轉時，由於習慣了處身於潛在世界的氣氛內，因而會感到難堪。當然我們並不假定，由於超我的分離、脫離出自我，我們就已對自我心理學表達了最後的見解，或一切該說的皆已說盡。這毋疑是一個起步；不過在這例子中，並不只是起步才是唯一艱難的。

然而，現在有一個問題正等著我們——我們不如說，它在與自我相反的一端上。它是藉著精神分析工作之觀察——這實際上是相當古老的觀察——而陳示、展現給我們。正如它是常常發生的，要能了解、欣賞其重要性，也需要很長久的時間。正如你們所熟知的，精神分析的全部理論，在事實上，乃建基於患者所給予我們的阻抗作用之透視——這阻抗作用乃是我們意圖使他的潛意識進入其意識時所產生的。這阻抗作用的客觀徵象，乃是他的聯想失敗了，或者和那正在討論的主題相去甚遠，他也許也會在主觀上承認阻抗作用這一事實，因此他在探究這課題時，會有不快的感覺，不過這一最後訊號也可能不存在。於是我們向患者表示，我們從他的行為獲知，他現在正處於阻抗的狀態。他回答，他對此一無所知，並且只明白他的聯想已越來越困難了。最後的結果是我們正確無誤。不過在這種情形下，他的阻抗作用也正如我們所壓抑的一樣，是屬於潛意識的，我們正努力將此潛意識提升至意識裡。

很早以前，就應提出這一問題：從他心靈的哪一部分，會產生如這種潛意識的阻抗作用？初學精神分析的人，可能會不加考慮的馬上次答道：當然，它是對潛意識的阻抗作用。這真是一個曖昧不明及不完全的答案！假如這表示阻抗作用，是從潛抑作用產生的，則我們一定會回答說：絕非如此！我們反而會賦予潛抑作用一股強大的向上驅力，及突破進入意識的衝動力量。阻抗作用只能夠屬於自我的表現，它在原意上，是推動潛抑作用發生作用，現在則希望使它維持不動。這是我們所一直採取的觀點。由於我們假設了自我之中的一個特別物——超我——的存在，它代表一禁律與拒斥特性的要求，因此我們不妨說，潛抑作用乃是這一超我的工作，而且它不是為了自身的目的才實施，也不是自我為了服從其秩序而實行的工作。假若因此之故，我們在精神分析時，遇見患者的意識所未覺知的阻抗作用，這就表示若不是在十分重要的情境中，超我及自我可以潛意識地運作，不然就是——這甚至更為重要——這兩者（即自我與超我本身）之若干部分，皆為潛意識的。在這兩種情形中，我們必須考慮一下下述許多人不贊同的發現，即一方面是自我及意識，另一方面是被壓抑的及潛意識，彼此完全不相符合。

在面對各種質疑，如自我與超我本身，究竟是屬於潛意識、或只是產生潛意識的效果時，我們可基於很好的理由，而決定贊同前者的可能性。而且情形確實如此，有大部分的自我及超我，不但可以屬於潛意識，並且是屬於正常的潛意識。換言之，個人對其內容一無所知，而若要使它們成為意識，則需要花費很大的苦心努力。自我與意識，被壓抑的與潛意識，並不吻合，這誠然是個事實。我們覺得有必要修正我們對意識——潛意識問題的基本態度。首先，我們不得不努力地把意識當作標準的重要性極力減低，因為它顯得令人難以信任，不值信任。但是如此一來對它顯然並不公平。正如我們可以表示我們的生命，雖然並沒有多大價值，但它卻是我們所有的一切。假如缺少了意識之性質所發揮的光亮照明，我們就會迷失於深層心理的迷霧裡了。不過，我們必須設法發現我們的新方向。

我們不需要再討論所謂的意識，它已是毋庸置疑的了。「潛意識」這名詞的最古老及最佳的意義，乃是描述性的；我們把一種心理歷程稱為潛意識，乃因我們不得不肯定它的存在——由於我們從其效果中獲得線索的緣故——但是對它，我們卻一無所知。在這種情形之下，我們與它有相同的關係，正如我們與別人的心理歷程的關係一樣，除了它在事實上屬於我們自身之外。假如我們希望更正確無誤，就必須修正我們的見解，而表示我們之所以稱呼一個歷程為潛意識，乃因為我們不得不假定它在「哪一刻」正在活動，雖然在「那一刻」我們對其一無所知。

這一特性使我們回想起，大部分的意識歷程只有在極短時間內才是意識的，它們很快的就會成為「潛在的」，卻可以輕易地再度成為意識的。我們也可以說，假如可以確定在潛伏狀態下，它們仍然是屬於心理的，那麼它們就成為潛意識的了。至目前為止，我們尚未得到任何新穎的東西；我們也沒有獲得特權，而可以把潛意識的概念引入心理學。然後新的觀察發現了、產生了，亦即我們早已能夠同時進行，並行不悖。舉例而言，為了說明語誤現象，我們發現自己不得不假定，意圖作一特殊的主張之意向。乃是存在於說話者內心，我們從他的主張所發生的干擾作用內，確切不移地獲得這意向。但是意向並沒有使自己經過潛意識，並因而成為潛意識。假如我們接著把它放在說話者面前，他立即會十分熟悉的認出它，因此它對他而言只是暫時未覺知而已；不過，假如他拒斥它，視它為不屬於他的陌生奇異念頭，那麼它就永遠是潛意識的，從這一經驗中，我們回顧地獲得了，把曾經描述為潛在的東西，也宣稱為潛意識的東西之權利。對這些動力關係的思索考察，使我們現在可區分兩種潛意識——其中之一，在經常發生的情境下，輕易地轉化成意識的；至於第二種，則轉化作用難以完成，並且只有在經過相當的努力，花費了許多的苦心才會發生，或者很可能根本不會發生。為了避免如下的曖昧不明情況，即我們到底是表示這一潛意識或另一潛意識，到底我們是以描述性的意義、或動力性的意義來運用這個名詞，我們不妨利用一種被允許的且簡單的方式來解決：我們把那只是潛在的、容易變成意識的潛意識，稱為「前意識」，而把「潛意識」保留給另外的一種；於是我們現在有了三個名詞，「意識」、「前意潛」及「潛意識」，我們用這些名詞來描述心理現象。再說一次吧！前意識也是最純粹描述意義的潛意識，不過我們並不以此名詞稱呼它，只有在我們隨口而談、或者必須擁護那心理生活中，一般的潛意識歷程之存在時才如此。

我希望你們會承認，至目前為止，我的見解還不太拙劣，並且可以方便的採用。不錯，可惜非常不幸的，我們發現從事精神分析的研究時，卻不得不以另外的第三種意義，來運用「潛意識」這名詞，但我們也必須明白，如此可能造成混淆不清。由於我們有新發現及強烈印象，即在心理生活中存在著一個廣大而重要的領域，它在正常狀態下並不為自我的知識所覺知，因此其中所發生的歷程，必須被視為真正動力意義的潛意識，於是我們必須也以一種形態區域性或系統性的意義來理解「潛意識」這名詞。我們必須提到一種前意識的「體系」，以及潛意識的「體系」，提到介於自我及潛意識體系間的衝突，並且必須越來越把這名詞用來指一種精神的領域，而不是心理的性質。對自我與超我的若干部分，也同樣是動態意義下的潛意識的發現——事實上是不合宜的發現——在這一點上成為一種解放而運作——它使某些併發症有可能消除。我們明白，我們沒有權力把那外在於自我的心理領域，稱為「潛意識體系」，因為潛意識的特徵，並非只局限於此。很好，我們不再使用體系意義下的「潛意識」這名詞，同時我們要對至目前為止所描述的，給予一個更適當、不再會引起任何誤解的名詞。依照大哲尼采所用的詞彙，以及為名醫葛羅狄克於一九二三年所接受而採用的說詞，我們將稱其為「本我」。這非人格性的名詞，似乎特別適合於表達這一心靈領域的主要特徵——即外在於自我的事實。超我，自我及本我——於是成為三個領域，範圍及天地，我們把個人的心理裝備分成三層次，而我們將在下文，討論它們三者之交互關係。

但且讓我們先作個簡短補充。我懷疑你們會因為意識特徵之三種性質，以及心理裝備的三個領域，並沒有結合成為三個和平相處的同伴而感到失望；同時你們可能會把這一點，當作在某種意義下，會使我們的發現混淆不清。然而，我並不認為們應該感到後悔，同時應該告訴自己，我們並沒有權利期望任何這種平穩安逸的安排。且讓我舉一個比喻給你們看。誠然不錯，比喻並沒有決定什麼，但是它們可以使我們感到更為熟悉：

我正在想像一個景色優美，地形多樣的國家——山脈連綿，平原遼闊，湖泊縱橫，並且人口雜多，它的居民有德國人、匈牙利人、捷克人，而且從事各種不同的活動與工作。現在這些人的分布情形如下：牧養牛羊的德國人，住在高原山脈上；種植五穀及釀酒的匈牙利人，住在平原上；而捕魚及織蘆葦的捷克人，則住在湖邊。假如這種分布，可以如此的乾淨俐落而界限分明，則威爾遜（美國總統，民族自決之標榜者）必將因此而欣喜萬分，而且這也將非常適合於地理課程上的演講。然而真正發生的卻可能是，假如你們在這個國度到處旅行，將會發現雜亂無秩序、以及更多的混合：匈牙利人及捷克人一起混雜生活；在高原山脈間，也有耕地存在，而牛羊也在平原牧養。不過有若干少數情形，自然而然的正如你的期望，因為無法在山上捕魚，而葡萄也不會長在水裡。事實上，你們所隨身攜帶的關於這個國家上的圖片，可能全部皆合乎事實，但是你們都必須忍受那細節上的差異。

關於本我之新的事實，除了其新名詞外，你們不必期望我會有多少可告訴你們的，因為它乃是我們人格之中黑暗的、不可理解把握的部分。我們對於它來說，所知甚少的部分，僅可以從我們對夢運作的研究，以及精神官能症症狀的形成探究中了解一些，而且其大部分乃是否定的性質，可以描述為只是自我的對立物。我們試以比喻來了解本我：

我們稱它為一種混亂、像一個充滿沸騰的興奮大鍋。我們將之描述為，其目的深受身體的影響，且在那上面把本能需求一網打盡，並在其中發現其心理的表現，不過我們無法說明它究竟是在那種有機體中表現。它充滿了能量活力，而從本能中獲得能量，但是它沒有組織，產生不了任何集體意志，只不過竭力帶來臣屬於快樂原則的本能需求滿足。思維的邏輯法則，並不適用於本我，而這點超越了所有矛盾律的真理。相反矛盾的本能彼此並行不悖，而不會互相消解或彼此消除減弱，最多也只會在支配性的經濟壓力下集合一起，以在能量的發洩中妥協。在本我之中，沒有任何事物可以與否定作用互相比擬；同時我們十分驚訝地發現，主張空間與時間，乃是心理行為的必要形式之哲學理論，在此卻有了例外（這一哲學理論由康德所提出）。在本我之中，沒有與時間的觀念相對應的東西；在那裡沒有時間過逝之任何認知，同時——

這是在哲學思想中最驚人、且需要再加以思考的——在其心理歷程中，並沒有因時間的消逝而產生任何變化。那從未超過本我之上的慾望本能，及那由於潛抑作用而進入本我內的印象兩者，都幾乎是不朽的。即使經過若干年代後，它們的行為也彷彿才剛剛發生似的。它們只能夠被認知為屬於過去、只能夠喪失其重要性，並且被剝奪了其能量的感情依附作用——當它們由於精神分析的探究，而進入意識知覺時——也就是在此點上，精神分析的治療效果，占有極大的部分。

我一再地有一印象，即我們太早就以這一毫無疑問的的事實加以理論性的運用，即被壓抑的東西並不隨時間而改變，也就是說它是不可改變的。這點似乎提供了最深刻發現的探究方法。但十分不幸的，我本身也對此沒有任何進展。

本我當然不知道任何價值的判斷：無害無惡，非善非惡，無道德性。那經濟的因素，或者如你們所願稱呼的數量的因素，乃與快樂原則有密切的關聯，而且支配了其所有歷程。本能的感情依附，在於尋常發洩——依我們的觀點，這是本我內的一切，甚至這些本能衝動的能量活力，似乎是屬於一種與心靈其他領域不同的狀態，它更加活潑好動而且更能夠發洩。否則取代作用及凝縮作用，就不會發生了，而這兩者乃是本我的特徵，同時它完全不考慮那被依附的東西，即我們在自我中稱為觀念的東西——之性質。我們對這些事情，應該有更深入的了解

──自然而然的，你們可以發現，我們正處於一個立場，即除了必須把本我的特徵賦予潛意識外，也應承認它有其他特徵；同時你們可以認出，自我與超我的部分，可以不必擁有相同的原始及非理性特徵，亦即可為潛意識的可能性。

我們最好經由檢視自我與心理裝備的最外在表面部分──我們將之描述為知覺意識體系──的關係，而獲得對實際自我的特性之了解，只要它可以與本我及與超我互相區分。這一體系乃傾向外在世界，它是由此產生的知覺媒介，在其發揮功能期間，意識的現象即在其中引發。它是全部機體的感覺器官，進而，它不只可容納接受外在所產生的興奮刺激，也能容納接受那些從心靈內所產生的刺激興奮。我們幾乎可以不需要尋求這觀點的正當理由，就能把自我當作本我的部分，它為外在世界的接觸及影響所修正變更，它被收納以接受刺激，並且作為防止刺激的保護性盾牌。與外在世界的關係，對自我而言成為決定性的因素；它擔負起把外在世界呈現給本我的任務──這對本我是幸運的，這本我如在其追求本能滿足的盲目努力中，忽視了優勢強大的外在力量，則可能完全無法免於毀滅。自我在完成這一功能時，必須觀察外在世界，而可以在其知覺的記憶痕跡內，忠實地描繪出一個正確的圖像，並且藉其「現實測驗」功能的活動，必須把這外在世界的圖像內，任何從內在的刺激興奮來源所衍生的添加物，置於一旁。自我在本我的命令下，控制了自動性的通路。但是在一個需要及一個行動間，它以思想活動的形式，推行一種遲延現象，並在此遲延期間，利用了經驗的記憶殘滓。自我以此方式廢棄了快樂原則，這快樂原則不但毫無限制地支配本我內的事情發展過程，並且以現實原則來取代它，這現實原則承諾更多的確定性及更大的成功。

與時間的關係——這相當難以描述——也為知覺的體系，引入自我之中；我們幾乎不能懷疑，該體系的運作方式，乃是造成時間觀念的來源。但是那區分自我與本我之特殊不同的，乃是一種在其內容中的綜合傾向——要在其心靈歷程之中融合及混合作用的傾向，這傾向在本我中完全缺乏。目前，當我們在開始處理心理生活的本能時，我希望我們能夠成功地把自我的這種基本特性回溯至其根源。它獨立產生了高度的組織，而這組織是自我為了達成最大、最佳的成就所需要的。自我從知覺行為中發展了控制它們的本能；但是這最後的一點，唯有憑藉本能的心理代表才能達到，而這本能由於被放在一貫的脈絡中，而得以相當大的集合分配於適當的地方。姑且採用一種通俗的說法，我們可以說，自我代表理性及善良意志，至於本我則代表未馴服、無拘束的熱情。

至目前為止，我們已使自己對自我的益處及能力，有了深刻的印象。現在該是討論它另一面的時機了。畢竟自我只是本我的一部分，一個由外在世界及其接近而來的危險威脅，加以合宜適當的修正後的部分。從動力學的觀點來看，它本身是軟弱無力的，它從本我中獲得能量活力，同時我們並不是完全對這方法——我們不妨把它們稱為巧計——毫無洞識；而藉著這一巧計，它從本我中汲取更大量的能量。例如這種方法之一，即是自身與實際或放棄的對象互相認同。對象感情依附作用，乃從本我的本能要求中萌生而來。自我一開始就已注意到它們，然而由於它使自身與對象認同，遂取代了本我的對象，而把自己推舉給本我，並設法轉移本我的原慾於自己身上。

我們早已看到，在自我的生命過程中，它使自身獲得了以前的對象感情依附作用的大量殘滓。自我在其全體上，必須實現本我的意向，借發現那使這些意向可以得到最佳成就的情境，而實現其工作。自我與本我的關係，猶如一個騎士在騎馬，馬提供了動力的能量，而騎者則有權力決定方向目的；但是自我與本我之間，只是極端經常地會產生顯而易見、非屬理想的情境，亦即騎士有時不得不反被馬所牽引，依隨馬的意志而往不同的方向奔馳。順便插入一句，此比喻似曾相識，甚至本節內容皆很熟悉，的確，本節乃是向你們補充我於十幾年前所述的精神分析入門方面的問題。（譯注：即前面第一章所述「本我、自我和超我」的內容）

在這本我中的一個部分裡，自我由於潛抑作用所產生的阻抗作用，而使自身與本我分開隔離。不過，潛抑作用並沒有移入本我內：被壓抑的事物，遂融入本我的殘餘部分。

我們常為一句成語而引以為戒，即「不能同時服侍兩個主人」，而可憐的自我甚至遭遇了比這更為糟糕的事：它服侍這些嚴厲的主人，並盡可能的使它們的命令及要求，彼此和諧調和。然而這些命令永遠是五花八門的，並且往往似乎彼此不相關聯、格格不入。難怪自我的工作往往失敗，它的三個專制主人就是外在世界、超我與本我。當我們依循自我的努力，以逐一滿足它們——或者不如說，逐一服從它們時，我們並不會為了曾把這自我人格化，並且把它建立成為分開獨立的有機體，而感到後悔不已。自我感到在三方面受到包圍、三面受敵，而受三種不同危險的威脅；如果對這些危險難以壓制，它就以一般的焦慮不安來反應。由於自我乃起源於知覺系統的經驗，因此遂被烙上記號，而成為外在世界的要求之代表，不過它也盡心竭力地成為本我的忠實僕人，並與它保持良好關係，盡力使自己適應它，成為其客體對象，並吸引原慾於其本身。在它設法以媒介聯繫本我與現實的意圖中，往往不得不以自身的前意識的合理化作用，來掩飾本我的潛意識命令，遮掩本我與現實間的衝突，不得不以言不由衷的外交辭令，來聲明它注意到現實，甚至在本我仍然固執不化、冥頑不靈，頑抗到底時亦然。另一方面，它觀察了嚴厲的超我所採取的每一步驟，立定其行為的明確標準，而毫不考慮來自本我及外在世界的各種困難。而超我在這些標準一旦未能服從它時，就以強烈的自卑感及罪惡感來加以處罰。於是自我為本我所推動，受超我所限制，為現實所拒斥，而努力奮鬥，企圖完成那使各種力量以及其所發生的影響兩者之間，得到和諧的經濟任務。同時我們可以了解，何以我們往往無法壓抑一種吶喊：「人生好難！」假如自我不得不承認其軟弱無力，它就會崩潰而焦慮不安──和外在世界有關的現實性焦慮、和超我有關的道德焦慮，以及與本我內的強烈熱情有關的精神官能症的焦慮。

超我混入本我中，作為伊底帕斯情結的繼承人，它與本我有十分密切的關係。超我與知覺體系的距離，要比自我與知覺體系的距離更為遙遠。本我唯有經由自我，才能與外在世界互相溝通來往──至少，依據這一圖表所示乃是如此。今天，要說明這一圖表究竟有多大的正確性，確實相當困難。而在某一方面，則毫無疑問並不正確。那為潛意識本我所占有的空間，應當比那自我或前意識所占有的空間，更為廣大而且無可比擬。這點我必須請你們在你們的思維中加以修正。

在結束這些見解之前，尚有另一確實正確無誤，但也許並不十分明晰的警告。你們在思考把人格區分為自我、超我及本我之三種構造時，當然不致於有如政治地理學上所描述的人工地圖般的，把它描繪得界限分明。我們無法把心靈的特徵，以原始人圖畫般的線條分明、正當合適的描繪，反而只能以現代藝術家所展現的、各種顏色彼此混合交融的圖畫來代表。在完成這一區分後，必須允許為我們所分開的東西，再度混合。

針對要提出一張如心理歷程這樣抽象圖表的初次企圖，你們絕不可以過分苛刻地批判。因為這些區分的發展，非常有可能隨不同人的極大差異而改變，而有不同。在實際發揮功能的過程中，它們非常有可能會改變，並且可能經歷一種短暫的退化狀態。尤其是就系統發生學而言，這些區分之最後最微妙的情形——自我與超我之間的分化中，會發生這類的事情，似乎是真實無誤的。這點倒不成問題，不過是從心理疾病而來的相同事情罷了。我們也很容易想像，某些神祕的實際行為，也許可以成功地推翻心靈之不同領域間的正常關係，於是——舉例言之，知覺也許能夠把握自我的深層所發生的事，以及那在其他時候不能把握的本我內所發生的事。然而，我們可以毫不動搖地懷疑，這一道路是否能指引我們走向終極的真理，而由此真理，吾人可期望得到救贖？

然而不論如何，我們可以承認，精神分析的治療努力，也是選取同樣的探究方式。事實上，其意向是要加強本我力量，使它更獨立於超我之外、擴大其知覺領域，增大其組織，如此它才可以獲得本我的新穎部分。本我所在之處，自我就在那裡。這是文化的事業——有點像須德海（Zuiderzee，荷蘭西北之海灣）的海埔新生地的開築。

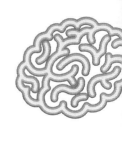

第三章

性愛密碼

佛洛伊德關於「性」的概念，是一個集中生理學、解剖學、心理學、病理學知識的綜合理論體系，其中性的物質基礎，就是性器官和全身各器官在特殊條件下產生的特殊反應。佛洛伊德指出，動物雌雄互變是廣泛存在的，而且其心理性徵也會隨著肉體性徵而變異。他在〈性變態〉（*Die sexuellen Abirrungen*）中說：「我們把性動力的能量，從其他的心理性力量區分出來，意在表達這樣的假設：有機體的性過程，是經由特殊的化學變化過程得之於的營養歷程；性興奮不僅來自所謂的性部位，而且來自全身各器官。」他認為：「性觀念的發展是兩方面的：第一，性一直被認為與生殖器有很密切的關係，現在則把它們區分，並視『性』為一種包羅更廣內容的生理機能，它以獲得快感為其終極目標，而生殖不過是它的次要目的；第二，認為性衝動包括所有可以用『愛』這個籠統字眼來形容的念頭，哪怕只是親暱或友善的衝動……這些引申所表達的，是消除過去常常引導人們犯錯的觀念和局限性。」佛洛伊德關於性的理論，在他全部精神分析學體系中居於關鍵地位。

人類的性生活

按語：

佛洛伊德的理論，著力描繪「性」這一內涵鮮明清晰的輪廓，其間試圖用強烈的字眼說明其與傳統意義的不同。在佛洛伊德的認識中，當時的性學研究始終沒有深入到性學的本質。「性」通常被認為只與性行為有關，確切地說只是兩性之間相互取得快感的行為；佛洛伊德認為，「性」應該有更為寬泛的意義，其目的不僅是為了快感或生殖，更應該包含一切富於感情、友善的衝動，換言之，涵蓋所有了愛與被愛的行為。

「性」這一詞究竟有何涵義，這不是輕易就可以嚴格規定的。如果說，只有和兩性差別有關的事，才可以用來作為「性」一詞的定義，那也未免太空泛而不確定了；而假如以性行為為一中心點，也許便會以為，「性」的意思就是指生殖器的接觸和性動作的完成，這也未免太狹義了，而且幾乎把「性」和「不正當的」、「齷齪的」視為同義，而與生產一事毫無關係；又假如把生產的功能當作性生活的根本意義，那麼就不得不把自慰、接吻等事拒於「性」的定義之外了。自慰、接吻雖不以生產為終點，但仍不免為性的，這點毋庸置疑。我們早已知道，若非要界定「性」的定義，總不免引起困難，我們就別再有這種企圖，可以說「性」無完善的定義可言。但籠統地說，我們大家都十分清楚「性」一詞究竟有何涵義。

根據一般的見解，「性」，意即兩性的差別、快感的刺激和滿足、生殖的功能、齷齪而必須隱藏的觀念等。這一見解雖尚適用於一般生活上，但在科學上卻不然。根據對人類性生活的研究，可以發現有些人的性生活一般人大相逕庭。這些人可以稱為「性心理變態者」，他們之中有一部分人，似乎在生活中沒有什麼兩性的差別，他們的性對象全然是同性，對異性從來沒有性慾望，而表現出冷漠，甚至產生性厭惡。這些人可以稱為「同性戀」者，他們在心理發展和成長上，無論是理智的或是倫理的，多半有極高的標準，卻只因為此而讓人略感缺陷，科學家將他們稱為「第三性」(Third gender)。

這些性心理變態者與常人一樣，也因其情慾的對象而達到目的；但他們之中有許多變態的類型，其所有的性活動與常人的興趣相去甚遠。我們可以將這些人分為兩類：

一、其「性對象」已經改變，如同性戀者。

這一類人都不願意作生殖器的接合，而以對方的其他器官或身體代替，這在我們看來也許不能理解，但他們卻覺得並無妨礙。另外有些人雖仍以生殖器為對象，但並不因為它們的性機能，而是因為其他在解剖上相似、或其功能相近的功能。對他們來說，連排泄的功能，也能引起他們對性的興趣，而這種排泄功能在孩童時期，已被視為汙穢、不雅而避之唯恐不及；還有些人則完全不再以生殖器為對象，而以身體的其他部分，如女性的乳房、手腳或毛髮等；更有甚者對身體也毫無興趣，反而是一件衣服、一隻鞋或一件襯衫能滿足他們的情慾，這些人被稱為「戀物癖者」；還有一些人也有性對象，然而他們卻用一種十分怪異、恐怖的方式——如求之於不能抵抗的死屍，再由於受犯罪的強迫觀念推動，而去殺人滿足性慾，對此我們就不再多言。

二、其「性目的」已經改變。

這一類人性慾的目的，為常人所做的一些性預備動作。如有些人會觀看、撫摸、窺探對方所有私密行動，而從中獲得性慾的滿足；或赤身裸體、暴露其不該隨便赤裸的部分，並模糊地希望對方也報以類似的動作。還有一些人喜歡不近人情的虐待，喜好以痛苦和刑罰加諸對方，輕一點的是使對方屈服，嚴重的，則會使對方身體受重傷、流血；與之相對應的，就是被虐待狂者，他們只是希望臣服於對方，嚴重一點的則希望被懲罰，也有些人則兼有這兩種病態現象。

除了以上這一些，我們還知道，屬於這兩大類性心理變態者可分為兩種：第一種，在實際求其特殊方式的性慾滿足；第二種，僅在想像中求滿足，運用幻想將性對象創造出來，而不必性對象真實存在。

毫無疑問，這些瘋狂、怪異、駭人聽聞的活動，的確是這些人的性生活特質，而且這些活動在他們生活中所占的地位，也正如正常的性慾滿足在我們生活中所占的地位一樣，甚至顯得更為重要。

對於人類種種性行為的存在，以及其和正常性生活的關係，理論上我們又該如何圓滿地解釋呢？

為了圓滿地解釋，我們可佐以一個觀點和兩種新證據。這一個觀點應歸功於布洛赫（Ernst Bloch），依他看來，「一切性變態都是退化的象徵」之說並不可靠，因為有兩種事實，無法使我們將性病態視為退化：其一，性病態是一種常見的現象，它往往出現在文明發展頂峰期的人群中，人們或許會說它具有重要的功能；其二，性病態在原始人與野蠻人中極為普遍，而退化概念僅適用於高度文明。即使在歐洲人當中，氣候及種族也對這類人的分布及，人們對此的態度，也會產生重要影響。至於那兩種新證據，應歸功於精神分析對精神病者的研究，在我們的性變態理論上當然有決定性的影響，這是毋庸置疑的。

我們已經說過，精神官能症的症狀，是性滿足之代替物；也曾說過，要從症狀的分析來證明這句話，不免會遭到許多困難。老實說，我們必須以那些所謂「變態的」性需求，為性的一種滿足才對，因為症狀的解釋常用這句話為依據，而且其普通程度甚為驚人。同性戀者常常自誇是人類的優秀階級，但是假使我們知道，每一個精神官能症者都有同性戀傾向，而大部分的症狀都是這個潛伏傾向的表現，便可見這種自誇實際上完全無說服力可言。那些公然自稱是同性戀者的人們，其同性戀的傾向是意識的或明顯的；但事實上，這樣的人較之僅有潛伏的同性戀傾向的人們，實屬微乎其微。

在人類的性愛生活中，我們應該把選擇同性為性愛對象這件事視為常態，這樣我們才能逐漸明白這個事實的重要。不過，我們也應該明白，同性戀和常態之間是有區別的，而且這種區別也十分的重要，但在學理上的價值則大為減輕。我甚至作出如下的一個結論——妄想症這種特殊的精神疾病，現在雖已不再被認為屬於「轉移性精神官能症」，卻常常因為要壓抑其強而有力的同性戀傾向而產生。記得我以前的一個患者，她在強迫的動作中，模仿一個男人——即和她已分居的丈夫——的行為，患有精神官能症的女人，常產生這種女人裝男人的症狀。這類在實際上縱使不能歸因於同性戀，但也能確定和同性戀的起源有極密切的關係。

正如你可能明白的，歇斯底里性精神官能症，可能在身體的各個系統（如循環系統，呼吸系統等）內發生症狀，因此，它可以打亂身體的一切功能。由分析的結果我們明白，那些以其他器官代替生殖器的所謂變態的衝動，都會在這些症狀中表示出來。因此，其他器官也可以為生殖器的代替，而正是由歇斯底里性精神官能症的研究，我們知道，身體器官除了它們原有的功能外，都兼有性的意味，而且性所要求於它們的若太強烈，則原有功能便會受牽制。所以和性無關的器官，及所有無數的歇斯底里性的感覺和衝動中，可發現其變態性慾的基本滿足，係憑藉那取代生殖器功能的其他器官。而以此方式，那些主司營養和排泄的器官，也大都能作為滿足性的衝動之用，我們對此知之甚深。這在性心理變態中，也表現出同樣的徵象，只不過性心理變態的症狀較易辨認，而歇斯底里性精神官能症的解釋則頗費周折。此外，我們還需把變態的性衝動歸屬於患者人格中潛意識的部分，而不屬於意識。

在強迫症症狀中，最嚴重的是虐待狂的性傾向，和性目的的變態。依據強迫症的構造，這些症狀或用以抗拒那些變態的願望，或表示其滿足和拒絕間的衝突。然而，滿足是沒有捷徑可走的，它知道如何在患者的行為中，迂迴曲折地藉轉向自我懲罰的苦惱來達到目的。這種精神官能症的其他形式，還有過分的「煩惱」和深思等，又如過分地將常態中僅屬性滿足的預備動作加以誇大，並視為性的滿足，如窺視、撫摸。在為什麼這種患者會對接觸感到恐懼，或出現強迫洗手的行為等，這點實在占很重要的地位。我們從大多數的強迫動作中，均可發現作為自慰行為的偽裝反覆行為及變化，而自慰則可視為各種性幻想所共有的、唯一的慣常動作。

我本來可以更詳盡地說明性心理變態和精神官能症的關係，但我相信為達到我們的目的，我已經談得夠多了。然而，我們也不可以因為性變態的傾向，在症狀的解釋上占一重要地位，而過分誇張人類的性生活這些傾向發生的頻率和強度。我們已經知道，一個人如果缺乏正常的性滿足，便會產生精神官能症。實際上性滿足的缺乏，會使性需求不得不以性興奮的變態方式發洩。這到底是怎樣發生的呢？到後面就可以明白。無論如何，我們都可以了解，這種「偶面」的阻道，勢必會增大變態衝動的力量，所以常態的性滿足在實際上如果沒有受到妨害，則變態衝動的力量必定較為薄弱。此外，還有一種類似的原因，在明顯的變態性狀態中顯而易見。在某些情形下，性本能如果由於暫時的阻礙限制，或由於永久的社會制度的限制，而很難得到正常的滿足，則便可能引起變態的狀態。至於就其他的例子而言，則變態的傾向和這些條件，完全沒有關係。它們好像是個人所原有的自然正常的性生活。

對於以上內容，你們也許會暫時產生一個印象——這些不足以解釋正常性生活和變態性生活的關係，只足以增加糾紛而已。但不管怎樣，你們要記住下面這一論點。假如性的滿足在實際上存在的障礙或缺乏，確實足以使那些原本不流露變態傾向的人顯現出這種傾向，那麼我們便不得不斷定這些人較容易引起或萌生變態的症狀；或者可以說，他們必定潛藏著這種變態的傾向。如此，我便可以開始說明前文提到的第二種新證據。由精神分析的研究，我們已經知道兒童的性生活也有研究的必要，因為分析症狀而引起的回憶和聯想，常常可以追溯到兒童時期的初年。由此所發現的一切，幾乎已一一為有關於兒童的直接觀察所證實。因為我們乃知道，一切變態的傾向都起源於兒童期，兒童不僅有變態的傾向，而且也有變態的行為，和其尚未成熟的程度正相符。簡而言之，變態的性生活意即嬰兒的性生活，只不過是範圍大小廣狹稍有不同罷了，為了更好地說明這一問題，我們將單獨用一小節詳細地進行解釋，以求達到我們的目的。

關於兒童的性探究

按語：

在佛洛伊德之前，人們並沒有注意到幼兒性慾的問題，而均認為，性衝動不存在於童年時代，它只是在生活史上的那個被稱為青春期的時候，才突然顯現出來。佛洛伊德的性學理論，致力於扭轉人們對於「性」的這種狹隘的看法。即使在今天，我們也難以想像，天真無邪的兒童卻與「性」這一詞有著內容豐富的關聯，究竟是確有其事，還是主觀意願，我們不妨探究一番。

如前所述，現在你們可以用完全不同的眼光，來看待性變態者了，而不再忽略性變態和人類的性生活的關係。然而，這驚人的發現，恐怕會引起你們不快的情緒。因為關於性本能，流行觀點是——兒童沒有性生活（如性興奮、性需求、性滿足等），直到青春期它才覺醒。

然而，這可不單單是一種簡單的錯誤，而且會造成嚴重後果，即我們對性生活基本條件的茫然無知。關於童年期性形成的徹底研究，或許有助於我們揭示性本能的基本特徵、發展歷程及根源。

顯而易見，致力於對成人的特徵及反應做出解釋的學者們，過多地將注意力集中於個體祖先的遠古階段，並過多地強調遠古期對遺傳的重要性，而忽略了個體的發展即童年期的重要性。當然，我們完全可以設想，童年期的影響更易理解，並比遺傳更值得我們思索。的確，在關於性活動的文獻中，偶爾也會發現關於幼兒早熟性性活動，如勃起、手淫及類似於性交的活動。但這些常被視做意外、怪事或駭人的早發性墮落。據我所知，迄今尚無一個學者清楚地辨別出童年期性本能的規律，在關於兒童發展的眾多著作中，「性發展」一章總是被棄之不顧。

在我看來，造成以上奇怪的忽視現象的原因，一部分由於作者成長過程中對正統思維的屈從，另一部分由於同樣尚待解釋的心理現象。我認為，對大部分人而言（雖然不是全部），這種奇怪的遺忘覆蓋了童年期的前六年或前八年。因此，雖然我們有足夠的理由對此疑慮重重，但我們對這種遺忘的事實已習以為常，人們告訴我們，我們是在幼兒期的後階段，才有對事物的不甚清楚和殘缺不全的回憶，並且對所得印象產生活躍的反應；同時我們還可以像成人一樣表達痛苦與歡樂，也可表現出我們的愛、忌妒及其他強烈的情感，成人還會根據我們的言談，判斷我們是否具有明智的判斷力。而我們一旦長大成人，竟對此變得一無所知！我們的記憶為何如此落後於其他心理活動？其實不然，我們有足夠的理由相信，只有童年時期，獲取和再現印象的能力才是最強盛的。

另一方面，透過對他人的心理研究，我們必然相信，我們所遺忘的印象，實際上在心理上留下了很深的痕跡，並對此後的整個發展有決定性作用。由此可見，童年期的印象並非真正的遺忘，而是如同精神官能症的遺忘一樣，只能有近期記憶，由於壓抑的作用，這些印象的基本方面已離開意識。但是，是什麼造成了童年期印象的壓抑呢？誰能解開這個謎，當然也便能夠解釋歇斯底里遺忘的原因。

同時，幼兒的遺忘這一事實，使我們能從新的觀點比較兒童與精神官能症的心理狀態。在前面我們已涉及到這一問題，即精神官能症的性慾或者滯留在幼兒期，或者又返回到幼兒期。那麼，幼兒的遺忘是否也與童年期的性衝動有關呢？

此外，尋找幼兒期的遺忘與歇斯底里的遺忘之間的聯繫，絕不是一種文字遊戲，對由於壓抑而造成的歇斯底里性遺忘，可做出這樣明晰的解釋：患者已有某一現象的記憶，只不過是意識不到的；由於聯想而將這一現象吸引過來，但壓抑卻將此排出意識之外。因此可以說，沒有幼兒的遺忘就不會有歇斯底里的遺忘。

因此我相信，幼兒的遺忘之所以使人彷彿回到了史前期，並對自己性生活的初萌全然無知，這是因為就性發展而言，從未賦予童年期以重要意義。要填補知識的這一空缺，僅靠單個人是力不從心的。從一八九六年開始，我就堅持童年期在性生活重要現象起源中的重要性，此後，我從未停止過對幼兒期性問題的強調。

關於童年期異常與例外的性衝動，以及精神官能症者顯露的關於童年期的潛意識記憶，已有了層出不窮的報導，這使得我們可以對這一時期的性行為作出描述。

性衝動的基因已存在於新生兒身上，並持續發展一段時間，然後才漸漸地被壓制下去。當然，性發展還會因階段性特徵及個體的特徵出現中斷，這似乎是毫無疑問的。然而，我們對這一發展歷程的規律性與階段性卻一無所知，兒童的性生活似乎在三歲或四歲時才可以觀察到。

正是在這段潛伏期的整個過程或部分過程中，形成了一種阻止性本能發展的心理力量，它如堤壩一樣阻止了性本能的奔流，這些力量包括厭惡感、羞恥感、倫理及道德的理想要求。從這些文明化了的孩子們身上，人們得出的印象是這些堤壩的構成是教育的結果。毫無疑問，教育確實對此發揮作用，然而事實上，這一發展過程是由遺傳決定和固定的，有時在毫無教養的條件之下也會發生。如果教育順應身體機能的發展，並使其變得更加清楚和深刻，那麼，教育就可以適當地發揮功效。

這對個體文明的提高與正常的發展，具有重要意義的結構因素是怎樣形成的呢？它們也許是以幼兒的性衝動為代價。因此可以說，即使在潛伏期，這些衝動活動也未停止，只不過其能量全部或部分地離開了性目的而轉向他用。研究文明的歷史學家似乎都認為，使性本能的力量脫離性目標並把它們用於新的目標——這個過程應該被稱為「昇華」，在此需補充的是，同樣的過程對個體的發展也起了作用，而這一過程起始於童年的潛伏期。

由此就可形成一種關於昇華過程機制的觀點了。一方面，性衝動在童年期不可能利用，因為生殖功能後延了，這便構成了潛伏期的主要特；另一方面，這些衝動似乎又是變態的，即它始於快感區和源自本能（從個體發展的角度看），但卻只能產生不愉快的情感。結果，為有效地壓制不愉快，便喚起了相反的、心理力量（相反情感），即我前面提到的心理堤壩：厭惡、羞恥與道德。

既然潛伏期或延遲期的本質還僅是假設，且極其模糊，那就沒有必要沉溺其中而不能自拔了。但我們可以證據確鑿地指出，嬰兒性活動的應用代表著一種教育理想，個體在發展的某一點上會有相當程度的差異性，有些迴避昇華的性活動會有所突破，有些則持續於整個潛伏期，直到青春期才強烈地暴露出來。凡注意到幼兒性活動的教育家，似乎同意了我們的觀點，認為道德防禦力量的建立是以性活動的犧牲為前提的；他們甚至知道，性活動使得某個孩子無可教誨：由於孩子無法戰勝它，所有的性表現便被視為「壞」的。與此相反，我們有足夠的理由將注意力指向這些令教育家害怕的現象，我們期望在他們的幫助之下，能夠發現性本能的原始情形。

在說明兒童最顯而易見的性活動之前，我想最好先請你們注意「原慾」這個名詞。原慾和飢餓相同，是一種力量、本能——這裡是指性本能，飢餓則為營養、生存本能——人即借這種力量以完成其目的。其他名詞如性的興奮、性的滿足等，則不必加以定義。精神官能症的解釋中多有關於嬰兒的性活動者，這點你們是不難知道的，你們當然以此為力持異議的一個理由。這個解釋奠基於分析的研究之上，由一指定的症狀而回溯其起因。嬰兒的第一次性興奮似乎和其他重要的生活功能有密切關係，你們當然知道小孩的主要興趣在於營養的吸收，當他心滿意足地在母親懷抱中酣睡時，其舒服安逸的神情，正和成年人經驗到性的滿足之後的神情相仿。這點當然不能作為證據。但我們知道，嬰兒喜歡反覆演練其吸收營養時所不可或缺的動作，但並沒有真正地吸取任何營養，所以他們如此動作，並非迫於飢餓。因此我們遂稱這種動作為「快樂的吸吮」（這個詞的意義是為吸吮而吸吮的快樂——如吸吮手指、橡皮奶嘴或乳頭），嬰兒透過這種動作便可舒服地安睡，可見這個動作本身可以使嬰兒滿足。此外，嬰兒有時甚至不肯入睡，除非先有這種吸吮動作。布達佩斯的兒科醫生林德納率先主張這個動作帶有性的意味。保姆和照顧嬰兒的人們雖不談學理，但對這種為吸吮而吸吮的動作，似乎也有同樣主張。他們都相信這個動作的目的是在追求快感，而且稱之為小孩的惡作劇，因此如果小孩不自動取消這種動作，他們便會用嚴厲的方法制止。由此，我們便可以知道，嬰兒的動作目的就是追求慾望的滿足。我們更會堅信，這個快感本來在吸收營養時才能發覺，但嬰兒不久便知道，離開營養也可以享受這種快樂。這種快感的享受系以嘴和嘴唇為重要的區域；由於我們稱身體的這些部分為性感帶或樂欲區，因而說來自吸吮的快樂也帶有性的意味。

毫無疑問，吸吮母親乳房的動作，是嬰兒生命中最重要的事情。因為小孩由此動作，同時滿足了其生命的兩個最大欲求。由精神分析研究，我們驚訝地發現，這個動作在精神上所占的重要地位，並且它是終身保留而不失的。吸吮乳房以求得養分，乃是整個性生活發展的出發點，也是後來各性的滿足的雛型，到了需要的時候，幻想即藉以自慰。吸吮乳房的慾望，實含有追求母親的胸乳的慾望。所以，母親的胸乳就是嬰兒性慾的第一個對象；但是，當嬰兒一旦能為吸吮而吸吮，這個對象即被拋棄，而代之以自己身體的一部分。因此，他們不必求助於外物也能得到快感，而且不但將興奮的區域擴充至身體的第二種區域，甚至增加其快感的強度。性感帶所能產生的快感，本來不能有同等的程度。所以，正像林德納博士所說，嬰兒在自己身體上四處撫摸，而發現生殖器的區域特別富於刺激，因此放棄吸吮，開始手淫，那是一個重要的經驗。

對於追求愉快的吸吮動作的研究和討論，現在已經使我們發現嬰兒的性慾的兩個決定性特徵，嬰兒為了滿足其強大的身體需求，於是有手淫的行為，那就是說，他們在自身上追求性的對象。既然營養的吸收顯然充滿了快感，那麼排泄作用當然也不例外。我們斷定，嬰兒在大小便的時候都有快感的經驗，而且不久便會故意做這些動作，以其這些催情的黏膜所伴隨的興奮，可以帶給他們極大的滿足。就像安德烈．薩洛姆曾指出的，外界的壓力不但不允許小孩有追求這種快感的慾望，而且加以干涉——於是小孩首次模糊地感覺到，成人所可能經驗的內心及外界的衝突。他不可以隨便大小便；排泄的時間必須由他人指定。成人們為了使他放棄這些快感乃告訴他，有關大小便的一切都是「不登大雅之堂」的，必須加以隱諱。他才因此不得不放棄這一快樂，以換取他人心目中的價值。事實上，嬰兒本身對於排泄的態度最初本大異其趣，他自己的糞便並不會引起他的厭惡，因為他原視糞便為其身體的部分而不願遺棄，而且還要把它當作贈送給敬愛的人的第一種「禮物」；縱使後來由於受教育的陶冶，而放棄了這些傾向，他也依然視糞便為「禮物」和「黃金」，而小便方式的成就，仍然似乎也是他足以傲視他人的東西。

我知道你們已經忍了許久要打斷我的話，而喊道：「真是胡說八道！腸的蠕動竟被嬰兒當作快感的性滿足之來源，糞便竟成為有很高價值的物品，而肛門竟成為生殖器的一種，我們怎能相信呢？但是，我們卻因此了解小兒科醫生和教育家，之所以對精神分析和其結論如此深痛惡絕的原因了！」

一點也不然，你們只是暫時忘記了，我剛才要告訴你們的是：嬰孩的性生活的事實，和性變態事實之間的關係罷了。你們難道不知道，有許多成人，無論其為同性戀或異性戀，在性交時確實是以肛門代替陰道嗎？你們難道也不知道，有許多人終身保留其排泄時的快感，而視其為重要大事嗎？你們也許聽過年齡稍大而能討論這些問題的兒童們，說自己對上廁所有怎樣的興趣，而看人家上廁所又有怎樣的興趣；但假如你們預先告誡這些兒童，他們自然不肯再說這些話。至於你們所不願意相信的其他各事，只要查閱精神分析，及對於兒童所有直接的各種證據觀察的報告，你們就會知道：能不被成見所蔽，而用不同的觀點來觀察這個問題的，需要有很偉大才能的人才行。你們以為兒童的性活動和成人的性變態的關係，非常令人驚駭，我並不對此感到遺憾。其實，這種關係本來就是自然而然的；因為兒童沒有把自己的性生活化為生殖功能的能力，所以毫無疑問的，他們若有性生活，勢必成為變態的。因為生殖目的之放棄，乃是一切性變態所共有的特點。性活動是否為變態的，便看它是否止於性的滿足，而不以生殖為目的，這是我們實際判斷的標準。因此你們可以了解，性生活發展的要點及轉折點；即在於順服於生產的目的。凡未發展至此、和凡不願遵從這個目的而僅以求滿足為止的一切性活動，都得到不名譽的「變態」之稱，而為世人所輕蔑。

因此，且讓我回過頭來繼續略述兒童的性生活。我曾對其他各種器官也作過同樣的研究，藉以補充前述的兩種器官的觀察。兒童的性生活完全是種本能的活動，這些本能或者從本人的身體上求滿足，或者由外界的對象上求滿足，總之人都各自追求、不相為謀。在身體的器官中，自然是生殖器官最為主要；有些人自嬰孩期開始，直到青春期或青春期以後，不斷地手淫以求本身的生殖器之滿足，而不假他人的生殖器或對象的幫助。但手淫的問題卻不易細述，因為它可供我們討論的素材的角度甚多。

我雖然想限制我這個討論的範圍，但卻不得不就兒童對於性的窺探略加討論。這個窺探是兒童的性生活的特徵，是造成精神官能症症狀的重要因素，所以不能略而不述。兒童對於性的好奇心或窺探，起源很早，有時甚至在三歲之前即開始。性的好奇心並不必然以異性為對象，因為性的差異在兒童看來是沒有什麼關係的、毫無價值的，因為他們——至少就男孩而言——以為兩性都有男性的生殖器。一個男孩如果偶然看見小妹妹或小朋友的陰部，便會感到十分驚奇，不相信他所看到的是真的，因為他不了解跟他一樣的人，為什麼竟沒有這個重要的器官；即使後來他知道事實確實如此，但仍會感到驚奇不止，並會因此感到害怕，因為這也可能發生在他身上。於是從前對於這個小器官所產生的種種恐懼，現在又開始感受到了，於是他開始受「閹割情結」的控制。如果他身心健康，則這個情結就成為他的性格之形成因素；否則，這個情結就成為他的精神官能症的形成因素；如果他接受精神分析的治療，這個情結就成為他的阻抗作用的形成因素。至於就小女孩來說，我們知道她們因為缺乏一有目共睹的陽具，所以內心深感欠缺，而妒恨男孩之得天獨厚；因此，乃有想成為男人的願望，後來如果在女性的發展上適應不良，則這個願望就又會出現於精神官能症中。還有一點，在兒童期內，女孩的陰核和男孩的陽具有十分相同的地方，因為它也有一個特別富於刺激的區域，可用以自求其性的滿足。女孩子如果想成長為婦人，就必須及早把這個刺激的感受性由陰核轉移至陰道。在那些所謂性的冷感症的婦女中，其陰核常仍保留其刺激的感受性。

兒童對性的興趣，最初主要專注於生殖的問題——這個問題和獅身人面怪獸謎語之背後的問題相同。（按希臘神話，為一人面獅身獸且有翅膀的怪物。提出「早晨四隻腳，中午兩隻腳，晚上三隻腳的東西是什麼？」之謎語難行人，答不出來者則被殺死。後來伊底帕斯解答了這個謎底為「人」，並消滅了人面獅身。）他們對於這個問題的好奇心，大多由於為了自我的利益，而害怕有其他小孩誕生所引起。嬰兒室內對這個問題，往往答以小孩乃由鸛鳥銜來，但是小孩對於這句話懷疑的程度，卻超出我們的意料之外。兒童自覺受到成人謊語的欺騙，他因而感到孤立，此點對其獨立性的發展頗有影響。他乃設法自求解決，但是這又談何容易呢？他的性的構造尚未發育完成，所以了解這個問題的能力當然受到限制。他起初以為小孩係由某種特別的物體和消化的食物混合而成；他也不知道只有女人可以生下小孩。後來他又知道這是不對的，於是小孩由食物形成的觀念遂被放棄，雖然神話中仍保留著這個觀念。後來他又得知其父親和小孩之出生一定有關係，但是其關係如何，他卻無法發覺。假如他偶然看見父母的性交行為，他也以為這是男人制服女人的企圖，或者甚至是一種爭吵打架，並是以虐待來詮釋性交，這當然大錯特錯；可是這是因為他最初並不知道這個動作和生育的關係。假如他看見母親的床上或內褲上染有血跡，便以為這是母親被父親打傷的證明。再過若干年之後，他也許會推知男人的生殖器，在生育一事上占一重要地位，然而仍不知道這個器官尚有排尿以外的其他功能。

兒童們都相信，孩子的出生都是由大腸、肛門主司其事；換言之，小孩的出生正和糞便相同。兒童要一直到對於肛門區的興趣完全衰退之後，才會放棄這種想法，而代之以另一假定，即以肚臍或兩乳之間為生產的區域。由此點逐漸發展，小孩對於性的事實乃略有所知，除非是由於沒有知識的緣故，因而對這些事實不加注意，直到青春期之前，才接受了不完全且不正確的印象，這常常便是他後來生病的原因。

你們現在也許已明白，精神分析家們毫無保證地擴充「性」一詞的意義，以期對於精神分析所有關於精神官能症之性方面的起因，以及症狀的性的意義之理論，可因而維持不墜。這種擴充究竟有無道理，你們現在應該可以自由評判了。我們把性的概念加以擴充，目的只是要包括性心理變態者和兒童們的性生活；亦即我們只恢復它原有的意義而已。至於精神分析以外所謂的「性」，則只能夠用以稱呼常態的，從事於生殖功能的狹義性生活。

性興奮問題

按語：

從童年期邁進了青春期，幼兒的性生活已銷聲匿跡，代之以正常的性生活形態的出現。這一時期最根本的變化，便是一個複雜的器官已準備就緒，只待進行必要的活動。這一器官的活動由刺激引起，而所有的刺激均產生了同樣的效果——「性興奮」。對於性興奮問題，作者從生理、心理諸方面進行探討。

要了解性興奮問題，我們有必要從幼兒的性生活中走出來，討論一下青春期的變化問題。隨著青春期的到來，幼兒的性生活已銷聲匿跡，代之以正常的性生活形態的出現。在過去，「自體性慾」主宰了性本能，如今性本能則發現了性目標。於是，一系列相互分離的本能與相互獨立的性快感區的活動，便以尋求特定的快樂作為唯一的性目標。只不過所有的本能尋求這一新的性目的之時，快感區的活動開始位於生殖區的主宰之下，既然，新的性目的使男女兩性的功能具有明顯區別，那麼，兩性的發展也便差異顯著。男性的發展更為直接而易於理解，女性則出現某種形式的退化。正常的性生活，只有在「情潮」和體質匯聚指向性對象和性目的之時方可實現，如同挖掘一條隧道，須從山的兩側同時動工。

對於男性，新的性目的表現為精液的釋放，當然，這與早先尋求快感的性目的並不相悖，恰恰相反，最大的快感是在性過程的最後動作上實現的。此時的性本能已臣服於生育功能，也就是說開始具有利他性。只有本能的原始傾向及所有特徵全部介入這一過程，這一轉變才能實現。眾所皆知，同生物體必須做出新的組合與調整才能實現新的複雜機制一樣，在這一轉變過程中，若沒有新的調整就可能出現病理現象，而性生活中的任何病理現象都可以視作發展受到抑制的結果。

以上我所描述的過程的起點和終點已清晰可見，然而，過程中的許多中間環節我們仍不十分清楚，因此難解之謎不止一個。

一般認為，青春期的最根本的變化，便是外生殖器的明顯生長。與此同時，內生殖器的生長也足以使它釋放精液，也就是說可以製造新生命了。因此，一個十分複雜的器官已準備就緒，只待進行必要的活動了。

這一器官的活動由刺激引起。觀察表明，刺激的主要來源有三個方面：一是外部刺激，由我們已熟悉的快感區的興奮引起；二是內部刺激，其內容尚需探討；三是心理生活，它儲存了外在印象和內在興奮。所有的刺激均產生同樣的效果——「性興奮」，以心理和軀體的指示為標誌。心理指標表現為極度衝動的緊張感；軀體指標中，起初和最重要的變化便是生殖器，隨時準備性活動（男性性器官的勃起及女性陰道潤液的分泌）。

性興奮會引起緊張的事實，向我們提出了一個難以解決、但對理解性過程又十分重要的問題。儘管心理學家對此眾說紛紜，但我堅持認為，這種緊張感帶有不愉快性。對我而言，最具決定性的事實是，這種體驗總伴隨著改變心理情景的衝動，其急切的活動方式完全有悖於快感。然而，若將性興奮的緊張視為不愉快，那麼，就與它快感的事實不相符。在性過程引起的每一種緊張之中都有快感相伴，即使在生殖器的準備過程中，某種程度的滿足感也清晰可見。這種緊張的不愉快與快感又是如何相安共處的呢？

任何一個涉及到愉快與不愉快的問題，都是今日的心理學所無能為力的。我的目的旨在從我們現在的討論中了解盡量多的東西，但我不會觸及問題的所有方面。

讓我們來看一下快感區是怎樣適於這種新的安排的。它們在引發性興奮方面必然有十分重要的作用，眼睛也許離性對象最遠，然而，在追尋性對象時它卻最常受到特定興奮質的刺激。我們把發生在性對象身上的這一特質謂之「美」（同樣，性對象身上的優點可稱為「吸引力」）。這刺激一方面有快感相伴，另一方面又會引起性興奮的增強，或使性興奮產生。若這一興奮擴展至其他快感區，如擴展到手，用手撫摸，效果也一樣：一方面快感以準備性變化中產生並有所增強（生殖器）；另一方面性緊張也會增強。若這種緊張不遇有快感的繼續產生，便會轉向明顯的不愉快。另一種情形也許更明了，若一個並未性興奮人的快感區（如女性乳房）被撫摸，那麼快感就會產生；它同時又會要求快感的增強。問題在於，一種快感體驗怎麼會引起更大的快感需要。

快感區在此所發揮的作用是顯而易見的，而且這種情形具有廣泛的適用性。它們均透過適宜的刺激引發一定程度的快感，快感則引起緊張度的增強，從而為性行為的完成提供必要的能量。這一行為的最後階段再次需要適宜的對象（陰道黏膜）對快感區（陽具的龜頭）的刺激。由興奮引起的快感提供了能量，透過反射管道釋放性物質。這最後的快感最為強烈，其機制也有別於早先的快感。它完全由釋放引發，得到完全的快感滿足，原慾的緊張此時也煙消雲散。

我認為，由快感區的興奮所引起的快感，不同於性物質釋放時所形成的快感，二者的區分只有明確其名方可清楚。前者稱為「前期快感」，後者則叫做「終期快感」。前期快感與幼兒性本能所曾產生的快感相似，只不過範圍更小。後期快感是新型的，恐怕要到青春期的某些條件出現時才能產生。快感區的這一新功能或許可以描述為：透過快感區的前期快感之途（像在幼兒生活中一樣），達到更大快感的滿足。

然而，前期快感與幼兒性生活的聯繫可能產生的病態現象而更趨昭然。正常性目的的實現明顯地會受到前期快感的機制所威脅。在性過程的準備階段，若前期快感較為強烈而緊張度太小，那麼危險就會出現了。此時，性過程繼續推進的動機已經消失，整個過程被攔截，準備動作代替了正常的性目的。研究表明，這種情形之所以出現，是因為這一相關快感區或相應的組元本能在童年期曾有過大量不尋常的快感；若有新的因素介入，導致固著，那麼以後生活中就很容易產生一種強制性行為，即抗抵前期快感進入更新的狀態。許多性變態者的形成機制便是如此，在性過程的準備動作上滯留不前。

假如生殖器的主導性在童年期就初具形態的話，前期快感所引起的性功能失敗就可以避免。在童年期的第二個階段（從八歲到青春期），這種情形似乎已經出現了。此時，生殖區的活動已與成熟期形式相差無幾了，每當其他快感區的快感得到滿足之後，生殖區便會有興奮感覺，並有準備性變化。只是它還沒有目的，即不能使性過程繼續下去。因此，在童年期快感被滿足的同時，已經有一定程度的性緊張，只是不夠持久，數量較少。在討論兒童的性生活時，我已注意到，我誇大了幼兒性生活與成熟的性生活的區別，現在我想加以糾正——無論是變態的還是正常的性生活，均決定於幼兒性慾的表現。

快感區的快感在被滿足的同時卻伴有性緊張，對這種性緊張的根源及本質我們尚一無所知。說緊張源於快感本身雖最清楚，但這不僅全然不可能，而且難以立足，因為在最大的快感到來之時，隨著性物質的釋放，緊張非但沒有產生，而且還被排遣。因此，快感與性緊張只是透過間接的方式聯繫著。

正常情況下，除了性物質的釋放才使性興奮趨於停止外，在性緊張與性物質之間還有其他的聯繫。過著禁慾生活的男人，其性器官在不同的間隔時間裡並非總受制於清規戒律。比如在夢裡就可以釋放性物質，並伴有快感，這是夢中幻化的性行為的產物。就這一過程（夢遺）而言，恐怕不能不做出這樣的結論，性緊張借助幻覺對真實行為的替代，將性物質中的精液釋放。性機制已枯竭的體驗，也說明了同樣的道理。若精液枯萎，不僅無法進行性行為，快感區對刺激也會變得遲鈍，其相應的興奮也便無快感產生可言。由此可見，一定程度的性緊張對快感區的興奮也是必需的。

如果我沒有弄錯的話，這會導致一個已經廣為流傳的假說，即性物質的積累產生並維持了性緊張。性物質的壓力作用於性儲存器的內壁，作為一種刺激傳至脊髓中樞，更高的中樞接發了訊號後，便意識到了所熟悉的緊張感。如果說快感區的興奮增強了性緊張的話，那麼只有一種假設可能成立，即這些快感區早已與這些中樞建立了解剖學的聯繫，從而增加了興奮的強度。性緊張達到一定水準後便產生性的動作，否則就刺激了性物質的產生。

這種理論雖被接受，比如埃賓在解釋過程中就採用了；但其弱點卻在於，它適合成年男性的性活動，卻無法解釋孩子、女性與被閹割的男性三種情形。在這三種條件下，都不存在性物質的積聚問題，這便使得該理論的應用陷入困境。不過還得承認，這一理論在某些方面也許還適用。無論如何，我們都不應過分強調性物質的積累作用。

對閹割後的男性的觀察表明，性興奮可以獨立於性物質的產生而達到相當的積蓄。閹割手術雖旨在對原慾加以限制，然而，結果卻往往不盡然。此外，人們早就知道，被疾病剝奪了男性性細胞的患者，雖然已經沒有了生育能力，但其原慾與性交能力卻未受損害。因此，當里格爾認為成年男性失去性腺後對其精神行為不產生作用時，我們就不必大驚小怪了。不過，若閹割是在青春期前實施，或許會影響其性特徵的形成。然而問題在於，除了性腺的真實喪失外，對發展過程中其他因素的抑制（與性腺的喪失有關）也發揮了作用。

性腺移植實驗，包括動物睾丸與卵巢及人類兩性間的移植，多少使性興奮的起源問題有了新的進展，同時也使性物質積累的重要性有所減弱。實驗已經可以使雄性變雌性或雌性變雄性。在這一過程中，隨著身體性徵的變化，心理性慾行為亦出現相應改變。然而，性腺雖可以產生特定的性細胞（精子和卵子），但性徵卻似乎與此無關，倒是被稱為「青春腺」間隙組織的分泌物決定了性徵，更進一步的研究或許將表明，青春腺也是雙性的。果真如此，那麼高等動物的雙性理論便獲得了解剖學基礎。同時，青春腺或許不是造成性興奮和性徵的唯一器官。無論如何，我們已經知道的甲狀腺對性的作用與這種新的生物學發現是吻合的。因此，可能的情形是，性腺的間隙部位產生了特殊的化學物質，然後被帶入血液系統，造成中樞神經系統某些部位的變化，形成性緊張（我們已熟知毒物進入人體的現象，特定的器官會出現類似的毒性變化）。性興奮如何由快感區的刺激引起？純粹的毒性刺激與生理刺激在性過程中會起什麼樣的作用？即使在假設的層面上，也非我們目前的知識所能解釋。我們要執意堅持的無非是性過程中最根本的是什麼，即性代謝產生某些特定物質。這種已為事實支持但不乏專斷的設想雖很少引人注意，但卻值得更進一步審視。在因性生活受到干擾的精神官能症患者身上，其臨床症狀與因吸毒或麻醉而引發的中毒現象或禁慾現象十分相似。

關於性興奮的問題，我們已討論了許多，這一問題涉及到生理的、心理的諸多方面，因為現在所知有限，我們不得不引出諸多假設，而且越討論好像範圍越大、離題越遠，但是，以上討論我們已盡可能地對性興奮問題加以說明，我想就科學而言這種討論是非常必要的。

男女的分化

按語：

尼采曾說：「同樣的激情在兩性身上有不同的節奏。」的確，兩性存在著天性的差異。在本節佛洛伊德為我們描述了，青春期男女兩性不同的性的表現。

眾所皆知，男女兩性特徵的明顯區分直到青春期才確定。自此之後，這種差異比其他任何因素都更能決定一個人的生活形態。的確，男女特性早在童年期就極易辨認出來。不過，在性壓抑方面（羞怯、厭惡、同情等），女孩比男孩來得更早，且它受到的抵抗也較弱。女性的性壓抑傾向似乎更大，當性的組元本能出現時，也多採取被動形式。然而，快感區的「自體性慾」的活動在兩性間卻無差異。鑒於此，兩性間的差異在青春期前是不可能發生的。就「自體性慾」及性活動的「自慰」表現而言，我們或許可以說，小女孩的性活動全然具有男性的特徵。如果對「男性」和「女性」概念加以更確切定義的話，我們就會認為，原慾在本質上注定為男性的，不管它出現於男性還是女性身上，也不管其對象是男性還是女性。

清楚認識到以上這一點很重要，對一般人含混不清的「男性」、「女性」概念，在科學中也是最易混淆的概念之一。「男性」和「女性」的含義至少有三種：有時指「主動」和「被動」；

有時指生物學含義，有時指社會學含義。第一種含義最為基本，也常為精神分析所用。比如，當我們在本文中說「原慾」具有「男性」特徵時，指的是，這種本能總是主動的，即使在目的為被動時也是如此。男女兩性生物學含義極易確定，因為精子和卵子及其功能決定了兩性性別。主動性與有關現象（更強壯的肌肉、侵略性及更強烈的原慾），通常與生物學的男性特徵有關。但又未必總是如此，比如在有些動物中，這些特徵卻屬於雌性。社會學的含義則由對男、女個體的觀察所得。觀察表明，無論從心理學或生物學的意義上看，純粹的男性或女性是根本不存在的。相反，每一個個體都是兩性特徵的混合體，並兼有主動性和被動性，不管這些特徵與其生物學特徵是否相吻合。

既然我們已熟悉了雙性概念，那麼，我認為它具有決定性作用。若不考慮雙性理論，那就不可能理解在男性和女性身體所觀察到的性表現。

除此之外，我只想再提一點。女孩主導性的快感區在陰蒂，它類似於男性的陽具。經驗表明，所有小女孩的自慰行為均與陰蒂有關，而與以後性功能方面具有重要作用的外生殖器無關。我甚至懷疑，女孩是否會因引誘，而對陰蒂之外的部分自慰。這種情況即使出現，恐怕也是十分罕見。女孩常出現的興奮的釋放總透過陰蒂的痙攣表現出來。

如果要了解小女孩如何變成女人的，我們必須對陰蒂興奮性的變化做追蹤性研究。青春期的到來，使男孩的原慾更加增強，而女孩此時卻出現了新的「壓抑」之潮，陰蒂的性活動尤其受到影響。因此，被壓抑的便是她身上的男性的性特徵，女人身上由青春期壓抑所造成的性抑制的增強，對男人卻成了一種刺激，並使原慾的活動加強。與此同時，若女人潔身自好，拒絕性活動，那麼男人對其性的估價反而更高。當女人被允許有性活動，陰蒂被激動之後，它也仍保持著將興奮傳至鄰近的性部位，如同一小堆細松木被點燃後，引發一堆硬木燃燒起來一樣。但在這種轉移完成之前，尚需要一段時間，只不過年輕的女子卻是麻木不仁的。如果陰蒂區拒絕放棄興奮，那麼這種麻木不仁會持續長久，這往往是童年期陰蒂活動過度的結果。眾所皆知，女性的麻木常是表面的、局部的，她們的陰道雖然麻木，但這並不意味著陰蒂及其他性感區都不能興奮。性的麻木除了生理因素外，心理因素也有作用，它們都由壓抑造成。

如果性刺激能成功地由陰蒂轉向陰道，那就意味著女性開始形成了新的性活動主導區，而男性的主導區卻一直不變。主導區的變化及青春期的壓抑，使女性失去了童年的男性特徵，故極易患精神官能症，尤其是歇斯底里，這些因素與女性特徵有著密切的關係。

男人的對象選擇

按語：

透過研究一些有鮮明特色極端例子，佛洛伊德發現，生活中有一種男人，他們在選擇對象時有特定的條件，且對待自己的戀人也有不同尋常之處——所愛之女人必須有所歸屬。她們必須是輕浮的，他們也需要這種輕浮；他們有強烈的嫉妒心，但只針對與她們交往的陌生男人；他們對這樣的女人真摯、忠貞不渝，卻又會與多個女人更替地保持關係；他們有「拯救」所愛女人的願望等等。經過一系列的分析，佛洛伊德為我們道出了其中的奧祕：一切皆來源於這種類型男人的「戀母情結」，更確切地說，應該來源於「雙親情結」。

在精神分析的治療過程中，我們有足夠的機會深入精神官能症者的情慾世界，獲得深刻的印象。有時候我們還注意到或聽說過，甚至某些身體健康、德智傑出的人，也有著與患者一樣的表現。經過細心觀察和收集足夠的素材，心中便可得到一些明確的印象，由此便可以把人們戀愛的方式歸於種種不同的類型。

有關男人對性愛對象的選擇，也有很多類型，在此我要描述的是其中一種類型，因為這種人的「愛情事件」很有特點，並令人迷惑不解，同時也因為精神分析可以較清晰的解釋。

一、對這種類型的人而言，愛情的選擇條件，有一條最為明顯，而且不可或缺。我們可以將這一條叫做「必須有受傷害的第三者」，即這種男人絕不選擇「無主」的女人為愛情對象，如少女或寡婦等。他們只會選擇被其他男人占有的女人——有丈夫、未婚夫、男友的女人。在某些極端的病例中，那些無所屬的女子永遠激不起他們的愛慾，有時甚至受到他們的鄙視，而一旦這些女人與別的男人有了上述關係，這種男人即刻對她們產生愛情。

二、第二個條件，或許不如第一個條件恆定不變，但同樣很突出。它經常與第一個條件同時出現，當然第一條件更經常地獨立出現。這第二個條件表現為，這種人從來不把純潔善良的女子當作情愛的對象，倒是會愛上那些貞操可疑、性生活不太檢點的女子。就後一特徵而言，也許存在著某種程度的差異，她們可能是善於調情而豔聞於世的有夫之婦，也可能是公開過放蕩生活的妓女，還可能是玩弄情愛的高手。這種類型的人若沒有與這些人發生關係，便無法足，說得苛刻些，第二個條件可以稱為「妓女之戀」。

這種人的愛情似乎總離不開這兩個條件，前一個條件滿足他的敵對情感，使他能夠為了自己所愛的人而去與別的男子爭鬥；第二個條件則因女人的放蕩而帶來一種嫉妒情緒。只有當他們嫉妒的時候，其情感才能達到極致，與此同時，對象的價值也就急遽上升，甚至高的無法比擬。不過奇怪的是，他們所嫉妒的對象往往不是被愛女人的合法占有者，而是初次接觸，就懷疑與所愛女人有關係的陌生男人。在某些明顯的例子裡，這種男人並未表現出獨占某一女人的願望，好像對三角關係極為滿足。我有一個患者，他常為其情婦的放蕩而悶悶不樂，但他並不反對她結婚，反而極力支持，以後從未對她的丈夫表現出嫉妒；還有一個典型的例子是，男方對自己情人的丈夫十分嫉妒，一直堅持要女方離婚，但後來漸漸改變了對其情婦的丈夫的態度，也像其他同類男人一樣，漸漸習以為常，而不以然了。

以上便是這類男人選擇戀愛對象的必要條件，下面將探討他們如何對待自己的戀人，綜合起來，也有以下兩種情況。

一、正常人敬重貞潔的女人，而看不起放蕩不羈的婦女；而這種人卻恰恰相反，對他們而言，女人越是輕浮淫蕩，就越使他們愛得發狂。他們覺得，這樣的女人才值得自己去愛，但愛上了之後，又一而再、再而三地要求她們對自己忠誠，這在現實中經常會以破裂而告終。我們知道，不管哪一種熱戀行為，多少都具備一種強迫的性質。但這類男人的強迫慾望，卻又進了一步，當他們瘋狂愛上一個女人時，這種強迫衝動就更無法阻擋。他們的忘情的確誠摯熱烈，但如果認為他們一生只有這樣一次熱戀，那就錯了。實際上，這類奇特的情愛在他們的一生中不斷出現，每一次幾乎都是上一次的翻版。由於居住及環境等外部事物的變化，他們所愛的對象也會經常改變，到最後他們的這種經驗會愈加豐富。

二、最令人驚奇的是，這種類型的人總表現出「拯救」所愛女人的衝動。他們堅信這個女人需要他，若沒有他，這個女人就會失去道德控制，並很快陷入可悲的境地。因此為了拯救她，才緊緊抓住她不放。如果女人真的難以改變放蕩、不值得信任，或者她的生活的確無所依靠、艱難備至，這種保護的衝動還情有可原。然而，現實中往往並不存在這樣的基礎。有這樣一個男人，深知如何使用伶牙俐齒、巧施妙計誘惑女人，而一旦得到一個女子，就會想盡一切辦法，不遺餘力地要求她保持「忠貞」。

現在讓我們審視一番這種類型的人的不同特徵：所愛之女人必須有所歸屬；她們必須是輕浮的，他們也需要這種輕浮；他們有強烈的嫉妒心，每次都深入骨髓；他們對所愛之女人忠貞不二，而又可以與多個女人更替地保持關係；他們有拯救所愛女人的強烈慾望等等。表面上看來，這種種的表現很難尋覓到一個單一的根源，但如果我們運用精神分析法透視這類人的性生活的話，便可以得到滿意的結果。

我們發現這種人對象選擇的奇特條件及示愛的單一方式，與正常人的愛具有相同的心理根源，這就是他們幼兒時代對自己母親的那種眷戀之情的固著。在正常的愛情生活中，就對象的選擇而言，僅有少許的母親原型特徵會原封不動地保存下來，比如青年男子對成熟女子的偏愛，可以說正常人很快就脫離了母親的意象；而這類人則不同，他們的原慾在母親身上傾注得過久，甚至一直到青春期後，母親的特徵滲透到了以後的對象選擇之中，所有這一切都變成了極易辨認的「母親替身」。

這類人的愛情條件和行為，確實源於與母親有關的心理情結，對此我們當然有足夠的證據。要找出第一個條件的證據似乎是最容易的，即「所愛的女人必須屬於別的男人」，或「必須有受傷害的第三者」。對於一個在家庭環境中長大的孩子而言，母親屬於父親所有，這是使母親之所以成為母親最根本的性質。至於這類人在戀愛中的專一性，即感到他所愛的人是他心上獨一無二的，這同小男孩的觀念也有相似之處。在小男孩看來，一個人只能有一個母親，他與母親的關係，建立在毋庸置疑和無法替代的基礎之上。

如果要證明這類人的愛戀對象的確是母親的替身，那麼就需要解釋下面的事實——這類人會不斷地變換愛的對象，與對某一人的狂熱、似乎忠貞不渝形成了矛盾。精神分析使我們發現了這樣一個鐵定的規律：人的潛意識對某種獨一無二、不可替代的東西的熱戀，會表現為一種永無休止的追尋活動。這是因為，替身終究是替身，它永遠也無法滿足真實的渴求。小孩子在達到一定的年齡後，會變得極好發問，對這種現象同樣應做出這樣的解釋：他們本想只問那個他們關心的問題，但那種話卻怎麼也無法說出口；同樣，精神官能症者所表現出的喋喋不休，亦可做出如此解釋：他們負著祕密的重壓，雖想揭開，但無論如何也無法成功。

至於這種愛情的第二個條件，即選擇對象必須具有淫蕩的性格。似乎與母親的意象完全不符，因而不可能是因果關係。在成人的意識中，母親被視為道德完善的人，無論自己心靈對母親的懷疑還是別人對母親的曲解，都會激起防禦的觀念。然而，「母親」與「妓女」間的鮮明對照，促使我們研究這兩種情結的發展史及其與潛意識的關係，其實我們早已發現，意識中對立的雙方在潛意識中經常是作為一個整體出現的。調查使我們發現，大約在青春期前後，孩子第一次獲得了成人性關係的完整和不完整知識。這種對性生活祕密的了解，一般是透過某些流傳於口頭的粗俗語言達到，而在這些語言中使用的形容詞當然是惡意的或敵視的。這種對成人性生活的了解，與長輩們在孩子心目中的威望是極不相容的；而受到這些「洩密」嚴重影響的孩子，自然會由此想起自己的父母，他們往往用這樣的口吻拒絕承認：「你們爸媽才會做那些事！我爸媽絕不會做！」

作為性啟蒙的必然結果，孩子又會了解到，一些女人透過與他人性交來維持生計，因而遭到世人的唾罵，孩子卻根本不能理解人們為什麼瞧不起她們。一旦他認識到自己也可能受她們的誘惑，而過上只有成人才許可的性生活時，便開始對這些女人既渴望又恐懼。其後，他便不再相信，這種人人差不多都有的「醜惡」性行為，在他父母身上就沒有。於是他便會以憤世嫉俗的邏輯告訴自己：母親與妓女的差別並不大，因為她們做著相同的事情。他所接受的這些啟蒙資訊，事實上喚醒了對童年早期印象與願望的記憶，這些記憶則復甦了某些特定的心理衝動。他再次欲求得到母親、仇視成為願望障礙的父親，這就是說他再次陷入伊底帕斯情結裡了。而讓他耿耿於懷的是：母親只允許父親與自己性交，而他卻不被允許。在他看來，這是一種不忠的行為。如果這種激情不能迅速消失，那麼只能透過某種方式將它發洩出來。這種方式只能是荒唐的幻想——在這種幻想中，母親的意象總是以奇特的變形出現，幻想造成的性刺激迅速增強，最後只能透過手淫發洩。由於戀母和仇父這兩種傾向是同時出現，他很容易就會幻想母親的不忠，那些在幻想中與母親有私情的情夫，又總具有孩子的自我特徵，或更確切地說，是孩子的理想人格，長大後可與父親相抗衡。

現在既然對心理發展這一方有所了解，那麼我們就不會認為下列事實有多矛盾、不可思議：被愛者必須是個放蕩的女人，這直接源於戀母情結。很明顯，我們所討論的這一類型的男人，其早年情慾在個體史上留下了難以抹滅的印象。我們不難發現，他日後所做的一切，正是他青春期前童年幻想的固著。除此之外，青春期中過分的手淫，也或多或少有所影響。

對主導了這些男人真正愛情生活的幻想而言，似乎與拯救所愛對象的願望，僅有鬆散和表面的聯繫。這就是說，由於她水性揚花、三心二意，很容易使自己陷入危險之境，因此，關注她的貞操、阻止她變壞，使其擺脫危險，便不難理解了。然而，透過研究遮蔽性記憶、幻想及夜夢，我們便了解到，這種解釋只是對潛意識動機一種特別合適的「合理化處理」，而這一過程是與夢的成功二次加工相比。

事實上，「拯救動機」有自己的意義及發展史，它是戀母情結、更確切地說是「雙親情結」的獨立衍生物。當一個孩子聽說自己的生命來自父親，或聽說母親給了他生命，他的感恩之情便會夾雜著長大後獨立自主的願望，並期望自己有朝一日能以同等價值的禮物歸還父母。孩子對成人的挑戰似乎在說：「我並不想要父親的什麼，我所欠他的會全部還清。」由此他會編造出種種幻想，如從危險中拯救父親一命，這樣父子的恩恩怨怨才算兩清，之後他便會坦然地離開父親，並與之斷絕關係。在大多數情況下，這樣的幻想需經過改裝以後才能進入意識，所以拯救的對象不是父親，而變成了皇帝、國王、某個大人物，這些幻想往往成為創造性作家的創作素材。在「拯救」僅僅是父親時，其幻想包含的意思主要是「保持自尊」。

如果「拯救」針對的是母親，其幻想中包含的意思，就主要是一種感恩的柔情。母親給了孩子生命，且要以同等價值的禮物歸還母親絕非易事。然而，只要在潛意識中稍稍變換一下「拯救」母親的含義，感恩的慾望便可得到滿足。改變的方式只有一個，就是還給她一個孩子或使她再生一個孩子，當然，這個孩子必須處處像自己。這離拯救的原意並不甚遠，而意義改變也並不矛盾。他的母親給了他生命作為報答以示感恩，這就是這種「拯救」的本質。在這樣的幻想裡，他無意中已拿自己替代了父親，在他期望「做自己的父親」的時候，他所有的本能，諸如愛悅、感恩、欲求、自尊、獨立等，全部都得到了滿足。在這樣一種「含義轉換」裡，就連「拯救」中的危險意味也還存在。因為一個生命出生本身就是一種危機，這個生命憑藉了母親的受苦而存活下來。所以人們常常說，在整個人生中，被生出來乃是第一危機。事實上，這第一次危機，又是以後引起我們焦慮的所有危機原型。人們對第一次危機有一種莫名的恐懼感，所以在蘇格蘭的一個傳說裡，由於主角麥克達夫（Macduff）出生時，不是從他母親陰道中出來，而是從母親的子宮中直接竄出來，因而始終不知恐懼為何物。

古代釋夢者阿特米道魯斯（Artemidorus）認為，同一個夢往往因做夢者的不同而有不同的含義，因而有不同的解釋，這種說法很有道理。按照這種潛意識思想所表達的規律，「拯救」的意義，依幻想者的不同而有所區別，它可以同樣地指（男人）生孩子，或（女人）讓自己生孩子。一旦這些夢及幻想中的不同「拯救」意義與水聯繫，其真正的含義便可清楚地辨認出來。如果一個男人在夢中將一個女人從水中救起，就意味著使她成為母親；而當一個女子夢見從水中將一個小孩救起，那就意味著自己是這個孩子的親生母親。水中救人偶爾也會有「拯救」父親的幻想之意，在這種情況下它表達的意思，是把父親置於兒子的地位，或者說想有一個像父親一樣的兒子。在所有這些有關「拯救」的觀念與雙親情結的關聯當中，只有那種想

「拯救」自己所愛女人的衝動，才是我們所討論這類人的典型特徵。

對於這樣一種透過觀察而推演出理論的過程，我不想在這裡做過多的描述。我在這裡的著眼點，只放到那些有著鮮明特色的極端例子中。對於絕大多數人來說，他們只擁有這類人一兩個可觀察到的特徵，而且常常是偶發的。如果我們不尋根究底、了解它的總體面貌，僅僅從偶然出現的反常現象出發，我們就無法理出一個清晰的頭緒，從而不可能對他們有恰如其分的認識。

處女的禁忌

按語：

在原始民族的性生活中，存在著一種特殊的禁忌——處女的禁忌，即原始人的恐懼，使丈夫避免破處的行為。在我們看來這無疑是一種荒誕、不可思議的行為；但精神分析卻提出了一個完全合理的解釋，而且與現代的女性也存在著某種聯繫。

在原始民族的性生活中，有許多細節會使我們感到極為驚異，例如他們對處女（尚未有過性經驗的女子）的態度，便是一個很好的例子。

或許有人認為，原始社會的女孩，多半在婚前便已失去了童貞，而且這件事並不影響其出嫁，這說明一個女子是否是一個處女，對原始人來說並無多大妨礙；但在我看來，恰恰相反。女孩婚前失貞，對原始民族來說具有相當重大的意義，不過這已變成了一種禁忌——一種宗教性的限制。不讓她們將童貞獻給新郎，習俗要求她們這樣做，同樣也要求她們的新郎們避開這一行為。

我無意在此詳細列舉所有論述這種禁忌的文獻，也不想說明它在世界各地的分布情況及各式各樣的表現形式，我只是要陳述這樣的事實：這種在婚前弄破處女膜的行為，乃是普遍存在於原始民族中的一種習俗。誠如克勞雷所說：「這種由丈夫以外的人穿破女孩處女膜的婚前儀式，在文明程度較低的階段是很普遍的，尤其是在澳洲。」這是很自然的事，因為如果不想要在結婚後的第一次性交中穿破處女膜，就必須事先由某個人以某種方式來完成。克勞雷在其《神祕的玫瑰》一書中，對此有較詳細的論述：

第一百九十一頁：「在澳洲的笛里及鄰近部落，在女孩進入青春期時弄破其處女膜是極為普遍的習俗。」「在波特蘭和格萊尼格部落，通常由年老的婦女給新娘做這個手術，有時甚至請白人姦汙其少女，以完成這個使命。」

第三百零七頁：「有時在嬰兒期就弄破處女膜，但大多是在青春期……在澳洲，它常與性交儀式合併進行。」

第三百四十八頁（這段話引自史賓塞與吉倫的通信，他們在信中討論了在大澳洲部落中極為流行的婚姻風俗）：「處女膜先人工穿破，然後男人們依次親近（公開的和儀式的）這個女孩……整個儀式分為兩個部分，先是穿破，然後性交。」

第三百四十九頁：「在赤道非洲的瑪塞地區，女孩子在結婚前必須經過一次手術。在薩克斯族（屬馬來）、貝勒斯族（在蘇門答臘）及西里伯斯島的阿福爾斯部落，女孩子的處女膜往往由父親在新娘婚前弄破；在菲律賓群島，甚至有一批人專門以穿破少女的處女膜為職業，不過有些女孩子早在孩提時代就已由年老的婦女做過手術，長大後就不必再重複了；而在一些愛斯基摩人部落，讓女孩失貞乃是僧侶們的特權。」

以上論述存在著兩大缺點：一是它們大部分都沒有把「穿破處女膜」說清楚，究竟是透過性交來弄破它，還是以非性交的方式弄破它？二是我們還不太清楚，在這樣的場合中，那儀式的性交與平常的性交有什麼區別？就我手頭的資料來看，這些作者或根本不了解交待這個問題的重要性，或是由於害羞，所以始終沒有描述這些性行為的詳情。我多麼希望旅行家及傳教士能為我們提供更完整、更明確的第一手資料，然而，這類資料大部分是國外的，如今我們還得不到，所以我在這裡還不能做出確定的結論。但不管怎樣，這第二個疑問即使沒有詳細描述，也很容易想像出來。因為不管這種儀式的性交活動多麼缺乏真實效果，仍然象徵著完全的性交，而且他們的祖先就是那麼做的。

下面我將簡單地列舉一些可適於解釋處女的禁忌的不同因素。

我們知道，處女膜一旦穿破必然會流血，因此，對視血如生命之源的原始民族而言，自然十分畏懼，這可以作為第一種解釋。這種流血禁忌可以在許多與性無關的活動中觀察到，顯然它代表著禁止和防備原始人的嗜血和殺人狂欲。根據這種觀點，處女的禁忌又與月經的禁忌有關。原始人很難將這種每月流血的困惑現象與施虐觀念區別開來。他們把月經，尤其是第一次，解釋為由於某種精靈鬼怪的撕咬所致，甚至乾脆就認為是與某種精靈性交的結果。有些資料中提到，經期中的女孩常常被認為身上附著祖先的靈魂，故而令人敬畏，被作為「禁忌」對待。

然而，關於其他問題的思考提醒我們，不要高估懼血的因素。因為在同一民族中，懼血尚未強烈到壓制下列現象的出現，如對男孩子作包皮割除禮，以及比這更殘酷的對女孩子陰蒂及小陰唇的割除禮。除此之外，還有許多各式各樣的涉及到流血的儀式，很明顯，這些現象都與「原始人恐懼流血」的解釋恰好牴觸。既然如此，若第一次性交時克服對血的恐懼，是為了婚後的丈夫，也就不足為奇了。

第二種解釋同樣與性無關，只不過比第一種涉及的範圍更廣，而且更具普遍性。按照這一種解釋，原始人似乎永遠處在一種「焦躁的期待」裡。他們憂心忡忡，就像我們在精神分析學中，所劃分出的焦慮型心理症。每當遭遇到新奇、神祕、怪誕和不合常情的事物時，這種焦躁的期待就會愈加強烈。它還造成了許多犧牲或奉獻的祭奠和儀式，它們大半保留在種種宗教儀式裡，流傳至今。我們知道，在人們剛剛開創一種新的事業、在剛剛邁入人生的新里程、在人和動物初添新子及植物新果來臨之際，人們就會有一種特有的期待心情，在期待中透著焦慮，成功與危險的結局會同時閃現在腦海裡，使人如坐針氈。在這關鍵的時刻，人們便想到用某種儀式或祭奠來獲得神的庇佑。婚事同樣如此，結婚時的第一次交合，對他們而言是十分重要的，事先更需要用某種儀式去保護它。在這裡，人們既有對新奇的希冀，又有對流血的恐懼，這兩個方面並不相互抵消，而是相互強化的，使這第一次性交成為人生旅途中的一大難關，要衝破它還要流血，這就使這種期待的緊張有增無減。

第三種解釋則如克勞雷所說，認為處女的禁忌乃是整個性生活禁忌的一部分。不僅女人的初次性交受到禁忌，而且幾乎所有的性交都受禁忌，我們或許可以說，女人整個都受禁忌。我們這樣說，並不是指女性生活中總是充滿著種種特別的需要避諱的時刻，如經期、孕期等等，而是說其性生活被限制，而且每次性交都受到嚴格的、多重的限制。因此，我們有足夠的理由懷疑野蠻人性自由的說法。雖然原始人偶爾也會無視這些禁忌，但絕大多數情況下，他們受到了比文明程度更高的人的更嚴格限制。當男人需要做一件大事時，如出遠門、狩獵或出征，他們必須遠離女人，尤其不能與她們性交，否則，他們將因精力衰竭而給自己帶來厄運。在日常生活中，也有遠離異性的趨向，女人與女人住在一起，男人與男人住在一起。許多原始部落根本不存在今天意義上的家庭。這種分離有時發展到如此嚴重的地步，以至於連呼喊異性的名字都不允許，於是，女人們便發展了自己的特殊詞彙。當然，性的需要會不時地衝破這種分離之障。既然如此，在一些部落中，甚至丈夫與妻子的交合，也要在戶外某個祕密的地方進行。

每當原始人設立一種禁忌，就代表著一種恐懼。毫無疑問，上面提到的所有規則和逃避女人的形式，顯然都是恐懼的結果。這種恐懼建立在這樣的事實之上，即女人與男人不同，她們總是不可思議、奇異怪誕的，因此也必然是充滿敵意的。男人害怕自己的力量會被女人吸走，他們擔心自己會被女人感染而具有女性的特徵，最後成為一個廢人。他們親身體驗到性交之後情緒突然低落、周身軟弱無力，這可能是男人恐懼女人的原始狀態。再加上現實生活中女人往往用性的關係來支配和敲詐男人，所以就更加深了這種恐懼。上述的種種心理在文明社會中並非已經絕跡，其實，仍活躍在每個男人的心靈深處。

如果我們繼續討論下去，似乎離本題更遠了。對於女人的一般禁忌，並不能使我們完全明白，為什麼要加以特別限制和規定處女第一次性行為。就此而言，我們還是無法離開前面兩種解釋——畏懼流血和對新奇事物的恐懼。即使如此，我們仍未觸及這種禁忌儀式的要害。顯而易見，隱藏在這一禁忌背後的意圖，是拒絕或解除與未來丈夫第一次性交有關的事情。

在《圖騰與禁忌》一書中，我已經討論了一般性禁忌儀式的起源與意義——凡禁忌必涉及一種矛盾情感。至於禁忌的起源，則來自史前人類某一次導致家庭制度建立的大事件。但是，從現存的原始部落的儀式中，我們已無法辨認這種禁忌的原始意義。如果我們想在這些部落人身上看到我們祖先絲毫不差的影子，那就會犯嚴重的錯誤，因為時事變遷，即使是原始部落，也經歷了無數次滄海桑田，其發展路線雖與文明人有所不同，卻不見得單純多少。

今天我們已經發現，原始人的禁忌已發展成了一種複雜系統，如同今天的精神官能症者在其恐懼症中所表現的那樣；同時，我們也發現，禁忌的原動機已為新動機所替代，以便與新環境相和諧。撇開這些起源性問題不談，而回到原始的起點：每當原始人懼怕一種危險時，他們就會建立起一種禁忌。總體上說來，他們所懼怕的總是精神上而非實際的危險，原始人並不像我們這樣嚴格的區分，即原始人還分不清哪些是精神的危險、哪些是實際的危險，也分不清什麼是真實的危險、什麼是想像的危險。在萬物有靈論的支配下，他們認為，任何危險都是像他們一樣的有靈者惡意使然；但另一方面，他們又習慣於將內心的敵視衝動投射外部世界，也就是說，指向自認為不喜歡的、或僅僅是不熟悉的對象。這樣，女人便被視作危險之源，於是，與女人的第一次性交便成了具有特殊強度的危險。我相信，如果我們進一步的分析今日文明階段上的女人行為，那麼，我們多少會清楚這種強烈的危險是什麼，以及它何以威脅到未來的丈夫。對這種研究的結果，我可以預先聲明：分析證明，這種危險的確存在。由此可知，原始人的禁忌並非無的放矢，他們的這種社會風俗，的確為他們排除了一種精神上的危機。

一般來說，女人在達到性高潮時，雙手總是緊緊地抱住男人，這似乎是一種感恩的表示，表示自己此身永屬於這個男人。然而，我們也知道，女孩在初次性交時，並不是這樣美好，她興奮不起來，她感覺不到滿足，而常常會很失望。一般在經過了很長時間和多次性行為後，女人才會從性交中獲得滿足。就女人而言，情形也未必相同，有些性冷淡又是暫時的，在不久就會消失；有的卻是永久和頑固的，無論丈夫如何溫柔都無濟於事。我相信，對女人的這種性冷淡仍缺乏足夠的認識，如果這種性冷淡不是由於丈夫的性無能造成的，那就需要綜合性的研究闡釋了。

女人常常逃避第一次性行為，但我的分析並不想從這裡找到缺口。因為這可以有多種解釋，更何況還可以解釋為一般女性「潔身自好」的表現。我認為，假如從某些病態案例著手分析，就更容易解開女人性冷淡之謎。有些女人在第一次性交、甚至每一次性交之後，都毫無掩飾地表達對丈夫的敵意，惡言相向，有時甚至百般威脅、拳打腳踢。我曾分析過這樣一個患者，雖然這位女士極愛其丈夫，常主動求歡並能獲得充分的滿足，但事後卻忍不住憎恨丈夫。我認為，這種奇怪、矛盾的反應，本是性冷淡的一個變種。它與一般女人性冷淡的不同之處在於：一般女人純粹是一種性冷淡，她們心中那股憎恨的力量只是不自覺地壓抑著她們對性愛的激情，但從未公開表示過；病態女人卻將愛與恨的因素分得十分清楚，而且是按時間把這矛盾的兩方面先後表現出來。既然破壞女人童貞必會惹起她的長期敵視，她未來的丈夫自然有理由要避免成為她童貞的破壞者。

分析已使我們堅定地認為，這種矛盾的性表現，是由女人的某種衝動造成的，我認為也可以用它來解釋性冷淡問題。第一次性交往往會激起許多不屬於女人本性的激情，其中某些激情在以後的性交中再也不會出現。其中最能引起我們注意的，當然是女人所遭受的「失貞」痛苦，或許有人認為憑此因素就足夠了，不用再找別的因素。但事實並非如此簡單，僅僅是肉體的痛苦仍不會造成如此嚴重的後果，其實，在這種肉體痛苦的背後，還有「自戀」心理受到衝擊之後的心靈創傷。這種痛苦常表現為高貴的童貞失去之後的哀怨惆悵的情緒。然而，從原始民族的祭奠儀式中還可以看出另一種東西，這些東西使我們認識到，這種痛苦並不那麼重要。

我們知道，他們的儀式分為兩個階段，先是弄破處女膜，繼之以正式的性交，但這裡的性對象都是別人而不是自己的丈夫。由此可知，這種禁忌儀式的目的，並不僅僅避免新婚之夜的肉體和精神的痛苦，丈夫所要避免的另有其物。

我們認為，影響這一「禁忌」的最重要因素，需要到心理深層——即原慾自身的發展進程中尋找。精神分析的研究已表明，人們的原慾總是強烈地附著在原始的對象上，即兒童時代的性目標始終不曾消失。對女人來說，她的原慾最初的固著在父親身上（或接替父親的兄長身上），這種忘情通常不直接導向交合，在最嚴重的情況下，也不過是把性交作為一個模糊知覺到的目標。如此，丈夫只能成為這原始目標的替身，而不是她真正的戀情對象，她的戀情永遠指向別人，在典型情況下是指向其父親，而丈夫充其量是第二人選。丈夫究竟能否得到滿足，是否遭到她的冷落，這完全由固著力量的強弱和持續性而定。就是說，導致性冷淡的最終原因與形成心理症的宿因，本是相同的。當然，在一個女人的性生活中，其理智愈多，其原慾就愈能抵抗那第一次性交帶來的震驚，愈容易抵擋男人占有她的身體，這樣的女人心理被壓制，性冷淡代之而起。而如果這種女人，恰好遇上一個性無能的男人，那麼這種性冷淡就加嚴重，甚至誘發其他的心理症狀。

原始人的習俗，似乎考慮到了這種早期性願望動機，於是他們往往讓那些能作為父親之替身的老者、僧侶或其他賢達之士，擔任首次破壞處女膜的職責。在我看來，那備受指責的中世紀領主「初夜權」似乎直接由此沿襲而來。史脫佛（A．J Storfer）曾有過類似的見解，他還進一步揭示了這樣一個事實：在那十分普通的所謂「托白亞之夜」（Tobiasehe）的習俗裡，第一次交合的特權，常常只有父輩才能享有，而這與榮格（Carl Gustav Jung）的調查是相符的。按照這些調查，在許多民族中，往往由那種代表著父親意象的神像，來完成這一初次交合的使命。在印度的一些地區，女人的處女膜，被迫獻給木製的、類似男性生殖器一樣的神像。據聖奧古斯汀（St. Aurelius Augustinus）所言，這一習俗也存在於古羅馬的婚禮之中，只不過做了些改變，新娘只須在那被稱為普里阿普斯（Priapus，希臘神話中的生殖之神）的巨大的陽具上坐一下便可以了。

從更深層的意義上講，還有其他動機影響著女人對男人的這種反應，並對女人性冷淡產生影響。這便是，初次性交激起了女人的其他衝動，這些衝動可以說是長期存在的，而且是完全與女人的角色與功能相悖的。

透過對許多女性精神官能症患者的分析，我們發現，在早期她們曾豔羨其兄弟的男性生殖器，並因自己不具有它而感到自卑與羞辱（其實，並不是缺少，而是比較小一些）。我們將這種「陽具崇拜」（penis-envy）視為「閹割情結」（castration complex）的一部分。如果說在這種崇拜中包含了一種「希望成為男性」的含義，「閹割情結」所包含的就是「男性發出的抗議」。在這一時期，小女孩經常公開表露自己的這種羨慕，隨之產生了一種嫉妒情緒，她們有時甚至學著兄弟的樣子站著小便，以證明自己與他們相同。在前述的例子中，即女人在性交後總是表現出對丈夫無法控制的攻擊性，而丈夫又是她的所愛。經我分析之後，原來她在對象確定之前，一直都陷入這種嫉妒狀態之中。在正常狀態下，小女孩能漸漸地將原慾轉移到父親身上，這之後她所希望得到的不再是陽具，而是生出一個小孩。

在某些個別的例子裡，發展程序也可能反過來，「閹割情結」的這一部分只是到了對象選擇之後才發揮作用，其實這並不奇怪。女子在其「雄性期」裡對男孩子陽具的羨慕，並不是一種「對象之愛」，而是一種十分原始的自戀。

不久前，我有幸分析一位新婚婦女的夢，這個夢是對其童貞喪失的反應，它同時暴露出了自己的願望——閹割年輕的丈夫，並把他的陽具安在自己身上。當然，將其解釋為幼年慾望的延續和重複並無不可，然而，夢的一些細節揭示出這是一種超越了常態的反應。這個夢性質以及夢者以後的舉止都預示著這一婚姻中的悲劇結局。我們還是回過頭來討論「陽具崇拜」吧，女人特有的那種敵視男人的矛盾傾向，總是多少與兩性關係有關，這可以在女人的奮鬥及表現「解放了」的女人的作品中明顯看出來。費倫斯從古生物學的角度，追溯了女人的這一敵意起源，認為這種敵意在混沌初開、兩性初分時便已經存在了。他堅信，交媾最先發生在兩個相似的個體之間，但之後一方變得越來越強大，並迫使弱方臣服於這種兩性關係。而這種臣服的不情願傾向，正是今天女人的性冷淡的原因之一。我認為，若我們不過分誇大這種說法的價值，這種說法就沒有什麼不好的地方。

對於女人初次性交時，那種矛盾反應的動機，我們已進行了詳細的探討，整體可以概括為：處女因為性心理尚未成熟，所以無法忍受與自己發生第一次性關係的男人。這樣一來，處女的禁忌倒成了人類高度智慧的結晶，因為這個禁律，注定了能使與她共同生活的男人避免這些危險。在文明的較高階段上，由於種種複雜的原因，人們十分重視女人「性臣服」之後所帶來的好處，因而不再躲避這種危險，女人的童貞便成了男人不願放棄的財產。然而，關於問題婚姻的研究告訴我們，女人對破處的報復動機，即使在文明婦女的心理生活中也未完全消失。我想下列情形不能不令觀察者感到驚奇：許多女人在第一次婚姻中有性冷淡，且不幸福；然而，離異後卻變得溫情脈脈，極會使第二個丈夫幸福。毫無疑問，原先的不良反應，已隨第一次結合的結束而消失了。

不過，撇開這一點不談，對處女的禁忌在文明社會也未徹底消亡。大家都知道這樣一點，作家不時地以此為素材進行創作。安澤魯波曾寫過一部喜劇，敘說一個單純的農村青年，因擔心自己的生命被吞噬掉而不與所愛的人結婚，倒同意她嫁給別人，只有到她成為寡婦，不再有危險時，才肯娶她。這部喜劇的名字為《處女之毒》，這使我想起了馴蛇的習慣，為避免危險先讓毒蛇咬一塊布。

在黑貝爾（Hebbel）的悲劇《猶滴和何樂弗尼》（*Judith and Holofernes*）中，對處女的禁忌及其動機作了最有說服力的描述：猶滴是一位受到禁忌保護的處女，其丈夫在新婚之夜由於焦慮而恐懼，從此再也不敢碰她。她這樣說：「我的美猶如顛茄，誰若享用它，不死即瘋。」當亞述將軍帶兵占領了猶滴所在的城池時，她便設想以其美貌去誘惑他，將他置於死地，很明顯，這個想法在愛國面具下潛藏著性的欲求。當這位以勇猛、魯莽著稱的將軍強暴了她之後，她便憤怒地砍掉了他的頭，成了人民的救星。按照心理分析，砍頭象徵著閹割，因此這一行為其實象徵著猶滴閹割了姦汙她童貞的男人，正如那位新婚少婦在夢中所做的那樣。劇作家用一種極美妙的語言，使《偽經》中這種愛國行為的記載染上了一層濃厚的性色彩。我們知道在《偽經》的記載裡，猶滴回城時仍誇口自己清白如初，即使查遍真偽聖經，也找不到任何關於她這次怪誕婚姻的記載。黑貝爾可能以他那詩人特有的敏感，看穿了經文有意造作，重新揭示出故事後面隱藏的真相與內涵。

薩德格（Isidor Sadger）對此作過深入的分析，認為他之所以選擇這一素材，乃是由於他的「雙親情結」所致。由於他在童年期兩性傾向的掙扎中總是傾向於女性，所以很自然地理解埋藏於女性心中最深層的隱祕。薩德格還引用了詩人自述的動機，說明為何改編這一故事。他發現故事本身是浮淺的、虛飾的，意在為潛意識中的動機尋找披露的藉口。聖經中僅僅提到，猶滴是個寡婦，而薩德格何以使她成為了保持童貞的少女？薩德格也有這樣一段解釋：這裡的動機，源於詩人那童年式的幻想，意在否定父母間的性關係，所以母親變成了保持童貞的少女。對於這種分析，我想再補充一點：詩人既然已確定主角是一個處女，他的幻想便深入到處女膜一旦破裂後，她可能有的憤怒和悔恨，從而使他在這一方面做了不少文章。

因此，我們或許做出這樣的結論，作為文明的結果，女人的破處，不僅意味著永久地屈從於一個男人，而且還產生了對男人的原始敵視反應。這種敵視反應可轉為一種病態形式，使得婚姻的性生活受到抑制，這就是為何第二次婚姻遠比第一次美好的原因。而使我們感到奇怪的處女禁忌，即原始人恐懼、並使丈夫避免破處的行為，完全可用這種敵視反應解釋。

有趣的是，精神分析者竟遇到了這樣的女人——在她們當中存在著屈從與敵視兩種相反的反應，且能保持兩者間的密切關係。這樣的女人，一方面似乎很愛丈夫，另一方面又想努力擺脫丈夫。當她們試圖去愛別的男人時，第一個丈夫的意象（雖然該女人已不再愛他）卻常常干擾和抑制了她。精神分析告訴我們，這樣的女人事實上仍屈從於第一個丈夫，只不過已不是情感之愛。她們之所以離之不去，只是尚未徹底報復，但即使在極端的例子中，這種報復衝動也未被自己意識到。

自戀的產生

按語：

「自戀」是指個體像對待性對象一樣，對待自體的一種態度，自戀者自我欣賞、自我撫摸、自我玩弄，直至獲得徹底的滿足。本文僅是佛洛伊德關於自戀問題專論的一小部分，旨在說明自戀的起源。佛洛伊德以原慾為研究的基礎，從精神分析的角度指出——之所以會產生自戀，是由於心理能量集中到了一起，即原慾從外部世界的人和物撤回，轉向了自我，從而產生了自戀的態度。

自戀，由臨床描述引申而來，於一八九九年首次被納克（Paul Näcke）使用，指個體像對待性對象一樣對待自體的一種態度。自戀者自我欣賞、自我撫摸、自我玩弄，直至獲得徹底的滿足。達到這種程度後，自戀便具有了性變態的性質，因為個體性生活的全部為它占有，所以具有我們所研究的性變態的特點。

觀察的結果常令精神分析者為之震驚，許多具有自戀態度的人還遭遇了其他障礙，比如賽哲（Sadger）所指出的同性戀；此外，自戀應得到的原慾，或許有更廣泛的表現，它或許會在人類性發展的正常過程中，為自己保留一席之地。精神分析之於精神官能症者的困難，導致了同樣的設想，因為這種自戀的態度似乎可以限制自戀者使之不易受到影響。就此而言，自戀不會是性變態，而是對自我保護本能的自我中心補充，可以適於所有生物體。

如果我們將 Kruepelin 的「早發性痴呆」或 Bleuler 「精神分裂症」納入原慾理論的假設之中（譯注：參閱作者《性學三論》中的「原慾理論」），我們就會產生研究原生與正常自戀概念的迫切動機。被稱為「精神偏執症」的患者，表現出了兩個基本特徵：妄自尊大、和轉移對外部世界的興趣——對人與物的興趣。由於這後一原因，使得精神分析難以影響他們，我們的治療努力也便付之東流。不過，精神偏執狂者對外部世界興趣的轉移，尚需做更精確的描述；同樣，歇斯底里症患者或強迫症患者，也會視其病情放棄與現實的關係。分析表明，他們絕不會中斷與人、物的性慾關係，仍在幻想中保持這種關係。比如一方面，要麼用記憶中想像的東西代替現實客體，要麼混淆想像的東西與現實的客體；另一方面，他放棄運動神經的初始活動，而去實現與其他客體建立聯繫的目的。只是在原慾這種情形下，我們也許才可以合乎邏輯地使用被榮格混雜使用的「原慾內向」（introversion of the libido），否則就會是「精神偏執症」。患者似乎將其原慾從外部世界的人和物撤回，而在幻想中不用他物替代，整個過程就變成第二位的，並成了試圖恢復的一部分——將原慾帶回到客體。

如此，新問題又出現了：在精神分裂症中，從外部客體撤回的原慾，又會發生什麼變化呢？這些情形中的妄自尊大特徵，為我們指點了迷津。毫無疑問，妄自尊大是以犧牲「對象原慾」為前提的，即從外部世界撤回的原慾轉向了自我，並產生了可以稱之為自戀的態度。然而，妄自尊大本身全無創新可言，相反，誠如我們所知，它是曾經存在條件的更清楚表現。這使得我們把從「對象灌注」中撤回的自戀，視為是一個「繼發過程」，在此之上疊置著許多不同的影響。

請允許我申明，在此我並不試圖解釋、或更深入探討精神分裂症問題，我僅僅是把別處已經表述的觀點集中起來，以解釋自戀的產生。

在我看來，這種原慾理論合乎邏輯的擴展，還受到了第三種資料的支持，即我們對兒童與原始人心理觀察與觀點。我們可以把原始人的特徵概括為一個方面：妄自尊大。表現為高估自己願望與心理能量、全能的思想、相信語詞的魔力，並具有對付外界世界的技巧——「魔術」，它好像是這些浮誇的前提的邏輯應用。而今日兒童的發展更令我們費解（我在《圖騰與禁忌》的第三篇論文中，專門討論了這一問題），我們期望發現兒童與原始人完全類似的態度，於是便建立了關於自我的原慾灌注觀念，以後由此生出一部分指向客體，並堅持下去，它與「對象灌注」的關係，猶如身體中的變形蟲與其伸出的偽足的關係。

由我們的研究可以看出，作為精神官能症症狀的起點，原慾的這種分配，對我們而言卻是隱蔽的，我們所注意到的僅是原慾的散發——對象灌注，既可發現，又可收回。廣而言之，我們同樣看到了「自我原慾」與「對象原慾」之間的對立，一方面用得越多，另一方面則用得越少。對象原慾發展的最高方面，可以在愛情中看到：為了對象灌注，個體似乎放棄了自己的人格；同樣，偏執狂關於「世界末日」的幻想或「自我知覺」，則是相反的情形。最後，考慮到心理能量的分化，我們可以初步得出這樣的結論：在自戀的情形中，心理能量本來是聚集在一起的。正如我們前面所說，即原慾從外部世界的人和物撤回，轉向了自我，從而產生了自戀的態度。

性道德和現代人的不安

按語：

本文是佛洛伊德泛性論文化觀的一部代表作，它集中論述了現代社會的性道德與文化的關係問題，強調了性因素是現代社會文化危機、人生的焦慮與精神官能症的主要根源，抨擊了現代社會的性道德觀，並提出了改善文明與發展文藝的性本能昇華作用說。

在埃倫費斯（Von Ehrenfels）最近出版的《性倫理學》（*Sexualethik*）中，作者對「自然的性道德」和「文明的性道德」作了區分。在他看來，「自然的性道德」，指人類永久保持健康與效能的能力；而「文明的性道德」，指旨在促使人類更加辛勤地從事文化活動。他認為只要比較一下人的內在特徵和其文化成就的關係，兩者的差異就可被準確說明。在延伸這一思考時，我會向讀者引介作者書中的觀點，而我的引用則僅僅作為我對該問題研究的起點。

可以設想，當「文明的性道德」占主導地位時，個體的健康和效能會受到損害，而這種以犧牲自我為代價的損害，若達到一定程度，則最終導致文化的目的本身也受到損害。埃倫費斯確切地指出了這種性道德的一系列後果，對於在西方占主導地位的這種性道德，無疑應對這些惡果負責。雖然他也充分承認這種性道德對推進文明的巨大影響，但他同時也論證了改革的需要。

在他看來，「文明的性道德」的特徵，表現為往昔僅對女性的要求，擴大到了男性的性生活中：除了在一夫一妻制的婚姻當中，所有的性生活都要受到禁止。然而，考慮兩性間的天性差異，男性的偶爾偷歡卻受到了更輕的懲罰，從而導致了事實上男性的雙重道德標準。一個接受了這種雙重標準的社會，怎麼能產生對「真理、誠實與人道的熱愛」呢？若超過了一定的限度，必使人變得偽善，對錯誤麻木不仁、自欺欺人。不僅如此，「文明的性道德」在炫耀一夫一妻制的同時，也損傷了性的選擇。事實上，在文明人之間，由於人道與衛生的考慮，性選擇已降至很低水準，豈不知，性的選擇本身，足以促使個體改變內在結構。

但是，在「文明的性道德」所帶來的惡果中，這位醫生忽視了一點，我們下面就來討論它的意義，即加速了現代人的神經質或緊張不安，這種現象在現今的社會狀況下蔓延得尤為迅速。有時一個精神症患者會提醒醫生，注意引發病症的個體現狀與文明要求之間的衝突。他們說：「我們家所有人都變得神經質了，因為我們總想使自己過得更好，也不管自己到底有沒有能力達到。」同樣，醫生們也常發現，精神病往往會找上這樣一些人：他們的父輩曾過著簡單而健康的田園生活，但當他們來到大都市並在事業上獲得成功，就會想培養自己的孩子，並恨不能在極短的時間內，就把孩子的文化造詣提高到非常高的水準。最重要的是，精神科的專家們在大聲疾呼：「精神患者的日益增加，與現代文明生活有著不可分割的聯繫。」關於這種聯繫，我們要引用一些著名觀察者的陳述作為證據。

W．艾爾說：

「對於現代生活，使得神經質患者不斷增加的問題，只要你隨意檢視一下現代生活的種種特徵，就可以提出毫無遲疑的肯定性回答。

「只要看一看下述事實，事情便會很清楚了：現代生活的出色成就、各個領域的發現與發明、為求進步而日趨增加的競爭，均需付出極大的心理努力方能取得與保持。在這種生存競爭中，對個人能力的要求大大提高，而個人只能付出全部的心理能量，才能勉強達到要求。與此同時，所有階層的需求及對生活的享樂需求都在增加，空前的奢侈蔓延到了整個社會，這在過去這是可望而不可及的事情。漠視宗教、不易滿足和貪得無厭，充斥於社會的每一個角落，遍布全球的電報與電話網使得傳播系統驚人地擴展，並徹底改變了商貿條件。一切都變得匆忙與狂躁。人們晚上旅遊，白天經商，即使是『假日旅行』，也令神經系統緊張。嚴重的政治、工業與經濟危機引起了空前廣泛的躁動。人人都過問政治，政治、宗教與社會鬥爭，政黨、競選及工聯主義的恣意滋蔓撩人心火，令人心緒紛亂，永遠得不到歇息，就連娛樂、睡眠與休息都不得安寧。城市生活愈發繁冗與焦躁。疲憊的神經試圖透過增加刺激、陶醉於愉悅而復原，卻導致了更大的衰竭。現代文學不厭其煩地關注激惹大眾激情的話題，這只能激勵縱慾，導致追逐快樂、蔑視基本的倫理原則及各種理想，故呈現於讀者面前的往往是病態的行為、病態的人物，將有關革命、反叛的種種古怪的話題塞進人們的腦海裡。強烈的噪音、不和諧的音樂震耳欲聾；劇場裡令人激動的表演征服了人們所有的感官；造形藝術對那些令人作嘔的、醜陋的、富有暗示性的內容情有獨鍾，並將現實中最令人驚恐的現象，毫無遲疑與掩飾地呈現在人們面前。」

「這樣一幅簡略的圖畫，已足以展示現代文化變遷中的種種危機，至於其細節部分，不用費多大的力氣就可以想到。」

賓斯萬格（Ludwig Binswanger）說：

「神經衰弱（neurasthenia）被描述為一種現代病。比爾德（George Miller Beard）作為第一個闡釋該病的人，認為這種新的精神病特別容易在美國產生，當然這種假設並不正確。但既然是一位美國醫生首先發現並描述了該病的特徵，顯然這是建立在廣泛的經驗上，它毫無疑問地表明，神經衰弱與現代生活之間有著極其密切的關係——貪婪的金錢追求、放縱的占有慾望，以及技術領域的巨大發展，已使人們的交流打破了空間與時間的限制。」

馮．克拉夫特．埃賓（Richard Freiherr von Krafft-Ebing）說：

「今天，在無數文明人的生活方式中充盈著大量的不衛生因素，這些有害的因素最直接和最嚴重地作用於大腦，難怪精神病患者會令人悲哀地加速增加。在過去的十年中，政治與社會，尤其是商業、工業和農業的改變，帶來了職業、社會地位與財產的巨大變化。而這一切均須以犧牲自己神經系統的健康為代價：人們必須付出更大的能量消耗，以滿足日益增長的社會與經濟需求，但用於復原的機會又少得微乎其微。」

在我看來，諸如此類及其他許多類似的意見，倒沒有什麼錯誤，只是尚不能詳盡地描述這種神經質的具體情況，而且遺漏了最重要的、即對病因的解釋。如果不去考慮神經質的不確定形式，而是考慮精神病患者的具體表現，我們就會發現，正是施加於文明人的「文明的性道德」對性生活的壓制，導致了精神官能症的產生。

對上述觀點的證明，我已在以往的一系列技術性論文中作了詳細敘述，在此不再贅述。當然，我在研究中得到的那些重要論據，在此仍要提到。

臨床觀察使我們區分出兩種精神疾病：神經失調和精神官能症。前者的症狀，不管是身體或心理的，本質上都是一種中毒現象，類似於神經毒素的過剩或缺乏現象，其發病原因絕無遺傳的因素，而往往是因性生活失調而造成的惡果。這種發病形式與毒性性質之間的確有著密切關係。多半情況下，僅憑對這種病的臨床症狀的觀察，就可以測知其性生活是如何失調。換言之，我們在前面所引證的關於文明造成的種種有害影響，在剛才所提到的精神官能症中卻無半點蛛絲馬跡。因此，我們大致上可以說，造成這種真正的神經性疾病的原因，主要是性方面的因素。

而精神官能症，與遺傳的關係較為明顯，但病因尚不十分明確。不過，精神分析作為一種特殊的研究方法，使我們認識到，這些疾病（歇斯底里症、強迫症等）均是心因性的，源於潛意識（被壓抑的）活動中各種觀念化情結的作用。這種方法同樣使我們知道，一般而言，這些潛意識情緒具有性的內容，它們源於人未被滿足的性需求，代表著一種替代性滿足。因此，我們必須把一切傷害性生活、壓抑性活動、改變性對象的因素，全部視為造成精神官能症的病理成因。

當然，關於精神官能症中毒性與心因性的理論區分，也不否認以下的事實，即大部分精神官能症患者都源於兩方面的原因。每一個同意我的觀點、從而把性生活的不滿足當作精神疾患的人，都會同意我對這一問題作進一步的分析。下面我將在更廣泛的範圍內，探討精神疾患何以會在現代生活中會不斷增加的問題。

概而言之，我們的文明乃是建立在對本能的壓制基礎上。每一個人都必須做出一定的犧牲，如人格中的權利慾、進攻性及仇恨性。正由於此文明才得以產生——物質財富和精神財富的共享。促使個人做出這種犧牲的主要原因，是家庭的情感（連同它的性根源）大大超出了或凌駕於生存競爭之上的結果。在文明的進展中，這種放棄是循序漸進的，並且一步步被宗教神聖化了。個人犧牲其本能的滿足，將之奉獻於神明，得到的大眾利益則被宣布為「神聖的」。那些因本能衝動十分強烈，最終壓抑不住的人，便不能適應社會的要求，而變成一個罪犯；除非他的社會地位或特殊才能，能使他向世人證實他是一個偉大的人物或英雄。

性本能，或者更確切地說，性的各種本能（心理分析的研究告訴我們，性本能中包含著許許多多的衝動），在人類身上要比絕大多數動物身上強大得多，持續得更長久，它已經完全踰越了動物的那種週期性限制。它可以拿出巨大的能量用於文明活動，在實現這一目標中其物質強度仍然保持下來，這種將原來的性目標轉移到另一個不具性特徵的目標上的能力叫做「昇華」。與昇華的文明價值相對應，性本能還會出現頑固的固著傾向，這種傾向使得它寧可退化，寧可變態，也不願意因受到阻止而改道。性本能的強度在個體間存在差異，故有多大部分會用於昇華也不盡相同，似乎是個體的先天特性決定了性本能昇華的比例。此外，環境的力量和知識對心理器官的影響更強化了性本能的昇華。然而，正如發動機器時熱能不可能百分之百地轉化為動力一樣，性本能轉移的成分也不能無限制地增加，不管做出多大努力也是如此。一定程度的直接性滿足對大部分器官都不可或缺，否則，傷害個人的生活能力，帶來無限的痛苦，甚至使之成為病態的。

如果考慮到，人類的性本能並不僅僅為了生育，而且還為了獲得某種快感，我們便能從一個更廣闊的視野去觀察這個問題。這可從嬰兒的活動中得到證明：嬰兒期，快感的獲得不僅透過性器官，而且透過身體的其他部位（快感區），並可以不指向任何客體，我們將這一階段稱做「自體性慾」期。在我們看來，對孩子的這一行為應予以限制，否則持續下去會導致難以駕馭性本能，甚至變得毫無用處。隨著性本能的發展，它會從自體性慾走向「對象戀」，從快感區的獨立存在到從屬於生殖器的主導，此時才具有了生育的功能。在這個發展的過程中，那種自體之內引發的性興奮的方式被壓抑了。因為它與生育功能無多大關係，在適宜時，它們就被昇華掉了。這就是說，文化發展的動力，絕大部分是靠對性興奮中所謂的「錯亂」成分的壓抑獲得。

與性本能的發展過程相對應，整個文明的發展過程也可以分為三個時期：第一時期，種種不導致生育的性行為，能夠自由自地進行；第二時期，除了能導致生育的性行為外，其他各種均被壓制；第三時期，只有「合法的」生育，才能作為性目標。我們目前所流行的性道德，便是第三個時期的代表。

在所設想的這三個時期中，如果將第二時期視為性道德的標準，我們必須承認，仍有一部分人，由於生理結構原因，還是不能適應要求。如上所述，性本能應從自體性慾到對象之戀，再到性器官的結合，但尚無一人已正確並充分地完成這一發展過程。這就是說，任何的性慾發展都會受到干擾和阻礙。這樣的障礙，必將導致兩種有害的結果，或者說，與正常的或文明的性愛相悖的兩種偏離方式：其一，是各種性反常的產生（將性本能過剩和難以自制者排除在外），將性慾固著於嬰兒水準，從而影響了生育功能的確立；其二，是同性戀（專指對異性毫無性慾的同性戀者），其性目標竟令人不解地離開異性。那麼，為何這兩種發展障礙所導致的性變態者並不像預計的那樣多呢？這是由於，性本能的發展並非那樣毫無變通，它有一種極為複雜的自我調節能力，即使性本能中一種或多種成分在發展中受阻，未得到發展，性生活也會以其他種種形式表現出來。那些天生同性戀者，往往因為其性功能成功地昇華為「文明的」東西而成為傑出的人物。

當然，如果性反常與同性戀更為強烈，以至占據了性慾全部，就會導致嚴重的後果，便被社會視為無用之輩，得不到任何快樂和幸福。我們必須承認，即使在文明的第二時期，也會有一部分人因不能滿足文化的需求而受盡苦難。這些自然稟賦異於常人的人，其命運，將因其性本能的強度不同而迥異。幸好大多數性反常者性衝動並不那麼強烈，所以能成功地壓制這些反常傾向，不至於在這一階段上與「文明的性道德」發生正面衝突。然而，可想而知的是，即使在最理想的情況下，他們也不可能達到很高的成就，因為在抑制其性本能時，他們已耗盡了全部的精力，因而不能對文明有所建樹。下面我們將要說到那些在文化發展的第三時期中實施禁慾的人，同樣會落到如此的下場。

當一個人的性本能是強烈而變態的，他便面臨著兩種結果：第一種不再多述，這種人將冒偏離文明標準之大不韙，而繼續變態下去；第二種則更為有趣，在教育和社會要求的影響之下，這種人將壓制自己的變態本能。然而，這種壓抑已不成其為壓制，最好將其描述為失敗了的壓制。的確，被壓制的性本能已無外顯的行為，但卻用其他的方式表現出來，其實，這還不如不加掩飾的壓制為好，因為它對個體產生的傷害使該類人對社會來說形同虛設。以長遠意義上看，短暫的成功將被失敗所取代，壓制的結果是替代現象，即精神病、或更確切地說是精神官能症的產生。精神官能症者是一群天生的違反者，在文化的要求之下只能對本能施以「明顯」的壓制，但最終卻以失敗告終。因此，為滿足文化的要求，他們必須付出極大的代價。代價的付出又造成了內心的空虛，因而絕大部分時間都遭受病魔的桎梏。我們常把這種精神官能症稱為性反常的「消極面」，這是因為在精神官能症患者中，性反常傾向雖已被壓制，卻又從心靈的潛意識中部分地表現出來。這種潛抑了的傾向與明顯的性反常表現其實是相同的。

經驗表明，對於大多數人而言，假如超出了一定的限度，他們的稟賦便難以滿足文明的要求。因此，凡是那些苛求自己，為自己訂下更高的標準，以至超出了其本性所允許的限度的人，便成了精神官能症的光顧者。如果他們能容忍一些自己的「不完美」，就會更健康。對一個家族中一代人的觀察，常常印證了性反常與精神官能症正負關係的正確性。比如，若哥哥是性反常者，那其妹妹往往是精神官能症者，儘管作為女人，她的性本能要弱一些，但她卻常常表現出一種與她那性衝動較強的哥哥相同的傾向。所以在許多家庭裡，男人是健康的，然而從社會的觀點上看，他們卻是不顧羞恥的道德敗類；同一家庭中的女人倒是崇高而優雅的，可不幸的是卻十分神經質。文明的標準要求每個人具有相同的性生活方式，這是社會不公正的明顯現象之一。事實上，由於天性的原因，有些人可以輕而易舉地適應社會的要求，而有些人則須付出心理上的巨大犧牲。不過，由於道德規範時而被冒犯，其嚴重性也就不那麼明顯了。

以上所述的種種情形，均是針對文明第二時期的要求而言的，在這一時期內任何所謂反常的性行為都受禁止，但正常的性交卻可以隨心所欲。我們發現，即使對性自由與性禁忌做如此劃分，仍有許多人被斥之為性反常，另一些人雖努力掙脫這種反常傾向，卻成了精神官能症者。這樣我們便不難預測，如果性自由受到更多的限制，使文明的要求提高到第三時期，即婚姻外的任何性行為均被禁止，情形又將如何？

在文明的第三時期，因衝動比較強大，而站出來公開反抗文明要求的人會急遽增加。同樣，那些衝動較弱的人，一方面要承受文化的壓力，一方面又要抵抗本能的衝動，這種衝動所導致的精神官能症也會猛增。

這樣一來，我們必須回答以下三個問題：

一、在文明第三時期的要求之下，會使個人承擔什麼樣的重負？

二、在禁絕其他種種性行為之後，那唯一合法的性生活帶來的滿足，能否提供足夠的補償？

三、是否因為這種禁慾危害了個人，才因而對文化有益？

要回答第一問題，就不可避免地涉及已引起廣泛爭論的禁慾問題。文明的第三時期，要求男女兩性婚前都要禁慾，獨身者的禁慾則要保持終身。所有的權威人士均認為，禁慾並沒有害處，且不難做到，連醫生也普遍支持這一觀點。然而，可以斷定，要控制住像性本能這樣強烈的衝動，恐怕把一個人所有精力都耗盡，也難以辦到。依靠昇華，即將性本能由性目標移至更高級的文化目標，也只有極少數人間斷地才能做得到，在熾熱強盛的青春期最難做到。至於其他人，則要麼是犯罪，要麼是患上精神官能症。經驗表明，社會上的多數人的天性不適於禁慾。在今日「文明的性道德」要求之下，輕微的禁慾足以使一些人隨時患病，甚至患嚴重的病。我們都知道，如果正常的性生活因先天缺陷或發展障礙受到威脅，最好的補救辦法莫過於性滿足本身。一個人越易患精神官能症，禁慾就越不可原諒。因為構成性慾的各種衝動被阻礙得越多，就越是不易加以準確地控制。即使那些忍受得了第二時期對性所作的那種特殊道德限制的人，也會在進入第三時期之後患上精神官能症。因為性滿足的機會愈少，它在人們心目中的價值就越高，受挫折的原慾隨時都在尋找發洩的出路。由替代的對象求得病態的滿足，由此而形成病狀。每一個深知造成精神官能症原因的人都相信，當代社會中精神官能症者的人數之所以猛增，完全是因為當今社會對性本能的種種限制更趨嚴格的結果。

我們現在進入第三個問題，即合法婚姻之後的性交，能否對婚前性生活受到的限製做出足夠的補償？大量的素材顯示，對此問題只能做出否定的回答，在此我們僅做最簡短的總結。首先需要注意的事項是，「文明的性道德」甚至對婚後的性生活也施以限制，因為夫妻僅用少數的利於生育的動作達到相互滿足，其結果是，令人滿意的性交只有幾年的時間，同時，我們還不得不將由於考慮妻子的健康而節慾的時間扣除在外。如果從婚姻具有滿足性需要的意義上看，三年、四年或五年以後，婚姻也就等於失敗了，因為節育破壞了性快樂，傷害了夫妻間的美好情感，甚至導致疾病的產生。對性交結果的恐懼，首先導致夫妻身體柔情的喪失殆盡，其次是心理情感的隔閡，原先激情似火的愛隨即便蕩然無存了。精神上的失望與肉體滿足的剝奪，使大部分夫妻又回到了婚前狀況，因為這時連婚前那些美好的幻覺也沒有了，他們必須重新用自己的剛毅駕馭性本能，或將其轉移。我們無須追問一個成年男人會節制到何種程度，經驗表明，即使在最嚴格的性戒律面前，他們也會暗暗地利用性自由的便利，放縱自己。這種對男人的雙重道德標準，使得社會本身也認為，那種加於男人的清規戒律是難以奏效的。經驗同樣也昭示，擔負繁衍人類的女性，只有很少的性本能可昇華，雖然嬰兒吮吸時等於找到了充分替代的性對象，但孩子一旦長大替代便不復存在了。我們一再聲明，婚姻的幻滅會使女性患嚴重的精神官能症，並使她們終生蒙上陰影。當今文化下的婚姻，早已不再是根治女性神經疾病的靈丹妙藥。雖然，身為醫生的我們仍勸女孩子們結婚，但我們深深懂得，只有那些相當健康的女孩，才能忍受得了現代的婚姻。如果有些男人向我們徵求意見，我們一定會奉勸他一定不要去娶一個患過精神官能症的女孩子為妻。婚後的偷情倒可以醫治精神官能症。然而，女性受到的教育越嚴格，對文明的要求就越服從，也就越害怕採取這種方式。為了擺脫慾望與責任感的衝突，她仍需要透過精神官能症加以庇護，疾病成了保護她美德的最安全的港灣。婚姻本應能滿足文明人在青春期的性本能，但事實上卻毫無能力。因此，可以肯定地說，它絕不能補償婚前禁慾的痛苦。

承認了「文明的性道德」的危害，第三個問題也就可以回答了。普遍禁慾導致了文化的進步，同時也導致了少部分人患有嚴重的疾病，似乎利大於弊。我必須承認，我不能就得失的輕重做出準確的判斷，但我會對失的方面做出更多的考慮。說到禁慾，我堅持認為，它所帶來的遠不止精神官能症，而且精神官能症的嚴重性，在很大一部分也未充分認識。

我們的教育和文明以延緩性發展和性活動為目的，這種延緩剛開始時當然無害處可言。考慮到受教育的年輕人一般很晚才能獨立並自食其力，這種延緩自然也就是必要的了。但如果對二十歲以上的年輕男子仍實行禁慾，則不可能不受到他們的反對。即使這樣做不導致精神官能症，也會招致其他的危害。可以確切地說，對強烈的本能的抗爭，以及為了這種抗爭而加強了倫理及美學力量，鑄就了人的性格，這對天性的某些方面確實是真實的。但同時還須承認，今日人們的性格差異，大抵與他們壓抑性衝動的程度有關。在大多數情況下，當一個年輕人必須付出全力以贏得社會財產和地位時，對性的抗爭耗盡了他的能量。個體究竟會有多少性活動，能夠將多少性本能用於昇華，存在著明顯的個體差異和行業差異。禁慾的藝術家實難想像，但禁慾的年輕學者卻司空見慣。藝術家的藝術成就受到的是性經驗的強烈刺激，而年輕學者則因對性的控制而專注於研究。總之，我認為禁慾不可能造就充滿活力且自立的人，也難以產生創造性的思想家、勇敢的解放者或改革者，倒是容易造就一批「行為規矩」的弱者，他們在芸芸眾生中失去了自我，並不情願地聽任一些強者的擺布。

儘管人們努力於禁慾，但性本能總是任性而難以改變的。文明教育只可造成對婚前性本能的暫時壓制作用，此後就可讓其任意而為了，一些極端的措施要比壓制更為有效。由於不情願的壓制如此過分，以致當性本能放縱時它卻受到了永久性的傷害。因此，對一個年輕男子而言，徹底的禁慾肯定不適於他結婚。意識到這一點的女子，倒是常選那些在其他女子身上證明其男子氣概的人為丈夫。婚前對女子所施行的嚴格禁慾，對女性產生的惡果更為明顯。顯然，教育之於婚前女子的性壓制，豈止是低估，它幾乎用盡了所有的強制手段，它不僅禁止性交，竭力宣揚性貞操的重要性，而且使她對婚後的角色也一無所知，強忍愛情的衝動，抵制成長中的任何誘惑。其結果是，當父母突然決定其女可以相愛時，她卻難以適應這種心理成就，在對自己的感情毫不確定的狀態下締結了姻緣。這種愛情功能的人為性延緩，使得她對十分鍾情於她的男子只能表現出失望，情感上她仍屬於父母，父母的權威使她產生了性壓制，她表現出十足的性冷淡，致使丈夫難以獲得真正的性快感。我仍不知道未受過文明教育的女子中是否存在性冷淡，儘管我認為這是可能的。然而，無論如何，是教育「孕育」了這一現象。這些從未嘗過性快樂的女子，絕不情願忍受接踵而來的生育痛苦。就此而言，這種婚前準備成了婚姻目的的障礙。許多年之後，雖然妻子克服了障礙，作為女人性愛的高峰期也被喚醒，但她與丈夫的關係早已破裂不堪。作為對以往馴服的獎賞，她的選擇只有慾望的不被滿足，對丈夫的不忠，或患精神官能症。

一個人的性行為，常常規定了他對生活的其他反應方式。如果一個男子充滿活力地去爭取性愛目標，那他也會以同樣執著的精神去贏得其他目標。然而，不管出自何種原因，如果一個人壓制了強烈的性本能所帶來的快樂，他的行為就會比較謙和、順從，性行為與一個人其他生活方式的這種關係在女性身上更易識別。儘管她們對性問題充滿了好奇，但教養卻限制了她們對該問題的理智性思考，她們不時地受到恐嚇，說這不僅不應當是女性所有的，而且還是罪惡的象徵。於是，她們膽怯於對任何問題的思考，於是，知識失去了對她們的價值。這種性領域之外的思想壓制，部分地形成於無法避免的觀念性聯繫，部分則是自動的，就像人們關於宗教思想的壓制，或忠實的人們關於忠誠問題的思考。我認為，女性「生理上的弱智」不能用生物學的智力活動與性活動對立加以解釋。莫比斯即持這種觀點，但遭到了廣泛反對。我認為，眾多女性的智力劣勢是由與性壓制有關的思想受壓制造成的。

關於禁慾，有兩種類型一直未作嚴格區分：禁止一切性活動，還是禁止與異性的性交。許多誇口成功地禁慾了的人，實際上是借助手淫和其他與嬰兒期自體性活動有關的性滿足實現的。然而，這些性滿足的替代方式卻是極為有害的，將性生活退化到嬰兒時期，必將導致各種精神官能症和精神官能症。此外，文明的性道德絕不允許手淫，於是年輕人便陷入了由教育理想所引發的同樣衝突之中。更有甚者，這種放縱從多個方面敗壞了人的性格：首先，它使人不經磨難，靠走捷徑實現重要目標（即追隨性慾決定行為方式的原則）；其次，伴隨著性滿足的種種幻想，使他們將性目標幻化到在現實中無法找到的優秀程度。詼諧作家克勞斯，在維也納出版的刊物《火炬》（*Die Fackel*）中，曾以挖苦的口吻說出了這一矛盾的真理：「性交不過是對手淫的無法滿足的替代。」

文明要求的苛刻及禁慾的困難，使得異性間的性交成了禁慾的焦點，其他的性活動卻受了恩惠，這可叫做「一半清醒，一半糊塗」。由於正常的性交受到了道德的嚴厲摧殘，加之出於衛生的考慮害怕傳染，異性間變態的性交，即取代性器官的其他部位的性活動，無疑會帶來更嚴重的社會問題。對於此類行為，絕不能像對待愛情關係中的性目標一樣，認為是毫無害處的。從倫理上講這是不能接受的，因為它將兩個人之間的愛情關係降低為一種隨隨便便的遊戲，既不富冒險性，也沒有精神的滲透參與。正常性生活出現困難所導致的另一惡果便是同性戀的增多。同性戀，除了由於生理的原因或童年的影響之外，大部分都是在成年後發生的。原慾主流的受阻導致它尋求旁門左道的發洩，即同性戀。

所有這些無法避免、非人所願的後果均是由禁慾造成的，它徹底瓦解了婚姻的基礎。文明的性道德認為，婚姻是滿足性衝動的唯一目的。手淫或其他性倒錯，使男人習慣了不正常的性滿足，從而降低了婚後性能量的發揮；同樣，為保貞操而借助相似方式的女人，必然對婚後的正常性交表示冷淡。雙方若以很低的性能力進入婚姻，那麼瓦解起來也就比什麼都快。男人的性能力低下，令女人無法滿足；強烈的性經驗本可以使女人由教育形成的性冷淡得到克服，然而她卻依然冷淡下去。這樣的夫妻比健康的夫妻也更難避孕，因為性能力低下的丈夫很難適應避孕工具。其結果是，性交由於一次次令夫妻陷於尷尬的境地而不得不放棄，這樣婚姻的基礎也就不復存在了。我請求所有的學者能對我所描述的司空見慣的事實明察秋毫，我對這一事實毫無誇大之辭。對此一無所知的人很難相信，具有正常性能力的丈夫何其少，伴有性冷淡的妻子又何其多，婚姻對雙方禁慾的補償程度何其低，對幸福的實現又少得多麼可憐。我已闡明，在這種情況下，最顯明的惡果是精神官能症。我還要進一步指出，這樣的婚姻還會將其影響波及到一個或幾個孩子身上。粗看起來，還以為孩子的病是遺傳的，其實進一步的觀察就會發現，原來這是童年期強烈印象的結果。由於從丈夫處得不到滿足，妻子會變得神經質。作為母親，她會對孩子特別溫柔和關心，這位實際上是愛的轉移，並導致孩子的性早熟。此外，父母間的惡劣關係又刺激了孩子的情感生活，使孩子在小小的年紀就感受到強烈的愛與恨。嚴格的訓教，使孩子必須壓制性活動，而這種壓制足以在孩子很小的時候就種下終生患精神官能症的種子。

我將重申我的早期觀點：精神官能症的嚴重性，並未引起足夠的注意。我這樣講，並不僅指下列現象，即某人患病後，親人們並不當回事，醫生也只是誇口許願，只要進行數週的冷水浴或休息幾個月，患者即可恢復，這僅僅是一些無知的醫生和外行人的意見，只能給患者以短暫的安慰。恰恰相反，長期的精神官能症即使不能結束一個人的生命，也會使患者背負重壓，像肺結核或心臟病所帶來的惡果一樣。而如果將精神官能症與文明活動分離，僅讓一些天生的弱者患病，其餘的人則充分施展才華，那情形倒好得多，然而事實卻遠非如此。我必須堅持這種觀點：不管精神官能症程度如何，也不管患於何時，總會破壞文明的目的，從而導致被壓抑了的精神力量對文明的仇恨。因此，社會若以精神官能症的增加為代價，換取人們對規範的廣泛服從，那它就不能聲言它得到了什麼，事實上它一無所獲。

讓我們討論一種常見現象，比如，一個婦女本不愛她的丈夫，因為就她的婚前狀況而言，她根本無任何理由要愛丈夫。但從教養所提供給她的理想婚姻上看，她又必須愛她的丈夫，她就必須壓抑能夠表達真情實感的每一種衝動，並盡力實現其理想。她會做出特殊的努力，以使自己成為一個可愛、溫情而體貼的妻子，而自我壓制的結果，無疑便是精神官能症，疾病等於是對不愛的丈夫的報復。其實，由於疾病，丈夫更不能滿足，並對妻子更為擔心，這還不如承認妻子不愛自己的事實更好，這一例子是說明精神官能症結果的最好事實，凡是不利於文明的衝動的壓制，就其補償性而言，像直接的性壓抑一樣，同樣也不會成功。比如，出於對先天殘酷傾向的強烈壓抑，一個男人變得異常的溫柔，而為了壓制其天性，他必須付出很大的能量，結果便不能充分地駕馭其補償性衝動，最終他所做的遠不如不壓制的為好。

我們還應看到，在任何一個團體裡，對性活動的限制，還會導致對生活的普遍焦慮及對死亡的恐懼，不僅干擾了人們享受快樂的能力，而且難以面對死亡。這兩種結果均招致生育的減少，進而使未來的團體利益被破壞。就此而言，我們必須質問：我們有必要為這種「文明的性道德」做出犧牲嗎？尤其當我們仍將享樂主義作為文化發展的目標之一，並努力爭取個人幸福時。作為一名醫生，本無提出改革建議的職責，既然埃倫費斯已描述了「文明的性道德」與現代精神官能症患者增加之間的關係，我在此指出這種性道德對現經精神官能症的蔓延具有嚴重的影響，不過是對埃倫費斯急切建議的支持罷了。

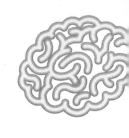

第四章 夢的解析

佛洛伊德釋夢的方法，不是非科學界「象徵法」解夢——即把夢的全部內容看作一個整體，用另一種相似的、易於理解的內容來代替它，進行夢的解析；也不是非科學界「密碼」法解夢——把夢看作一種密碼組合，在這種密碼系統裡，每一個密碼都可以根據固定的方法，轉換成另一種特定的意義。佛洛伊德所使用的釋夢的方法，主要是根據做夢者本人的聯想，也就是根據某一特殊的夢境使夢者聯想到的內容，循序漸進地探討和研究。佛洛伊德指出，夢並不是毫無意義的，也不是人們意識裡混沌、荒誕的產物，夢是「願望的實現」。他第一次較科學地對夢進行了解析，這一創舉是精神分析學的一大勝利，也是人類自身認識的突破。

夢的解析方法

按語：

每個人都會做夢，這是極具普遍性的事。在古希臘，亞里斯多德把夢解釋為「關於日間所見回憶的重新編排」，做夢者由於靈魂不得安寧，因而記憶的碎片就會產生意念作用；而佛洛伊德的出現，徹底打破了這種單純依靠現實存在解析夢境的慣例，因而他被稱為是第一位深刻揭示人類內心活動的人。在此，佛洛伊德指出，夢的確具有某種意義，它是很多心理因素積累起來，可以對它分段研究解析。

從本能的推斷來看，每一個夢都有各自的某種含義，而這種含義是非常隱蔽的。夢是其他思想的替代物，要挖掘它隱藏的含義，我們只要先找到這種替代物，就可以發現夢的真正含義了。

非科學界很早以前就關心「解夢」的問題，在他們的探討中採取了兩種從本質上不同的方法。

第一種方法，是把夢的全部內容看作一個整體，用另一種相似的、易於理解的內容來替代它，進行夢的解析，這就是「象徵法」解夢；第二種方法與第一種完全不同，它把夢看作一種密碼組合，在這種密碼系統裡，每一個密碼都可以根據固定的方法，轉換成另一種特定的意義，這就是「密碼法」解夢。

在此，我所使用的解夢的方法完全不同於上述兩種，我主要是根據做夢者本人的聯想，也就是根據某一特殊的夢境使夢者聯想到的內容，循序漸進地探討和研究。我之所以不使用上述兩種方法，是因為它們得出的結論是不完全可靠的。「象徵法」不可能為所有的夢找到合適的替代品；「密碼法」一切全靠《解夢書》，而這一關鍵事物並不能讓人信服。不可否認，在某些情況下這兩種方法得出的結論也是合乎情理的，但是，我仍堅持自己的觀點：夢是具有某種意義的，而且用科學的方法去解釋，是完全可能的。

我所採用的解夢法，與通俗的、傳統的「象徵法」已有很大的差別，而與「密碼法」有些相似。其相同之處在於把夢分解成片段，而非整體來看。它從一開始就把夢看成是複合的，夢是很多心理因素積累起來的，可以對它進行分段而非整體的研究。

我在精神研究的過程中，已分析過不少於一千個夢例，但在目前對釋夢的技術及理論介紹中，我尚不能採用它們作為素材，因為這會招致反對，說它們是那些患有心理疾病的人的夢，不足以推斷正常人所做的夢。我不使用這些夢例，就只好用一些我所認識的正常人偶然提及的夢、以及一些我早在「夢生活」的演講中提及的夢例。不幸的是，這樣的夢例我無法透過深刻的分析來尋求它們的真正含義，畢竟我釋夢的方法不同於「密碼法」——只要有一本《解夢書》就萬事大吉。同樣的一個夢，在不同的人、不同的背景下，我認為它會有不同的意義。

因此，我只能分析自己的夢了。這些夢提供了既豐富又方便的素材，它們來自一個正常人並與日常生活中的事有種種聯繫。當然，有人會懷疑這種「自我分析」的可靠性，而且有人會說我可以對它們做出任何結論。但據我的判斷，自我分析要比分析別人更貼切、更真實。不管怎樣，我們可以實驗，看一看我們的自我分析對釋夢能發揮多大的作用。

自我分析，從我自身而言，仍須克服另外一些困難，即我們每個人都不願意暴露出自己過多的隱私，另外還會擔心別人由此而對自己產生誤解。但克服這些困難還是可能的。德爾波夫曾經說過：「每一個心理學家都有責任承認自己的弱點，只要他認為有助於某個困難問題的解決。」在此我相信，讀者們會由於「夢的解析」所帶來的樂趣，而原諒我的輕率和無禮。

為了說明我解夢的方法，我將在這裡以我本人的一個夢為例。因此，我希望讀者們暫時把我個人的興趣當作你們自己的興趣，跟我一起分析我生活中的一些瑣事，因為只有如此，才能探尋出夢的隱蔽含義。

一八九五年夏天，我曾替一位年輕的女士做精神分析治療，她與我以及我的家庭關係都很融洽。這十分明顯，作為一個精神分析醫生來說，處在這樣的關係之中，意味著將有許多麻煩的情感產生：醫生個人興趣越大，他的權威性就越小；而任何治療上的失敗，都會影響相互之間的友誼。但事與願違，她的治療過程並不順利，我竭盡所能只能使她不再產生「歇斯底里的恐懼」，然而對她生理上的一些病症我卻無能為力。那時我還沒有確立歇斯底里治療的標準，我一向都認為還有更有效的方法，所以我提出了一個比較有效、但患者難以接受的「治療方案」，最後還是由於患者的拒絕而停止了治療。

一天，我的同事奧圖（Otto）去看望了這位患者伊瑪。奧圖回來後，我問起伊瑪的情況，他回答說：「看上去是有所好轉，但並不明顯。」——話語中帶有些許不滿和指責。我覺得奧圖的態度完全是因為受了伊瑪親屬的影響，因為他們從來沒有對我的治療持贊成的態度。我並不介意這件尷尬的事，也沒有向任何人提及我的不滿。那天晚上，我把伊瑪的全部治療過程詳盡地寫了下來，寄給了M博士（他可以稱得上這一領域的權威），我想讓他指點一下我的治療方案是否真的一無是處。那天夜裡，我做了如下一個夢，我醒來後立刻記錄了下來。

一八九五年七月二十三日～二十四日的夢

我在一個大廳裡接待許多客人，伊瑪也在其中，我立刻把她帶到一旁，不問青紅皂白地指責她為什麼這麼久也不能接受我的「治療方案」。我對她說：「如果妳現在仍覺得痛苦的話，那是妳的責任。」她回答說：「你不知道我最近十分難受，喉嚨、腹部和胃都非常地痛。」此時我才注意到她臉色蒼白，而且有些浮腫，我開始暗自為自己治療方案裡忽略的一些地方感到憂慮。我把她領到窗前，想檢查一下她的喉嚨，但她顯得很不情願，就像那些鑲著假牙的淑女們一樣，極不情願地把嘴張開，我想她大可不必如此。我發現在她的喉嚨的右邊有一大塊白斑，同時我還發現在她的口腔內，還有很大一片灰白色的斑點群，就在像鼻內的「鼻甲骨」一樣奇特的捲曲結構上。我立刻把M博士叫來，他也檢查了一遍，證實的確如此……今天的M博士看上去與以往不同，臉色蒼白，走路似乎有些跛，而鬍子刮得乾乾淨淨……當時奧圖醫生也在伊瑪身旁，我的朋友利奧波特醫生，隔著伊瑪的衣服聽診了她的胸部，最後說她胸部左下方有濁音，同時他還發現她左肩上的皮膚有滲透性病變（儘管隔著衣服，我們也注意到了）……M博士認為：這無疑是由感染引起的，不過並無大礙，只要服用一些瀉藥，毒素就會排除了。但我們每個人都清楚地知道這是怎麼感染的——不久前，奧圖醫生在給伊瑪治療時為她注射了一針——丙基和甲基製劑：丙烷基……丙酸酯……丙酸尿……三甲胺。事實上，在日常的治療過程中，我們是不會輕易地使用這些藥物的，還有一點就是，當時使用的針筒很可能未經消毒。

這個夢也許在許多地方都非常荒唐，但有一點可以肯定——那天白天所發生的事是這個夢的起因。那天奧圖告訴我關於伊瑪的病情，我一直寫病歷到深夜……這些情景在我入睡前始終縈繞在心頭，以至於我做了這麼一個離奇的夢。說句實話，這個夢許多內容連我自己也搞不清楚：伊瑪的怪病產生的症狀、注射丙基和甲基製劑、M博士慰藉的言辭等等，都讓我困惑不解。在夢的結尾時我感到比開始時更模糊，而且內容也更凝縮。為了發現其中的意義，我必須細緻地分析。

分析：

一、我在一個大廳裡接待許多客人。

當時我們正在貝爾維尤（Bellevue）度夏，那是一座聳立在卡倫貝格（Callenberg）附近山頂上的房子。那所房子原是設計為娛樂場所的，所以客廳特別大。做這個夢的時候，正是我妻子生日的前一天，我妻子告訴我，她打算邀請一些客人來參加生日派對，伊瑪也在其中。於是我的夢就預先展示了那時的情景：我妻子生日那天，來了許多客人，共中包括伊瑪，聚在貝爾維尤的大廳裡。

二、我指責伊瑪還不能接受我的「治療方案」，並且說：「如果妳現在仍覺得痛苦的話，

那是妳的責任。」

在我清醒的時候，我很可能對她說過類似的話語。我當時就是這個看法（儘管從那以後我認識到了這種看法是不對的）——認為我只要能對患者說出隱藏在她症狀背後的真正病因，我的任務就算完成了；至於她是否採用我的方法，那就是她的責任了。我注意到我在夢中對伊瑪說的話正是急於向她表明，她的病不能痊癒，並非是我一手造成的，而是她自己的責任。這個夢的目的不正是如此嗎？

三、伊瑪說她喉嚨、腹部和胃都非常地痛。

胃痛是伊瑪原本就有的症狀，但並不嚴重，只是她常抱怨說感到噁心，想嘔吐；然而喉嚨痛以及腹部痛卻是她幾乎沒有過的症狀，至於夢中為什麼會出現這樣的情景，至今我仍困惑不解。

四、她看起來臉色蒼白，而且有些浮腫。

事實上伊瑪的臉色始終是健康的，我懷疑是在夢中另一個人代替了她。

五、我為自己治療方案裡忽略的問題感到憂慮。

大家都清楚治療精神、心理疾病的醫生們常常有一種警覺心理——擔心會把一些器官性疾病當歇斯底里來診治，而其他領域的醫生，也許只會把這些症狀當作器官上的疾病來處理。所以，夢中的憂慮也許是由這種警覺引起的。但還存在著另一種可能：假設伊瑪的病只是器官功能上的疾病引起的話，我所使用的針對歇斯底里的治療方案，當然對她毫無用處；若真如此，我就是治不好她的病也不必受到責備了。所以，在潛意識裡，我也許會希望我把伊瑪的病誤診為歇斯底里了。

六、我把她領到窗前，想檢查一下她的喉嚨，但她顯得很不情願，就像那些鑲著假牙的淑女們一樣，極不情願地把嘴張開。

我從沒有檢查過伊瑪的口腔。但這個夢中情景也許是我混淆了——不久前，一位非常富有、外表年輕漂亮的女患者來找我看病，我要求她張開嘴，她卻想方設法掩飾她的假牙。伊瑪站在窗邊的情景，讓我回想起了另外一件事：伊瑪有一位親密的女性朋友，我對她的印象很好。一天晚上，我曾拜訪這位女士，當時她正在窗邊站著，就是夢中的那個情景。當時M博士正在幫她看病，檢查的結果也如夢中的一樣——在她的喉嚨深處發現了類似白喉症狀的黏膜。在上面的敘述中，M博士、白色的斑以及窗戶都在我夢中出現了。對於伊瑪的朋友，我很早就認為她是歇斯底里病患者，我之所以有此觀點，是因為她的確常歇斯底里地發瘋，在此我的夢顯然是把伊瑪和她的這位朋友混淆了。直到現在，我仍然記著伊瑪的這位朋友，我甚至希望她會來找我看病，但我非常清楚地知道，她是不會輕易這樣做的，因為她是一個很保守的女人。至於「不情願」，我也猜想很可能是對伊瑪的朋友說的。假牙可能是源於那忸怩作態的女人，那麼蒼白和浮腫又是怎麼一回事呢？伊瑪和她的朋友並沒有那樣的特徵。於是，我又想起了另外一個女人。她也不是我的患者，而且我也不願意接收她為我的患者。我感到她在我面前忸怩不安，所以我想她未必是一個很聽話的患者。她平時臉色蒼白，而且當她身體相當好的時候也顯得有些浮腫。從這些人物可以看出，夢中的伊瑪是這幾個女人的複合體，而且她們都有一個共同的特點——都拒絕接受我的治療。那麼我又為什麼會在夢中用這些人替代伊瑪呢？有可能是我比較關心她罷了，或是我喜歡調換一下，也許我認為她們比伊瑪更聰明，因為她始終拒絕接受我的治療，而其他女人會更容易接受一些。

七、我發現在她的喉嚨右邊有一大塊白斑……就在像鼻內的「鼻甲骨」一樣奇特的捲曲結構上。

白斑讓我想起了伊瑪朋友所患的白喉，又使我想起兩年前我大女兒得的絕症，還有在那段焦慮的日子裡我們所經歷的痛苦感受。「鼻甲骨」讓我想到自己的健康問題，當時我常服用「古柯鹼」來治療鼻部的腫痛。幾天前，我聽說我的一個女患者學習我服用這種藥，結果引起了鼻黏膜腫塊。我在一八八五年極力推薦「古柯鹼」的醫療價值時，曾招來許多人的反對，而有一位好友，也因大量服用「古柯鹼」而導致了死亡。

八、我立刻把M博士叫來，他也檢查了一遍。

這正反映了M博士在我們這一行的地位，但「立刻」卻需要做進一步的解釋。這使我想起一次悲劇性的經歷：有一次，我替一位女患者治療，要她服用了過量的當時認為沒有副作用的雙乙磺丙烷，結果引起了嚴重中毒。於是我立刻叫來比我年長的同事，求他幫助。這位女患者的名字和我那患有絕症的大女兒的名字一樣，想必這是上帝對我的懲罰吧！她們都叫瑪蒂拉爾，我沒有醫治好那位患者，最後也沒有醫治好我的女兒。唉，一報還一報！在我的潛意識裡，我常常為自己的醫德問題而感到內疚和懊悔。

九、M博士臉色蒼白，走路似乎有些跛，而鬍子刮得乾乾淨淨。

實際上，M博士不健康的臉色的確讓朋友們擔心。而其他的兩個特徵只能歸結到別人身上。我想到了我僑居國外的哥哥，他總是把鬍子刮得乾乾淨淨，而且他與M博士長得有幾分相像，而他近日來信說，因關節炎行動不便。我之所以將這兩個人混在一起是有原因的——那就是他們最近都拒絕了我給他們提出的一個建議，對此我不太高興。

十、奧圖醫生也在伊瑪身旁……最後說她胸部左下方有濁音。

利奧波特是醫生，是奧圖的親戚，由於他們兩人是同行，所以一直都存在矛盾。記得我在兒童精神科工作時，他們都是我的助手，這兩人性情不同，給我留下了很深的印象。奧圖思維敏捷、做事幹練；而利奧波特沉靜穩重、辦事認真。在這夢裡，我是在讚賞利奧波特的細心，這的確反映了我個人情感上的問題，就像我對伊瑪的那位朋友一們。現在我清楚了我的思想在這個夢中的運行軌跡——從我沒有醫好的患者瑪蒂拉爾到我死去的大女兒，再從兒童精神科到利奧波特與奧圖的對比。至於夢中的「濁音」，它使我想起了一次門診的經歷，我、奧圖，還有利奧波特一起給一位患者看病，我與奧圖在檢查完之後都沒有發現異樣，是利奧波特發現了這位患者胸部左下方有濁音，最後診為結核病。除此之外，也許我的潛意識裡有一個設想：如果伊瑪也像那個被確診為結核病的患者一樣就好了，那她就不會有這樣難以診斷的病症了。

十一、肩上的皮膚有滲透性病變。

這使我想到我自己肩上的風濕病，每當我工作到深夜時，我都會明顯地感到它的發作；另外，「滲透性病變」很少是用來指皮膚上的毛病，一般都是用來指肺部問題，如習慣性的說法「左上後部滲透性病變」，再次讓我發現我是多麼希望伊瑪的病只是那種易診斷的結核病，而非這樣複雜的病症。

十二、儘管隔著衣服。

這只是一個插入語，我們在給兒童檢查時一般都叫他們脫掉衣服，但對於女性患者來說這是很難辦到的。據說，有一位很有名的醫生，他在給患者檢查時就不讓患者脫掉衣服，卻一眼就能看出患者的病症，所以很多女性患者都願意去他那裡看病。

十三、M博士認為：這無疑是由感染引起的，不過並無大礙，只要服用一些瀉藥，毒素就會排除了。

這可以看作是一句安慰的話，其語境可能如下。我的夢前面的內容，是我的患者的病是因為嚴重的器官性感染，真是這樣的話，就可以推卸我的責任。因為精神治療並不對白喉的長期不癒（會引發局部炎症感染，並導致別的併發症）負任何責任。不過，我為了洗清自己而把這樣一種嚴重的疾病加到伊瑪身上，又顯得是那麼殘酷無情。也許是自責的緣故，於是就有了「並無大礙」這句話。可在夢裡出現這句安慰的話，是多麼可笑與荒唐！

我聽說一些江湖遊醫，相信白喉的毒素可以從腸道自動排出，因此在夢中，我可能把M博士視為這種遊醫來嘲弄了。也許還有一件事與這有關——幾個月前，有一個消化不良的患者找我看病，我確信他一定患有歇斯底里，但其他醫生卻都診斷他是營養不良和貧血症。我當時沒有給他進行精神治療，只是勸他到國外旅遊一番以得到很好的放鬆和休息。就在前幾天，他從埃及給我寄來一封信，說他在那裡又一次發作，那裡的醫生診斷為「痢疾」。我覺得有些可笑：明明是歇斯底里症，怎麼能說成「痢疾」呢？一定是埃及醫生搞錯了。想到這裡，我的內心開始責備自己了——為什麼要出這樣一個壞主意，讓一個患病的人去那種很容易感染痢疾的地方呢？另外，在德文中，痢疾和白喉這兩個詞發音又很相近，這使我在夢中把它們弄混淆了。

夢中的這句話，是由M博士親口說出的，這很可能是我在夢裡取笑他。記得一次，他與一位同事一起去診治一個女患者，M博士發現她的尿液裡含有大量的蛋白質，並以此表示這位女患者已瀕臨死亡了；然而那位同事卻不以為然地說：「這並不能說明什麼，並無大礙。」因此，我在夢裡有意取笑了這位連歇斯底里都看不出來的醫生。我想M博士可曾想過伊瑪的那位朋友，不是結核病而是歇斯底里呢？又會不會是他看不出而誤診了呢？我在夢中取笑M博士又出於什麼動機呢？這可能只有一個目的——出於報復。因為他和伊瑪都曾反對過我。所以我在夢中認為伊瑪是咎由自取，而M博士則說出這樣荒謬可笑的話。

十四、我們每個人都清楚地知道這是怎麼感染的。

夢中知道這種情況是很離奇的，在這之前我們根本不知道這件事，是利奧波特發現的。

十五、不久前，奧圖醫生在給伊瑪治療時為她注射了一針。

奧圖的確到郊區看過伊瑪，但那是因為那裡的旅館有位急診的患者，他去給那位患者打針，順便看一看伊瑪，而且也許並未給伊瑪打針。由此看來，這句話是我對這件事的聯想。

十六、丙烷基……丙酸酯……丙酸尿。

我怎麼能想到這些呢？在我做這個夢的前一天，奧圖送了我一瓶酒，酒瓶上標著「愛納司」，這個酒名的讀音正好與伊瑪的姓相似，所以我在夢中把這些都聯繫到了一起。後來，因為這瓶酒散發出強烈的戊基氣味，所以我很想扔掉。但我妻子卻建議我把這瓶酒送給僕人，出於謹慎我沒有同意，因為我不能讓他們中毒。戊基使我聯想到了丙基、甲基等一系列藥物，夢中情景得到了解釋，這種替換在有機化學中也是容許的。

十七、三甲胺。

在夢中我的確看到了三甲胺粗體標出的化學結構式，但它對我來說又有什麼特殊之處呢？這使我想起了同另一位老朋友的談話，他告訴我一些關於性學的研究成果，並提到了性激素在新陳代謝過程中產生的一種介質物，這種介質物的名字正是三甲胺。所以，很有可能我在夢中用三甲胺替代了性。在我的研究過程中，性是一個重要的研究課題。如果我必須把伊瑪與性聯繫在一起的話，那是由於伊瑪是一個寡婦，因此很可能是因為性方面的原因使伊瑪患上了這樣的病症。或許我不應該這樣想，但它似乎與夢很吻合。

十八、在日常的治療過程中，我們是不會輕易地使用這些藥物的。

這句話是直接針對奧圖的，以表達我的不滿。因為那日奧圖跟我說伊瑪的事時，我就暗自埋怨他這麼輕易地相信了伊瑪家屬的言辭。除此之外，這句話讓我想起我那位太輕易地注射「古柯鹼」而已故的朋友，以及那個與我大女兒同名的女患者，直到現在，我仍擺脫不了內心的譴責和懊悔。

十九、針筒很可能未經消毒。

這又是針對奧圖而言的，但卻有其他來源。我有個八十二歲的患者，她每天來打兩針嗎啡，在做夢的前一天她的兒子碰到我，他告訴我說她現在在鄉下，患了靜脈炎，我想這一定是針筒不乾淨所致；同時，我也慶幸兩年來我從未讓我的患者有過類似的感染，我為我謹慎的行醫方式而感到自豪。這句話也使我回想起我的妻子，她在生大女兒的前夕，就因為注射的原因而感染了「血栓症」。就這樣，在這個夢中，我很可能又把伊瑪、八十二歲的患者以及我的妻子混在一起了。

現在，我完成了對這個夢的解析。在解析的過程中，我已盡了最大的努力揭示這個夢的真正含義。從整個夢來說，我找了貫穿其中的思想，那就是我做這個夢的動機。這個夢實現了我的一些意願，這些意願起源於那天晚上奧圖對我說的那些話，以及我給M博士寫的那封關於伊瑪病情的信。經過我的分析，整個夢的結果就在於說明伊瑪之所以未能痊癒，這並不是我的過錯，應該是奧圖造成的。因為奧圖在告訴我伊瑪的情況時，當時我心裡就生了他的氣，於是出於報復，我做了這個夢。夢中的一些情形使我逃避了對伊瑪應負的責任，因此，這個夢也展現了我心裡的一些想法。所以，我可以這樣說：「夢是有動機的，而這個動機就是人們潛意識裡的某種意願，在夢中這種意願得以實現。」

這個夢裡還有其他一些細節，似乎與我要證明伊瑪的事概不負責的主題沒有關係。比如說，我女兒的病，那與我女兒同名的女患者的病、「古柯鹼」的害處、那到埃及旅行的患者的病情，以及我對我太太、我哥哥、M博士健康的關心和我自己的健康問題、我那患有化膿性鼻炎的已故的朋友等等。如果我再從這些紛亂的細節中，找出其中相同的意義，那就是我對自己與別人健康的關心，即我的職業所具有的良知。我現在仍記得很清楚，那天晚上奧圖告訴我伊瑪的情形時，我的內心確實感到一種無法言喻的不快：最終在夢中的某些部分，發洩了這種不快的感覺。當時的感覺就像是奧圖對我說：「你並不重視你的醫德，你缺乏良知，你不實踐你的諾言。」所以，我在夢中就想方設法地證明自己是一個很有良知、很關心親朋和患者的醫生。在夢中也存在著一些痛苦的回憶，這更證實了奧圖的指責，而不贊成我的自我表白。從其內容看來這並不是某種袒護；夢中這些較為廣泛的思想與這個夢的主題（我對伊瑪的病沒有責任）確實存在著關聯。

當然，我不想佯稱我已經揭示了此夢的全部含義，也不敢保證我的釋夢無懈可擊。我願意再用多些時間去發現更多的資訊，並討論它所提出的新的問題，甚至可以更深刻地反映出我個人的心理情況。如果誰認為我的分析不夠徹底與清楚的話，那麼可以對自己的夢進行一番更直接、更可靠、更透徹的分析。對於我的這個夢的分析，我很滿意得到的那個結論。透過對夢的分析，我們會發現，夢真的是有意義的，而不是如某些權威所說——只是由於人腦的部分散亂無序活動的表現。當我們的解釋告一段落的時候，我們認識到——夢是人們潛意識裡願望的實現。

夢是願望的實現

按語：

夢真的猶如空中樓閣嗎？佛洛伊德指出，諺語有云：「鵝夢見什麼？牠夢見玉米。」「豬夢見什麼？牠夢見粟。」夢完全是一種有效的精神現象——願望的實現。

在前面的分析中，我們發現夢代表著人們潛意識裡願望的實現，認識到這一點，我們就突破了解析夢的第一個難關。夢並不是毫無意義的，也不是人們意識裡混沌、荒誕的產物。相反，它完全是一種有效的精神現象——願望的實現。它是在高度錯綜複雜的思想活動中產生，是一種清醒狀態下精神活動的延續。

到這裡，我們已經發現了夢是願望的實現這一本質，那接下來的任務就是確立它是所有夢的共性，還僅僅是我們剛剛分析過的那個夢的特徵？儘管每一個夢都有各自的隱意和精神價值，但這些隱意和精神價值是不可能完全相同的。前面我們分析的那個夢無疑是願望的實現，也許另一個夢可能是恐怖的實現，還可能有些夢的內容只是沉思，也有的只是對記憶的再現等等。那除此之外，我們是否還能找到其他的夢境呢？

要證明夢常常是直觀的願望實現並不難，但夢特有的語言長期不能被人理解，倒是一件令人驚訝的事。比如一些夢，只要人們願意，就可以把它喚醒，就好像做實驗那樣。如果我晚上吃了鯷魚、橄欖或其它一些很鹹的食物，在夜裡就會因為口渴而醒來，但睡醒前往往有一個夢，而且內容大都相似——我正在喝水。我夢見我在開懷暢飲，那水的滋味甘甜無比，猶如清泉一般；而在我清醒後，發現自己真的口渴。我清醒後意識到：正是因為自己口渴，才做了那樣一個夢。口渴便產生了要喝水的願望，而夢卻把這一願望表現為已經得到滿足。

由此我們不難發現：夢是在執行某種功能。我睡覺比較沉，不易因一些身體的需求而醒來，如果我能在夢中喝水解渴，那麼我一般是就不會醒來、真的去喝水。這個夢是一種方便的夢，取代了日常生活中一些真實的行動。儘管這個喝水的夢與我報復奧圖和M博士所做的夢不一樣，但這兩個夢的意向是一致的。

不久前，我做過一個類似的夢，它只是稍稍有些變化而已。我在睡前就感到口渴，於是喝了放在床邊桌子上的一杯水；幾個小時後，我又覺得很口渴，但這一次卻不是那種簡單便利的夢了。我為了喝水，就要站起來去取杯子，而杯子在我妻子床邊的桌子上。於是我做了一個與情景十分適合的夢：我沒有站起來，而我妻子將一個裝水的瓶子遞給我，那瓶子是我去義大利旅行時，帶回來的伊特拉斯卡人的骨灰瓶，而且我早已將它送人了。瓶子裡的水很鹹（因為瓶子裡有骨灰），於是我被驚醒了。我們可以注意到，夢中的一切都很合情合理。因為做夢的唯一動機就是願望的實現，所以它的內容是完全利己的。貪圖舒適和方便，與為別人著想始終是相互矛盾的。夢中的骨灰瓶可能是另一個願望的實現，我對那個骨灰瓶不再歸我所有而感到遺憾，就像那杯在我妻子床邊的水我卻拿不到一樣。骨灰瓶與我感覺到的鹹味很相符，其目的就是讓我醒來。

像這樣的夢，我年輕時經常做。我記得那時我常工作至深夜，第二天早晨也很難起床，我常常夢見我已經起床並且站在洗臉盆旁；可過沒多久，我會發現原來我仍在床上，並沒有起來。我有一個年輕的同事，他也有這種早晨睡懶覺的習慣，他曾講過一個十分有趣、而且很有條理的這種夢：他住在醫院附近的一個公寓裡，他讓女房東每天早晨都要叫他按時起床，以免上班遲到；可女房東發現這件事做起來很難。一天早晨，他睡得很熟，女房東叫他起床：「培爾先生，快醒醒，該去醫院了。」他在聽到喊聲後做了這樣一個夢：他躺在醫院的一張病床上，床頭還掛著一張小卡片，上面寫著「培爾．H，醫科學生，二十二歲。」這時他在夢中順口答道：「我已經在醫院了，還去什麼醫院？」接著他翻了個身又睡著了。他的那句話就暴露了這個夢的動機。

還有一個夢例，也是實際睡眠中的刺激產生了作用。我的一位患者，她做過一次下顎手術，手術不太成功，於是醫生叫她在下顎一側戴上一個冷敷器，而且日夜都不得取下；可是每當她睡覺時，她就會把它丟到一邊。有一次，她又拿掉了冷敷器，我就責備她。她說：「其實我也不想這麼做，那都是我在夢中的所為——我夢到我在劇院包廂裡看表演，突然想起了正在醫院裡忍受痛苦折磨的卡爾．梅耶先生，我就不禁想到自己的下巴沒有病痛，那我為什麼還要做冷敷呢？於是，我便順手把它拿掉了。」她的這個夢使我想到：如果我們的心理或身體感到難受的話，我們常常會產生一種擺脫現狀的強烈願望，而她的夢正是這種願望的實現。她夢裡提到的卡爾．梅耶先生是她的一位朋友，而她在夢中把自己的痛苦，轉移到了這位朋友的身上了。

夢是願望的實現，在我所收集的其他正常人的夢中，也是很常見的現象。一位對我的研究工作很感興趣的朋友，對他的妻子談論了這些理論，一天他對我說，他的妻子做了一個夢，夢見來了月經，讓我解釋一下這個夢的意思。這其實很好理解：一個已婚的年輕婦女夢見她來月經，意味著她希望來月經。我完全可以相信，她希望在擔負做母親的責任之前，還能有一段自由自在、無拘無束的生活，這就是表明她已經懷孕了；而我的另一位朋友寫信告訴我她妻子做了一個夢，夢見她的衣服上有許多奶漬，這個夢也說明這位太太懷孕了，但不是第一胎，這位年輕的母親希望生第二個孩子，能比生第一個孩子有更多的乳汁。

一位年輕婦女因為照顧一個患傳染病的孩子，一連幾個星期沒有參加社交活動。她做了一個夢，夢見孩子康復了，自己參加了一個舞會，在那裡她遇到了阿爾芬．都德、保羅．布爾熱以及馬爾賽、普勒奧斯特，他們都對她很友善，而且談吐風趣幽默。這些作家們和他們的畫像一樣，只有馬爾賽除外，因為她沒見過他的畫像，但他看上去卻像前天來病房消毒的防疫官員，這是她這麼多天來見到的第一位來訪者。所以，這個夢可以理解為：我應該參加一些娛樂活動，而不是在這邊長期照顧患者。

不論我們所做的夢多麼複雜，它們中絕大部分都可以理解為「願望的實現」，而且它們隱意是很容易看出來的。它們大都是簡短的夢，這與那些複雜的夢形成明顯的對比；而引起權威學者們注意的，主要是後一種夢。但儘管如此，我們仍要花一些時間和精力來研究一下那些簡單的夢。

從兒童身上可以發現這些簡單的夢，因為兒童的精神活動比成年人簡單，正如研究低等動物的結構或發展有助於研究高等動物一樣，兒童心理學的研究也一定有助於對成人心理學的理解。孩子的夢常常是最簡單的願望的實現，這比成年人的夢更加明瞭、淺顯。儘管它們非常枯燥，卻依然能提供有價值的證明——夢的本質是願望的實現。

我曾在我的孩子身上收集了不少這樣的夢。

一八九六年夏天，我們全家到哈施塔特（Hallstatt）旅遊，我那五歲又三個月的兒子做了一個夢。我必須說明一下，那時我們住在靠近湖的小山上，天氣晴朗時，我們可以看到達赫施泰因山，如果用望遠鏡，就能清晰地看到山上的西蒙尼小屋，孩子們常常用望遠鏡來看它。在出發前，我對孩子們說，我們的目的地哈施塔特就在達赫施泰因山的山腳下。他們聽了都十分高興。由哈施塔特再入耶斯千山谷時，孩子們因那變幻的景色而興奮不已。但是不久，五歲的兒子有些不耐煩了，只要看到一座山，便問：「那就是達赫施泰因山嗎？」而我每一次都得說：「不，這只是它下面的一座小山。」就這樣幾次以後，他就再也不說話了，甚至拒絕跟我們一起去一個陡坡上看瀑布。當時，我想他一定是累了；但第二天早晨，他就滿臉高興地跑來說：「昨晚我夢見我到了西蒙尼小屋。」這時我才明白，當時我說要去達赫施泰因山時，他就期待著到他天天用望遠鏡憧憬的西蒙尼小屋。而一旦獲知他只能以山腳下的瀑布為終點時，他就失望、不滿足了，但夢使他得到了補償。我曾試圖詢問這個夢中的一些細節，但其內容卻十分空洞——「你走六個小時的山路就可以到了」——這全是他從別人那裡聽來的。

我的朋友也曾告訴過我一個與我兒子十分相似的夢。夢者是一個八歲的小女孩，她父親帶著幾個孩子步行去維也納附近的多恩巴赫山區看洛雷爾小屋。但因動身太晚只得中途返回，答應孩子下次再去。在返回的途中，他們看到一個去哈蜜歐的路標，孩子們便吵著要去哈密歐，但父親以同樣的理由拒絕了，也答應改天再帶他們去。第二天一早，這個八歲的小女孩十分高興地對父親說：「爸爸，昨天夜裡我夢見你和我們一起去了洛雷爾小屋和哈密歐了。」她已迫不及待地事先完成了她父親的許諾，實現了自己的願望。

記得我的二女兒三歲又三個月的時候，我帶她去奧斯湖遊玩，那是她第一次穿越奧斯湖，也許是在湖上停留的時間太短，所以到岸時她不肯下船，而且哭得很傷心；第二天清晨，她告訴我她做了個夢，在夢裡她又去了奧斯，無疑這個夢使她的願望得到了實現。

我八歲的大兒子，曾做過實現幻想的夢：他夢見他與阿基里斯（Achilles，希臘神話中的第一勇士）一起在戰車上馳騁沙場。原來前一天他的姐姐送給他一本《希臘神話》，他讀了之後興奮不已。

如果把兒童的夢囈也算在夢的領域的話，我可以舉一個我所有夢例中年紀最小的孩子的夢。我最小的女兒在十九個月的時候，一天早晨她嘔吐不止，整天都沒吃東西；而當天晚上，我聽到口齒不清的夢囈：「安娜．佛（洛）伊德，草莓、野（草）莓、煎蛋（餅）、布登（丁）、麵包粥……」那時她總是習慣先說出自己的名字，然後加上她想要的東西。她在夢中說出的一大串食物的名字一定是她最想吃的食物。「草莓」一詞她重複了兩遍，而且有一定變化，實際上表示的是一種抗議。醫生把她身體不舒服歸咎於草莓吃得太多，因此她在夢中就表示出對這種不受歡迎判決的不滿。

我不知道動物都夢到什麼，但我一個學生所說的一個諺語卻引起了我的注意，諺語是「鵝夢見什麼？牠夢見玉米」；而費倫奇（S. Ferenczi）也曾記載過一句匈牙利諺語「豬夢見什麼？牠夢見粟」。關於夢是願望的實現的理論，幾乎可以概括在這兩句諺語之中。

透過上面那些簡單的例子，我們可以知道夢裡隱含著的含義。當然，現實生活中有許多諷刺和貶低夢的話，如科學家們經常所說的「夢猶如空中樓閣」等。但一般而言，夢確實是反映了「願望的實現」。比如，生活中發生了出人意料的事情時，我們往往會情不自禁地感嘆說：「啊！這件事我連做夢也想不到。」

夢的改裝

按語：

有些夢，乍看之下與「願望的實現」並無關聯，但只是需要經過更深入透徹的分析，才能看出它的真正意義。因為，當人們對夢中所反映的願望存在疑慮的時候，就會使這個願望以改裝後的形式出現。這一改裝猶如為夢蒙上了一層面紗，掩蓋了這個夢的真正意義。如果不能揭開面紗，我們將永遠也無法看清它的真實面目。

如果我就此斷定所有的夢都體現了「願望的實現」的話，肯定會招致最強烈的反對。那些反對我的人會說：夢可以被解釋為「願望的實現」的說法，其實並非創舉。因為一些研究過夢的學者們如拉德斯托克、弗爾克特、普金吉、格利新格等都有過這樣的結論。但要說「願望的實現」是每一個夢的共性的話，那就太絕對了，並且這是一個完全不符合客觀情況的結論。

除此之外，還有許多夢是由悲哀的內容構成的，而這些夢中並沒有「願望的實現」的跡象。烏依德和哈拉姆就曾用她們自己的夢，以統計數字表示出夢較多失望沮喪的內容。她們發現57.2%的夢是不快樂的，而愉快的夢僅占28.6%；另外，除了那些出現痛苦情感的夢以外，還有一種使人無法忍受就是致讓人驚醒的噩夢。這些夢的出現，自然使「夢是願望的實現」的說法無法立足。

要反駁以上那些言之鑿鑿的「真理」並不難。因為我們對夢的解析，並不僅僅局限於夢的顯意，而且是以研究夢的隱意來深入的分析。現在還是讓我們來比較一下夢的顯意和隱意吧。夢的顯意，誰都能一目瞭然，我承認有許多夢充滿了悲哀的內容，但為什麼沒人願意花時間和精力去揭示夢裡隱藏的含義呢？如果誰沒有下過這種功夫，那麼他那貌似正確的結論就站不住腳；如果誰沒有經過細心的分析，又怎麼可以斷定這些夢中沒有蘊涵著「願望的實現」的隱意呢？

我現在要解決的問題，不僅是把痛苦恐怖的夢解釋為「願望的實現」，而且還要解決一個我以前提出的問題——為什麼一些與「願望的實現」毫無關係的夢，需要深入、透徹的解析才能看出它是「願望的實現」的意義呢？正如我前面說的伊瑪的夢，這個夢不屬於痛苦的夢，從表面上看，不論是讀者還是我本人都無法看出它的隱意。但經過解析之後，它確實是「願望的實現」。但為什麼不能直接看出它的意義，而一定要經過這麼複雜的解析程序呢？如果經過必要解析是每一個夢的特性，那麼這個特性就可以稱為「夢的改裝」。這樣我們就又多了一個需要研究的問題——夢的改裝是怎麼來的呢？

在研究夢的過程中，仍會不斷地發現許多問題。比如：一些人在睡眠狀態下，不可能真切表達自己夢中的思想。也就是說，對於夢的解析很可能有其他的途徑，在此，我將提出我的第二個夢例。當然，這個夢如伊瑪的夢一樣，也會把我的一些隱私暴露出來，但為了能使夢的解析工作順利進行，這樣做是有意義的。

一八九七年春天，我得知有兩位教授推薦我為副教授，這個消息的確使我非常驚喜，而且也非常感激這兩位知名教授對我的垂青。但我很快告誡自己冷靜下來，因為在過去的幾年裡，學院方面已多次拒絕了這樣的推薦，而且很多資歷比我深的同事也沒有得到這樣的榮譽，而我自認為並不比他們強多少。於是，我決定還是要慎重，否則希望越大失望就越大。我並不是那種功利心很強的人，即使沒有那種教授的頭銜，我仍然可以生活得很有意義。這樣說似乎有點「吃不到葡萄說葡萄酸」的意味，但對我來說，那葡萄確實高高在上、難以企及。

一天晚上，我的朋友R先生來訪，而他的經歷一直讓我引以為戒：他很早就被推薦為副教授（對患者來說，擁有這一頭銜就是絕對的權威），而他比我更熱衷於這個榮譽，因此他常常向上級追問他的任命時間。他對我說，他前幾天實在是忍無可忍了，就直言不諱地質問上級，他之所以遲遲未能得到任命，是否與他本人的宗教信仰有關。最後那位上級以「因為目前眾議頗多，使你無法升遷」的言辭回敬他，最後他終於清楚了自己的處境，從而結束了這次令人尷尬的談話。R先生的這些話，使我更加確信了自己的想法，因為我與R先生有著相同的宗教信仰。

當天晚上，我做了一個夢，第二天早晨醒來時我立即把它記錄了下來。這個夢包括了兩種思考、與兩個分別具有這兩種不同思考的人物。這個夢可以分為兩個部分，但在此我只會解析第一部分，因為另一部分與本文並無多少聯繫。

其一，在這個夢裡，我的朋友R先生成了深受我愛戴的叔叔。

其二，我很近地注視他那張有些變形的臉，似乎變長了一點，而且長滿了灰色的鬍子，看起來很有個性。

當天早晨我回想這夢時，覺得有些可笑。「嘿！多無聊的夢！」可是我卻始終無法擺脫，而且整天一直想。到了晚上我終於開始自責：當我自己在對患者進行夢的解析時，如果他們告訴我自己的夢太荒唐、太無聊，我自己一定會懷疑其中必有隱情，而非要弄個水落石出；而此時我對於自己認為不值一提的夢，正代表著我心中有種怕被清晰分析的阻力，於是我決定弄清楚。

分析：

「R先生成了我叔叔」。我是有一個叔叔名叫約瑟夫，他的經歷非常坎坷，約在三十年前，他為了多賺點錢，竟觸犯了法律，並被判刑。我的父親為此非常難過，在短短幾天裡頭髮變白了許多。他常常對我說，約瑟夫叔叔並不是一個壞人，只是遇事缺乏考慮，所以會被別人利用，變成「呆子」。如果說，夢中的R先生是我叔叔，那這個夢未免太荒謬了，因為很明顯我認為R先生也是一個「呆子」。但我的確在夢中見到了我叔叔的那般長相——長長的臉，還有那非常有個性的灰鬍子。而現實生活中，由於歲月的流逝，R先生也長著灰色的鬍子。R先生最近蒼老了許多，我見了他也感到十分的難過。在夢中，我彷彿見到的是R先生的臉，但好像又是我叔叔的臉。就猶如高爾頓（Francis Galton）的複合照相術——高爾頓擅長把幾張酷似的面孔，重複在一張底片上感光。所以毫無疑問，在夢中我認為R先生就像我叔叔一樣——也是一個「呆子」。

這種對比實在太荒謬了！此時，我又想起了另一件事：幾天前，我與一位同事N先生（他也曾被推薦為副教授）在路上偶遇，然後我們就談起關於升遷的事。他聽說了我被推薦的消息，向我祝賀，我卻不以為然地對他說：「你別開我的玩笑了。你也知道我只是被人推薦而已，這根本不值得祝賀。」他附和我說：「你千萬不要這麼說，我是由於個人問題才不能升遷的。你也許知道有個女人控告我的事吧？那宗案子完全是一種卑鄙的勒索，我其實只是因為努力使被告免於被判刑而招來麻煩，但這件事很可能成了部裡不讓我晉升的藉口，但你至少在個人特質上無懈可擊。」由這件事，我在這個夢的解析過程中就引出了一個罪犯。我的叔叔約瑟夫，同時代表了我提到的兩位同事——一個是「呆子」，另一個是「罪犯」。

到這裡，我終於知道這個夢的疑難之處了：如果說R先生沒有升遷是由於信仰，那我的升遷也毫無指望；而假如我沒有這兩位同事的缺點，那麼我晉升還是有希望。這一點就成了我做夢的動機——首先讓R先生成為「呆子」，而讓N先生成為「罪犯」，而我既不是「呆子」也不是「罪犯」，我就很有可能升遷，而不必擔心R先生告訴我的那個壞消息。

但我感到應繼續分析這個夢，因為我尚未取得滿意的結果。我為貶低自己尊敬的兩位同事以求得晉升而感到愧疚，但這是解析夢後才得出的結論，這畢竟不是客觀存在的事實，這樣想可以使我的內心稍稍平靜一些。而且實際上，我根本不能容忍任何人說R先生是個「呆子」，我也絕不會相信N先生是個「罪犯」；同樣，我也不會相信第一個夢中，伊瑪的病情惡化，是由於奧圖給她打針。

在這兩個夢例中，我的夢所表達的只是我的願望，即事情可能如此。從夢的內容來看，我的第二個夢似乎比第一個夢還要荒謬，但經過仔細的分析依舊能找到問題的所在。因此，這個夢可以暫時理解為是對事實的詆毀，但它是怎麼能無中生有的呢？在我做這個夢之前，我的朋友R先生正與系上的一位教授鬧矛盾；至於N先生，他曾告訴過我一些隱私之事。為了將這個夢解析得更透徹，我還要做進一步的分析。

對這個夢的解析，還有一些遺漏之處：在夢中，當R先生變成了我的叔叔，我對他有了一種親切溫暖的情感。這種情感又是從何而來呢？我平時對叔叔約瑟夫並沒有這種情感，而我卻很喜歡我的朋友R先生，而且多年來對他心懷敬意。從理性分析來看，這種情感屬於對R先生的才華、品行等諸多方面的情感誇大後的產物，這種誇大就如我對他智力的判斷一樣。而在這個夢裡，這種經過誇大的情感，卻代表了一種相反的意味。到這裡我終於發現：這份令人迷惑的情感並不是這個夢所謂的隱意；恰恰相反，它與這個夢的真正隱意恰好背道而馳，並且在我解析時，它又巧妙地掩飾隱意。或許，這正是它的作用吧！記得當初我要對夢進行解析時，我一再拖延，並極力使自己相信這個夢是多麼荒謬，而以我多年的精神分析的經驗看，在這「拖延」、「荒誕」裡肯定大有文章。這份特殊的情感與這個夢毫無關聯，但它卻清楚地表示了我對這個夢的真實感覺。就像讓我的小女兒吃一顆她並不喜歡的蘋果，而她一口也沒有吃，就說那個蘋果是酸的；如果我的患者採取這種行動，我就立刻可以想到他必有所懷疑。

同樣，我的夢也是如此，我遲遲不願去解釋這個夢，因為我反感其中某些內容。現在，經過深入、透徹的分析，我才知道我所反對的，是把摯友R先生當作一個「呆子」，而在我夢中對R先生那不同尋常的感情，並不是夢內容中真正的感情，只是代表我內心對這個解夢工作有多麼不情願。如果當初我在解析時被這份感情所困惑，而獲悉與現在相反的解釋時，我夢中那份感情就實現了它的目的。也就是說，這份情感為這個夢蒙上了一層面紗，掩蓋了這個夢的真實意義。如果我不揭開面紗，這個夢無疑是對R先生的詆毀，那樣就無法發現我與R先生的真摯感情，也是這個夢所包含的一個意思。

上面得到的結論是一種普遍規律。有些夢確實是非常淺顯的「願望的實現」，例如我們在「夢是願望的實現」一節中所列舉的那些夢例；但當人們對夢中所反映的願望存在疑慮的時候，就會使這個願望以一種改裝後的形式出現。在社交生活中，我們也能夠發現類似的例子，我們常常有很多虛偽客套。就兩個人一起工作來講，如果其中一個人擁有某種特權，那麼另一個必定會處處小心，於是他的某些行為就會有所顧忌，就像是戴上了一副面具。從這個簡單的例子，我們可以看出：我們日常交際禮儀，其實也是經過改裝的行為。政論作家也對那些執政者有所顧忌，因此常常掩蓋不愉快的事實，因為如果他敢坦率地說出來，那麼政府無疑會制裁他。所以，作者們為了檢查者的顧慮，就不得不偽裝其論調，不是隻字不提地明哲保身，就是旁敲側擊地把那些曾被反對的論調狡猾的改裝。這種檢查制度，使作家所作的改裝，完全與夢裡所作的改裝相類似。

那麼，現在我們須假設，每個人在心靈中，都有兩種心理步驟，或叫傾向、系統。第一個是在夢中表出願望的內容，第二個則扮演著檢查者的角色，而形成了夢的「改裝」。但是究竟這第二個心理步驟的權威性，是靠哪些特點來進行檢查工作呢？如果我們想到，夢的隱意在分析後才能被我們意識到、而醒來就已意識到的僅是夢的隱意時，我們當然可以提出一個合理的假設：「凡能被我們意識到意義的夢，都必須經過第二個心理步驟的認可；即當那些第一個心理步驟的素材，無法通過第二心理步驟時，它就不能被我們的意識所接受，而必須任由第二心理步驟變形，才可以進入意識。」從這裡，我們可以獲知所謂意識的基本性質——意識是一種特殊的心理行為，它是由感官將其他來源的素材經過一番加工後的產品。

如果我們可以接受這兩種心理步驟及其與意識關係的這種描述，我就可以認為：夢中我對R先生有一種深厚的感情，而夢的隱意，實際上是對R先生的一種詆毀。我的第一心理步驟的願望——R是一個「呆子」，無法通過第二心理步驟（我對R有深厚的感情），故不能被我的意識接受，從而才會使我認為這個夢非常可笑和荒誕。

由此我們也就解答了兩個問題：一是，為什麼一些與「願望的實現」毫無關係的夢，需要深入透徹的分析才能看出它的真正意義；二是，經過必要的解析是每一個夢的特性，這種特性我們稱之為「夢的改裝」，而它又是從何而來，這也就是以上對「夢的改裝」問題的探討。至於如何把痛苦憂傷的夢解釋為「願望的實現」，這將是我們下面一節所要探討的問題。

解析帶有憂傷色彩的夢

按語：

帶有憂傷色彩的夢，其實也是「願望的實現」，這些願望常是我們心中的祕密，不願向任何人透露。夢中所表現的一些令人不愉快的感受，正如平日裡那些令人生厭的事一旦發生，我們所表現出來的感受。

現在所要研究的問題是：該怎樣把夢中出現的那些令人悲傷的情景，解析為「願望的實現」？我們已經知道，夢中那些令人不愉快的內容，其實就是對夢本質的一種改裝。應用前面提到的假設，我們可以知道，夢的改裝是因為夢的某些內容不能被第二心理步驟所接受，而同時這些內容又正是第一心理步驟所希冀的願望。需要解釋的是，由第一心理步驟引發的夢都是表示「願望的實現」，而第二心理步驟卻會掩蓋和改變夢真實的意義。在夢的解析過程中，如果我們一味地考慮夢與第二心理步驟之間的關係，我們將永遠無法正確認識夢，並且也無法解釋夢中出現的其他問題。

任何一個看似特殊的夢，在經過解析之後，都可以表明它具有某種隱藏的含義，並以此來表示「願望的實現」。以下我將要解析幾個帶有憂傷色彩的夢，其中有些是歇斯底里患者所做的夢，因此在解析過程中，我們還需要討論一下那些表現歇斯底里特徵的精神過程，這就為我的解析增加了難度；但為了證明我的理論，這樣的困難是不可避免的。

在我對一個精神官能症患者進行精神分析時，我必定會解析他所做的夢。在探討的過程中，我必須解釋他所具有的各種心理，以此來了解他的症狀。這樣做的結果，常常會讓我遭到患者強烈的反駁，其程度絕不亞於我的同行。我的患者們一致反對我關於「夢是願望的實現」

的說法，下面就是幾個這樣反駁我的觀點的夢例。

一位聰明的女患者說：「你總是說『夢是願望的實現』，那麼，我要告訴你一個截然相反的夢，在夢中我的願望並沒有實現，這用你的理論又該如何解釋呢？」接著她對我說了這個夢：「我想準備晚餐，但家裡除了燻鮭魚就沒有別的東西了。我想出去採購，又偏偏是星期六下午，所有的商店市集都休息。接著我又想打電話訂一些菜，但電話又故障。因此，我只好放棄做晚餐的打算。」

聽完了她的訴說，我對她說：「是啊！乍看之下，妳的這個夢是明顯而連貫的，而且正好與我的觀點相反，但夢的真正意義是需要經過一番細心分析才能得出的，並非是表面現象所能說明。」於是我又問她：「究竟是什麼原因引起妳做這個夢呢？妳應該聽說過『日有所思，夜有所夢』吧？」

分析：

這位女患者的丈夫是個很誠實、能幹的肉商。前一天他說自己越來越胖，該減肥了，於是決定每天早起晨練，遵守嚴格的飲食規定，而最重要的是拒絕一切宴會的邀請。有一次，她和丈夫在餐廳裡認識了一個畫家。那畫家執意要為他畫肖像，因為那畫家說，他從來沒見過像他這樣生動的面孔，但卻當場被她丈夫拒絕了。因為他認為與其畫他的臉，不如去找個漂亮女孩的背影會更合這位畫家的心意，而她深愛丈夫，所以為此取笑他；她也曾告訴過丈夫不要再買魚子醬給自己。可這句話有什麼含義呢？

其實，她每天都希望能吃三明治加魚子醬，但由於她生活一向儉樸，所以她並沒有這樣做。她也深知，只要開口要求，她丈夫就會立即買給她，但她卻不讓丈夫那樣做，以便可以繼續取笑他。

在我看來，這樣的解釋很牽強，但這些不充分的理由常常掩蓋著沒有承認的動機。這使我想起伯恩海姆（Hippolyte Bernheim）催眠的那個患者。當伯恩海姆對患者作「催眠後的指示」時，他問患者的動機，患者並沒有回答不知道，而是出人意料，編造出一個明顯不能令人滿意的理由。現在，我的這位女患者與魚子醬之間無疑存在著與此相似之處。非常明顯，她在清醒的情況下，情不自禁地編造了一個無法實現的願望。而她的夢也同樣表明了願望無法實現。但她又為什麼要堅持一個無法實現的願望呢？

我所得到的素材，尚不足以正確解析這個夢。經過我的努力，她終於告訴我她故意遺漏的內容：前幾天，她去拜訪一位女性好友。而由於她丈夫總是稱讚她的這位好友，所以她有些嫉妒。所幸她這位好友很瘦，這才使她心安了許多，因為她丈夫喜歡豐滿的女人。並且她的好友還對她說：「我現在太瘦了，很想變胖一些。妳什麼時候打算請我吃飯？妳做的飯菜總是那麼美味。」

到這裡，我終於可以對這個夢做一番合理的解釋了。於是我告訴我的女患者：「其實在妳的那位好友讓你請客時，妳就已經拒絕了她，因為妳害怕萬一她變胖了會對自己不利。因此，妳做了不想做晚餐的夢，這就滿足了妳不想幫助妳朋友長胖一點的願望了。妳的丈夫為了減肥而決定不參加任何宴會，也使妳很贊同一個觀點——到別人家吃飯會讓人變胖。」現在，好像一切都清楚了，夢中唯一沒有得到解釋的就是「燻鮭魚」，它又是什麼意義呢？於是我又問她：「在妳的夢中，為什麼會想到燻鮭魚呢？」她回答說：「燻鮭魚是我那位朋友最喜歡的菜。」這時我才想到，我也認識她所說的那位朋友，的確這位女士很儉樸，她捨不得吃燻鮭魚，就像我的這位患者捨不得花錢買魚子醬一樣。

以上這個夢例，再加上一些附加的細節，使我覺得有必要再作一次更準確的解釋。這兩種解釋方法並不互相矛盾，反而能更加全面地反映這個夢的意義，並且還可以因此了解大多數情況下，形成的心理病症所具備的特徵。

在這個夢例中，這個女患者的夢裡沒有實現願望的同時，她在日常生活中也沒有實現想吃魚子醬的願望；而她那位曾表示希望變胖的朋友，在她的夢裡將永遠不會變豐滿，這一點我們可以理解。所以，她應該夢見有關魚子醬的願望無法實現。如此一來，我們就能得到一個新的解釋——夢中她不能遂願，其實並不是指她自己，而是在夢中以自己代替了她那位朋友的角色。這句話如果用心理學理論來解釋的話，就是指把自己「等同」(equation) 了她的朋友。

這裡需要解釋一下，什麼是歇斯底里的等同作用。等同作用在歇斯底里病症的機制裡是一個極為重要的因素，它不但能讓患者在病症裡表達自己的體驗，還可以表達其他更多人的體驗。這些患者似乎可以感受到別人的痛苦，而他自己可以扮演多個角色。有人認為這只是相似歇斯底里模仿，也就是說歇斯底里患者可以模仿別人顯露出來、並引起其注意的任何症狀，而且很有可能增強至重現的程度。但是這只是向我們表明了，歇斯底里模仿的精神過程所遵循的規則，可規則本身並不是一種精神活動。精神活動遠比歇斯底里模仿的普遍特性複雜，它相當於一種推理後得出的潛意識。舉個例子可以說明：一個患有特殊抽搐症的歇斯底里女患者，和其他患者共同住在一個病房裡，有一個專門的醫生為她治療。如果一天早晨，這位醫生發現房間裡的患者都在模仿這種歇斯底里抽搐，他一定不會感到奇怪，他會認為其他患者是看見之後模仿而已，這只是一種精神感應。這個觀點是正確的，那它是就按照以下途徑產生。一般來說，患者之間的相互了解，比醫生對他們的了解更多。當醫生查房之後，患者們就相互詢問。比如有一天一個患者突然發了病，其他患者就會認為，這是由於一封家信或不幸的婚戀或其他事情所引起的。他們的同情心被喚起，並在潛意識裡得出如下推論：如果像這樣一個原因就可以使這種病發作，那我也無法避免，因為我也有類似的情況。這種推論如果進一步深入到意識中，就會對這種發作產生恐懼的心理。但事實上，這個推論是在一個不同的精神領域發生的，其結果是真正產生了那些令人恐懼的症狀。

因此，等同作用並非單純的模仿，它是建立在同情之上的一種同化作用，它表現為一種類似性，是由留在潛意識中的共性因素所引起。

歇斯底里症狀中的「等同作用」，通常特別應用於性有關的方面。患有這種病症的女性患者，常常把自己等同於其發生過性行為的男性，有時還會把自己視為曾經與她的丈夫或情夫有著不正當關係的女性。在語言中我們常常形容愛情，諸如「永結同心」、「心心相印」等等，也證實了這種等同的趨向。在歇斯底里幻想中或是夢境裡，患者只要聯想到性關係、而這種關係也不一定確實發生過，就能夠非常自然地形成等同關係。

所以我們所說的女患者，正是遵循這樣的方式，只是按照本人的歇斯底里幻想，就在夢中把自己等同於她的朋友了，從而也等同了她所編造出來的願望否定症狀。我們可以作進一步的解釋：在夢中她替代朋友，原因就是她朋友奪走了丈夫的歡心，還因為她想代替朋友而獲得丈夫的好評。

我的另一位患者，是一個非常聰慧的女人，也做了一個與我的理論完全衝突的夢。同樣，我也是使用「表面的願意」並未實現，卻實現了另一個「隱含的意願」的方法使她信服。事情是這樣：有一天，我告訴她「夢是願望的實現」；第二天，她就對我說，她夢見與婆婆一起去避暑。我知道，平時她很反感她婆婆，可夢裡她卻和她婆婆一起去避暑；而且我還知道，她很高興地租了一間房子，而這房子在離她婆婆去避暑的地方很遠。

從這個夢的顯意來看，正好與我的理論相反，但這能證明我的理論是完全荒謬的嗎？由這個夢的推理所得到的解釋來看，我完全錯了；但其實她最大的願望，就是希望我的理論是完全錯誤的，而這夢也正實現了她的這一願望。她如此強烈地希望我出錯，只是因為在我為她作精神分析治療的時候，她總是隱瞞一些事情。我透過細緻的分析以後，斷定有些事情一定發生過，並且與她的病有很大的關係。起先她極力否認，後來在我的一再追問下，她終於承認那些事的確發生過。所以，在她的心裡就產生了希望我出錯的強烈願望，於是她把這個願望轉移到了夢裡，從而產生了和她婆婆一起去避暑這樣一個荒誕的夢。

還有一個悲慘的夢，是我一個患者做的，也與我的理論相左。

這個患者是位年輕女子。她說：「你可能會記得，我姐姐現在只有一個孩子，那就是卡爾；而她另一個大一點的兒子奧托，在我與他們住在一起的時候就過世了。我很喜歡奧托，他幾乎是由我帶大的，而我也很喜歡卡爾，但我對奧托更好。昨天夜裡，我夢見卡爾僵硬地躺在小木棺裡，兩手交叉平放著，周圍全是蠟燭，就像當年小奧托死去時的情形一樣，他的死讓我很難過。現在請你告訴我這個夢是什麼意思？你很了解我，難道我真的那麼惡毒，會希望我姐姐連她最後的一個寶貝兒子也失去嗎？或者這個夢意味著我希望死的是卡爾，而不是我更為喜歡的奧托？」

聽完了她的敘述，我向她保證，這後一種解釋是完全不可能的；而沉思了片刻後，我給了她一個合理的解釋，她對我的解釋也十分滿意。我之所以能如此，是因為我對這位患者過去的一切都很了解。

這位女患者是一個孤兒，從小由比她年長許多的姐姐撫養成人。在那些常來她家拜訪的朋友中，她邂逅了一位使她一見傾心的男人；一段時間之後，他們之間已到了談婚論嫁的地步，但由於她姐姐的干涉而沒有結果，究竟出於什麼原因，她姐姐也沒有說過。從那以後，那個男人再也沒有去過她家。於是她把移情到了小奧托身上。奧托死後不久，她就開始獨立生活，但她始終不能擺脫對那個男人的感情，她的自尊心卻又使她盡量躲避他。儘管後來也有人向他求婚，但她卻怎樣也無法轉移她的愛情。對方是一個文學教授，每當他要舉辦演講，她一定會去聽，從不放棄任何一個可以遠遠地看他一眼的機會。我記得前天她告訴我，那位教授又要舉行一個演講，她也想去，這樣可以再一次看到他。那個演講就在今天舉行，而前一天她就做了這個夢。因此，我可以比較容易地得出正確的解釋了。我問她能否記起，小奧托死之後發生過什麼事。她立刻回答說：「當然，教授在相隔很長時間之後又來訪，就在小奧托的木棺旁，我又一次見到了他。」這正是我所期待的，於是我為夢提出了解釋：「如果現在另一個孩子也死去，還會發生相同的事，你要同與姐姐待在一起，而教授肯定會來致哀，於是和上次一樣，你又可以在同一環境下見到他。這個夢只不過表現妳希望再次見到他而已，而這個願望一直是妳希望實現的。我知道今天妳有一張演講會的入場券，妳的夢是一個焦躁的夢，它使妳提前幾個小時就見到了他。」

為了掩飾她的願望，她顯然選擇了一種願望通常受到壓抑的場景——喪事，在這樣的情況下，人們心中充滿了悲傷，哪裡會聯想到愛情呢？但這個夢還是完全地把真實的場景展現了出來，她站在她所鍾愛的孩子的木棺前，內心卻仍不能抑制對這位長久未見的訪問者的脈脈柔情。

以上分析的這個夢例，其內容與親人的死亡有關，在後面的「典型的夢」一節中我還會進行深入地討論。現在，我將更進一步來證明，儘管有些夢的內容是不幸的，但它們仍應解釋為「夢是願望的實現」。

一位年輕的醫生，聽了我關於以上那些夢的分析後，非常贊成我的觀點，因此他也使用這種分析，解析了他昨天夜裡所做的夢。在他做這個夢的前一天，他在稅表上填報了他的薪資數額，因為他的薪資不多，所以他如實地填寫了那張稅表。但他卻夢見他的一位朋友向稅務機關檢舉他少報了薪水，以便逃稅，所以稅務機關要重罰他。其實這個夢也是經過改裝的，這位年輕醫生最大的願望，就是希望自己成為收入頗豐的醫師。

上面那些例子，都屬於從表面上看與我的理論相反的夢，因為它們都含有「願望的否認」或「隱藏的憂患」等內容。如果我們把這些夢統稱為「逆願望的夢」的話，我可以從中總結出兩個規律：

第一個規律——這些夢都有「希望我弄錯了」的動機。在我給患者作精神分析治療時，如果她們出現「抵抗」的心理，那在他們的夢中就會出現類似的內容。事實上，在我初次向患者解釋「夢是願望的實現」這一理論時，幾乎總會引發他們這類「逆願望的夢」。

第二個規律——這些夢在我們的日常生活中經常出現。對於這一規律有必要認真地討論一番。

生活中一些人的性本質，或多或少存在著一種「施虐傾向」，還有由這種傾向轉變而成的「受虐傾向」。如果他們不是透過肉體上的痛苦來滿足自我，而是透過一種謙卑、受辱的自我犧牲的方式來得到這種滿足感，這就是典型的「受虐症」。顯然，這類人做的夢可能都是「逆願望的夢」，但這對他們來說，卻是一種由衷的期盼。因為，只有這樣才能滿足他們被虐待的傾向。我可以列舉一個這樣的夢：夢者是一個年輕人，過去幾年，他曾把哥哥折磨得很痛苦，因為他對哥哥有同性戀的依戀；而當他長大後，他非常後悔過去的行為，並且已經有了根本性的改變。有一天，他做了一個夢，這個夢有三個部分的內容：一是他被他哥哥欺負；二是兩個同性戀男人正在互相愛撫；三是未得到他的同意，他哥哥就把他名下的公司賣掉了。當他夢到第三個內容時，他因非常痛苦而被驚醒。這個夢其實正是一個受虐者滿足自我願望的夢。可以這樣解釋：「如果我哥哥真的像夢中那樣對待我，就可以減輕我自己以前對他所做的種種罪惡，這是對我哥哥的補償！」

我希望我上面所提出的夢（如果沒有新的反對意見）足以說明，即使是令人沮喪的夢，也仍然可以解析為「願望的實現」。夢中所表現的一些令人不快的感受，正如平日裡那些令人生厭的事一旦發生時，我們所表現出來的感受。這是在揭開夢的面紗之前，我們必須克服的困難。這些令人痛苦的夢裡都有願望的存在，這些願望常是我們心中的祕密，不願向任何人透露，有時別人看破了我們的心思說出了這些祕密時，我們會矢口否認，甚至怒不可遏。這一點我認為，可以把不快和夢的改裝結合分析，由此可以得到這樣的結論——夢之所以會被改裝，是由於夢裡所反映的願望，在平日裡就被自我意識強烈地壓抑。因此，從夢的表象看來，夢並非是「願望的實現」。我們也可以把夢的改裝比作一種審查制度，從這些令人不快的內容的分析裡，我們可以得到下面這個公式：「夢是（被壓抑的）願望的（經過改裝的）實現」。

解析令人焦慮的夢

按語：

「焦慮的夢」，即對夢產生焦慮不安感，因此而從睡夢中甦醒的夢。在夢裡我們之所以感到焦慮，正是由那些令人焦慮的內容引起的，它的本質就是對某一事物或觀念的焦慮。再進一步追究，夢中的焦慮，是夢的潛在不愉快情感所致。在做夢時，夢念中所有痛苦不快的內容，雖化為願望的滿足，然而其不快的情感始終不變，而且這種焦慮無法被夢的檢查作用制服，所以夢者在願望得以實現的同時會感到焦慮不安，甚至驚醒。

還有一種夢類似於「痛苦的夢」，它可以稱為「焦慮的夢」。如果說這種夢也屬於「願望的實現」，想必會讓那些外行人更加難以接受。我可以先用簡潔的語言講一講這種令人焦慮的夢。

這種夢是透過夢的形式來表現令人焦慮的內容，它實際上並不屬於「夢的解析」的範圍

（有關「焦慮的夢」的理論已構成了精神官能症心理學的一部分）。我們在夢裡之所以會感到焦慮，正是由那些令人焦慮的內容所引起的。如果我們對這樣的夢進行一番解析，我們就會發現它是由平日裡的某些意念引發的，就像那些恐懼症患者所產生的焦慮一樣。例如，從窗口可能會掉下去無疑是事實，所以在窗口處我們就會很謹慎；但對於恐懼症患者來說，他們往往會對窗口表現出強烈且持續的恐懼，而這種恐懼遠遠大於正常人所表現的謹慎。這個關於恐懼症的解釋在「焦慮的夢」中也同樣適用，它們的本質是一樣的，就是對某一事物或觀念的焦慮。

對我們來說，產生焦慮的過程，也可以使某個願望實現，而且並不互相矛盾。對此，一些外行批評家會質疑：「假如夢是願望的實現，那麼夢者就應該是愉悅的，不快、痛苦、焦慮又怎麼會在夢中出現呢？」他們的理論似乎很正確。而要解答這一問題，我們就要了解究竟為什麼會做「焦慮的夢」。我在此首次面臨了夢中的感情問題。這個問題是錯綜複雜的，原因在於以下三點，而這三點也正是那些外行批評家所忽略的。

首先，夢的運作（譯注：隱夢變為顯夢的過程，叫夢的運作；而反過來的程序，由顯夢迴溯到潛在思想的過程，便是夢的解析。）有時也許不能完全達成願望實現的局面，因此隱念中的不快情感，遂有一部分出現於顯夢中。由分析的結果，可見這些隱念的痛苦不快，遠比由這些隱念而引起的夢更加強烈，這點從每個夢都可以得到證實。所以我們承認夢運作無法達到目的，正如因口渴而夢見喝水，但口渴不能因夢而消除一樣。做夢者在夢後仍感到口渴，不得不起來喝水，然而這也不失為適當的夢，因為它仍保留著夢的基本性質。我們必須說「雖然力量缺乏不足，但仍不失為願望的實現」。無論如何，其顯然可辨的意向是值得讚美的。這種失敗的例子確實不在少數；而其所以失敗的原因是：以夢的運作來改裝內容雖然容易，但是如果要以夢的運作來產生其所需要的情感變化，卻非常地困難。情感常常是很倔強的。所以在做夢時，夢念中所有痛苦不快的內容，雖化為願望的滿足，然而不快的情感則始終不變，於是情感和內容很不調和，遂使我們的批評家有機會肯定，夢不是願望的實現。也正是由於這一情感的原因，所以甚至連夢中無害的內容，也伴有不快的情感。對於那些不明智的批評，我可以回答說，做夢時所有實現願望的傾向，最顯而易見的都是在這些夢裡，因為這種傾向在夢裡呈現分離的狀態。他們的批評之所以錯誤，就因為他們不熟悉精神官能症的人們總愛想像內容和情感之間的關係，比其實際的關係更加密切，因此才無法了解，內容改變的時候，隨之而起的情感卻能夠不變。

第二點更為重要，也更深刻，但同時也同樣被一般人所忽視。一個願望的滿足的確會產生快感，但是我們要問：「究竟使什麼人引起快感呢？」感到愉快的當然是有此願望的人；然而我們明白，做夢者對於願望的態度很特別：他摒斥、指責這些願望，總之不願意有這些願望。

所以這些願望的滿足並不會使他快樂，反而使他不快。這種「不快」，由經驗可以知道，形成了夢者的「焦慮不安」，雖然它仍需要被解釋。就其願望而言，做夢者恍如兩個人，由於某些共同的要點而緊密地合為一人。

我不想再引申擴大這一問題，只想告訴你們一個著名的童話故事，從這個故事中，你們便可看出這些關係：一個和藹仁慈的仙女，要滿足一個窮人和其妻子的三個願望。他們非常高興，樂不可支，因此決定要十分慎重的選擇他們的願望。那個女人因聞到鄰人烤香腸的香味，食指大動，於是希望有兩條香腸，她一動念，香腸已出現在面前了，第一個願望因此滿足了；男人於是勃然大怒，憤怒之餘，乃希望這兩條香腸掛在妻子的鼻尖上。這個願望當然也實現了，香腸遂掛上了妻子的鼻尖，無法再拿下來，第二個願望也因此滿足了。但是這是男人的願望，他太太自然非常憤怒不快，這個故事的結局，你們大概都已知道：因為他們畢竟是夫婦，所以他們的第三個願望，是使香腸離開女人的鼻尖。我們也許可以屢次運用這個童話故事，比喻其他各事，但在這裡則只需用以說明一個事實，即一個人的願望滿足，可以使另一人深感不快，除非這兩人完全一心一意。

現在對於所謂焦慮不安的夢，便不難提出更完滿的解釋了。還有一點尚需討論，才可採用那被許多觀念支持的假說。這一點就是：焦慮夢的內容，往往沒有偽裝作用；換言之，它逃過了檢查作用的注意。這種夢常常是一種毫無隱藏的願望實現，但這個願望當然不是做夢者所能接受的，而是他所已摒斥的。於是，焦慮不安遂乘機產生，進而代替了檢查作用。兒童的夢，是做夢者所承認的願望公開的滿足；而普通被偽裝的夢，則是被潛抑的願望隱祕的滿足；至於焦慮的夢，則是被潛抑的願望公然的滿足。焦慮乃是表示，其被潛抑的願望力量太大，檢查作用不能制服，所以雖有檢查作用的牽制，但它仍然能得到滿足，或接近滿足。因為我們站在檢查作用的立場上，所以可以了解那被壓抑願望的滿足，只會使我們產生不快的情緒而引起我們的反抗。因此你們不妨把在夢中所表現的焦慮不安，當作由於當時無法制服願望的強大力量所體驗到的焦慮不安。我們無法只由夢的研究，而獲知這個抵抗為什麼會形成焦慮不安；顯然我們仍應在其他方面加以討論。

未經偽裝的焦慮的夢，可適用的假定，也可用以解釋那些稍微偽裝的夢，以及其他幾乎和焦慮相等的不快的夢。焦慮的夢一般而言往往使我們驚醒。我們往往在夢的壓抑願望尚未制服其檢查作用，而獲得完全滿足前，就已先驚醒了。這種情況下，這些夢並沒有達到原來的目的（即保護睡眠的目的），但是其基本特性卻未因此改變。我們曾把夢比喻為守夜者或睡眠的守護人，其目的在保護睡眠以免受到干擾。這個守夜者，現在如果力量不夠，無法抵抗或趕走那干擾的因素或危險，就必須喚醒睡眠者。夢正和此相同。然而我們有時雖然因做夢而感到不安以至焦慮，卻仍然能繼續沉睡。我們在沉睡中自我安慰道：「這畢竟只是一個夢罷了。」因此能繼續安睡。

你們也許要問，夢的願望在什麼時候才能克服檢查作用，這一方面要看願望，或另一方面要看檢查作用。也許由於某種理由，其願望的力量會非常強大，甚至超過檢查作用；但是據我們所得到的印象，二者的勢力平衡之所以改變，常常是出於檢查作用的態度。我們已知道，檢查作用隨時會因不同的情況，而有不同的運作，因不同夢的成分，而改變其嚴厲態度。現在我們可以再加一句，即檢查作用的一般行為是未定的，對於同樣的成分也不常會有一樣嚴厲的表示。假如那檢查作用忽然自覺無力抵抗夢的願望力量，它便不再偽裝，而採取最後的對付方法——使做夢者焦慮不安，干擾睡眠。

在這一點上，我們竟仍然沒有任何觀念，能夠了解這些罪惡的願望何以單單會在晚上出現，而干擾我們的睡眠。我們如果要答覆這個問題，一定要採用另一以睡眠的本質為基礎假定：在白天，檢查作用的沉重壓力施加於這些願望之上，自然而然使它們沒有侵入意識的可能；但是一到晚上，這個檢查作用也像精神生活的其他一切作用，都因睡眠而暫時鬆弛，或至少力量大為減弱，於是被禁止的願望遂乘機活動。有些患失眠症的精神官能症患者，自認其失眠最初是主動的；亦即他們不敢入睡，因為他們害怕做夢——這就是說，他們害怕檢查作用一旦鬆弛後可能產生的結果。你們可毫無困難地了解，檢查作用的減弱本來並不造成大害；因為睡眠可以破壞我們的活動機能；所以罪惡的意念縱然在此時乘機而作，充其量也只能引人做夢，在實際上是毫無妨害的；在這個安逸的情形中，睡眠者因此可以在睡眠中說：「這只是夢而已。」所以我們就由它去，而再度入睡。

第三點，假使你們記得，做夢者反抗自己的願望時，就像是兩個不同的人由於密切的關係而合在一起，你們便能知道還有一種方法，可使願望滿足產生十分不快的結果，這個方法就是懲罰。這裡我們可以再藉前述那三個願望的童話故事來幫助說明：那盤子上的香腸，是第一個人（即妻子）的願望直接滿足；鼻尖上的香腸則為第二人（即丈夫）的願望滿足，同時也是其妻子之愚蠢願望的懲罰。在精神官能症裡，我們將可發現和這個童話故事裡第三個願望相似的動機，而這是他的唯一動機。在人類的心理生活上，有很多這種懲罰的傾向，並且都十分強大有力，有些甚至可視為是形成苦痛的夢的主要原因。你們現在很可能會以為，所謂的願望滿足就這種痛苦的夢來看，並沒有什麼滿足可言；然而只要仔細研究，你們便會承認自己的意見是錯的。現在如把夢為何物——或者確實為何物，如某些學者所說的——的各種可能互相比較，則願望的滿足、焦慮的滿足、懲罰的滿足等說法，確實十分狹隘，然而焦慮本來就是願望的直接反面，而反面和正面在聯想中則很容易並排一起，在潛意識內則融合為一，正如我們已知道的。而且，懲罰本身也可說是願望的滿足，換言之，是檢查者的願望的滿足。

由以上三點，使我們了解究竟為什麼會做「焦慮的夢」，而且我們也知道了「焦慮的夢」的確也屬於「願望的實現」。由此，那些批評家所提出的質疑也就顯得漏洞百出、不堪一擊了。

夢的素材與來源

按語：

在這一節裡，佛洛伊德論述了夢中記憶素材所具有的三個特點：一、夢的內容都是最近發生、並且印象較深的事情；二、夢所選擇的素材都是一些無關緊要的小事，這完全不同於人在清醒狀態時選擇記憶的規律；三、夢的記憶素材被兒時的早期印象所制約，對於兒時發生過的一些小事，我們早已忘記，夢卻又重新把它拾起。

如果你問我「夢裡出現的那些情景究竟是怎樣來的呢？」我會立即以我的經驗做出回答：「它們源自這個夢前一天所經歷的事。」因此，我在對一個夢進行解析時，會先問夢者在做這個夢的前一天所發生的事情，然後嘗試著找出這些事與這個夢的聯繫。對大多數夢例而言，這的確是一條捷徑。在前面根據我詳細分析的伊瑪和我叔叔這兩個夢例，我們就可以發現它們都與前一天所發生的事緊密相連。但為了進一步證明這個結論的正確性，我將把我的一些夢的筆記呈現給讀者。以下就是我記錄的一些夢以及它們各自的來源——

一、**我去拜訪一位非常討厭我的朋友……同時卻讓一位女士苦等著我**。

來源：前一天晚上，我曾和一位女親戚在一起，並且她對我說一定要等到那筆急需的錢匯到她的帳戶，就算……

二、**我寫完了一本關於某種植物的專著**。

來源：那天早晨，我在書店櫥窗裡看到一本櫻草屬植物學方面的專著。

三、**我在街上看到兩個女人，她們是母女，女兒是我的患者**。

來源：前一天晚上，一位正在接受我治療的女患者對我說，她媽媽反對她繼續在我這裡接受治療。

四、**我在一家書店訂購了一份雜誌，這本雜誌的定價是二十弗羅林**。

來源：前一天，我妻子向我索要，每週都要給她二十弗羅林（Florin，是一二五二至一五三三年間通行的一種歐洲金幣）。

五、我收到一封來自社會民主委員會的信，信裡稱我為會員。

來源：我幾乎同時收到自由選舉委員會和人權同盟委員會的來信，而我的確加入了後者，成為了會員。

六、有個男人沿著海邊的峭壁走了上來，就像伯林克一樣輕鬆自如。

來源：《惡魔島上的德利佛斯》（*Dreyfus on Devil's Island*）這本書，以及我居住在美國的幾個親戚對我講述的事情。

說到這裡，你也許會問這樣的問題：「這些與夢相關的接觸點，究竟是夢前一天發生的事情，還是可以追溯到近期一段時間內的印象呢？」這個問題當然不是至關重要的，但我仍想對當天發生的事與夢之間的關係進行一番解釋。每次只要我發現我的夢的來源是兩三天前發生的事，我就會細心分析。結果我發現：儘管這些夢源於兩三天前所發生的事，但在做這些夢的前一天，我曾回憶這些事；也就是說，我的回憶促成了夢的形成。最近所發生的一些事，確實勾起了我對往日的回憶，以致重現在夢中。

我確信所有的夢都源於「入睡前的一些所作所為」。那些許久以前發生的事，其實與最近幾天裡所發生的事一樣，都會成為夢的內容。如果很早以前發生過的事給人留下的印象，與做夢當天的某些經歷有所關聯的話，那麼，夢的內容就會是人們一生任何時段內所發生過的事情。

細心的讀者會發現，前面眾多的夢例，其夢的顯意，只是涉及了一些無關緊要的瑣屑印象。這一點可以說明，夢的內容有很大一部分是平日裡那些微不足道的瑣事，但經過細心地解析以後，我們會發現，夢的隱意卻是那些關鍵性的重大事件。如果我們的解析工作是按照正確的方法進行、而且能夠揭示出夢的真正含義，那我們就會得到一個意外的結論。這個結論說明，「夢的內容是前一天發生的瑣碎小事」是不可靠的，而我也必須反對「清醒狀態下的精神活動，不會在夢中延續」的觀點；另外，「夢使我們的精神能量浪費在瑣碎的小事上」的說法也是荒謬的。相比之下，正確的觀點是：日間所發生的那些重大事件，是我們做夢的根源。而這些事之所以會在我們的夢中重現，只是因為在入睡前，它們讓我們費盡心思。

但是，為什麼我夢到的都是一些無關緊要的瑣碎小事，而使我異常激動的重要印象卻隱匿起來、不易被察覺呢？我認為最好的解釋方法，就是利用我在「夢的改裝」現象裡提到的有關心理作用的「審查作用」。以那個「沒有吃到晚餐」的夢為例，我們可以很容易看出其中的關係。我的那個女患者的朋友喜歡吃燻鮭魚，然後從她朋友的人格在她本人的內心形成的反映，可以發現她們之間的聯繫。而這些聯繫又使這兩個「意念的內容」融匯在一起。因此，我們可以說：「第一個事件，實際上就是在暗喻第二個事件。」

直到現在我已分析了眾多的夢，因此我或多或少有了一些經驗，我深信透過這種解析得到的結論是可信的。在解析夢的過程中，我們發現夢的形成過程產生了一種「移植現象」。如果用心理學術語來說，就是一個比較弱小的現象，必須在一種強大的觀念裡攝一些內容（能量），而當達到一定的強度時，它就會強行出現在人的意識中，這種移植現象在我們日常生活中普遍存在。

事實上，夢的素材這種「瑣事原則」（夢的內容通常是一些瑣碎之事），正是經過了「移植作用」後產生的一種「夢的改裝」現象。如前所述，夢的改裝是由於存在著一種被壓抑的願望，從而把夢改裝成了與它的隱意完全相反的現象。透過夢的解析我們最終可以知道，那些表示夢的隱意的來源，到底與人們日間的哪些經歷有關，同時這種來源的印象又是怎樣「移植」到哪些似乎無關緊要的印象上。這種印象與夢在潛意識裡的真正根源，在一開始的時候，它們之間通常並沒有任何關聯，而是在事後逐漸形成、擴大。就像我剛才提到的「移植作用」，它使夢朝著特定的轉移方向發展和改變。其實，我們也可以設想，如果這些「瑣事之印象」不具備某些特性，那夢的運作方式對我們來說，就真的是如煙似霧、難以思索了。

或許以下的經驗之談，可以給我們一些啟示：如果同一天裡發生了兩件、或更多我們重視的事，那麼我們所做的夢，就會綜合這些不同的事情，就像似乎存在著一股強制力量，會把不同事件和印象進行合併與歸結。

下面我舉一個夢例：一個夏日午後，我在火車車廂裡偶然遇到兩位朋友，但他們二人彼此不相識。其中一個是很有名望的同事，而另一位卻是一個我經常去為他看病的顯貴家族子弟。儘管我為他們作了介紹，但旅途中他們仍然無法溝通，只是與我進行單獨的談話，而我只能非常費力地分別與他們聊天。當時，我請那位同事大力推薦一個剛入這行的新手，這位同事說他信任這個年輕人的能力，但由於他的相貌醜陋很難被人器重。我也附和他說：「正因為這一點，我才認為他確實需要你的幫助。」過了一會兒，我又與另一位攀談起來，向他詢問他叔母（我的一位患者的母親）的情況，我聽說她的身體極度虛弱而臥床不起。就在當天夜裡，我做了這樣一個夢：我希望能夠得到幫助的那個年輕人，正在一個華麗的大廳裡，周圍都是一些有名望的大人物。後來我才知道他們正在參加一個追悼會，而死者正是我在旅途中那個富家子弟的叔母（在這個夢裡，那個老婦人已經去世了。我承認我與這老婦人的關係一直都很僵）。就這樣，我把日間的兩個事件綜合在一起形成了一個簡單的夢。

無數次這樣的經驗，讓我得出這樣一個結論——夢總是受制於一種「強制規律」。在這種「強制規律」的制約下，夢把不同的印象結合為一個獨立的整體。這種具有綜合性的「強制規律」，我並不打算在此詳細討論，這裡我們只要知道它是一種原本精神步驟的「凝縮作用」

（condensation）就足夠了。

下面我們要討論的問題是：夢內容的素材來源，是否都是最近印象（一些具有重大意義的事情），或者是那些使夢者本身覺得非常有意義的一些想法、觀念，並且這種印象或是想法可以不受時間的限制，只要一想到這些，就能夠促進夢的形成。透過大量的研究和分析，我發現夢的來源，純屬一種主觀心理的活動，它透過當時的精神活動，把以往的一些印象改變成最近發生的印象。

從上面的論述中，我們可以發現夢的來源有以下幾種：

一、最近發生的、並且對夢者本人有重大意義的一件事情，可以在夢中直觀的體現。比如：伊瑪的夢、我叔叔的夢。

二、最近發生的、並且具有重大意義的幾件事，在夢中這些事件往往綜合成一個整體。比如：那個年輕人與老婦人的追悼會綜合在一起的夢。

三、最近發生的、並且具有重大意義的一件或幾件事情，在夢中表現為無關緊要的一個整體。比如：植物學專著的夢。

四、對夢者本人具有重大意義的一些想法、觀念，在夢中表現為另外一個最近發生的、無

關緊要的事件。在我的患者中，這樣的夢為數眾多。

在夢的解析過程中，我發現夢中的一些內容，正是最近發生某些事件的直觀表現，而這些內容就很可能與做夢的動機同屬某一意念範圍之內。或者也可能是一個最近發生的、無關緊要的想法，透過主觀的聯想後，與做夢的動機產生了關聯。由於夢對其素材來源的選擇非常廣泛，所以夢的內容也是千變萬化的。在夢的形成過程中，由於「移植作用」，夢對素材來源產生了一種「選擇性」，這使夢具有了多種不同程度的內容。就像從醫學角度來理解「人們各種意識形式的變化程度」，它通常被認為是腦細胞從不完全活動到完全活動的變化過程。

除了以上提到的夢的四種來源，我們還會發現另外一種來源：一種過去發生的、具有重大意義的印象（一系列的想法），在夢中會表現為一件最近發生的、但無關緊要的小事。這種情況的出現需具備以下兩個條件：第一，夢中的內容與最近發生的事緊密相關；第二，做夢的動機對夢者本身具有重大意義。而我剛才提到四種來源裡，只有第一種能同時符合這兩個條件。現在，我們已經知道那些類似的、並不重要的印象，如果是最近發生的話，仍可以成為夢的素材來源。但要是這樣的印象被拖延一天或幾天，它們就不會再在夢裡出現了。這樣一來，我們也會認為在夢的形成過程中，印象的「最近性」與該印象所需的情感記憶處於相同的地位。

現在我們仍面臨這樣一個問題：如果一些無關緊要的小事會在夢中出現，它們就必須要與最近發生的某件事相互關聯的話。但夢的有些內容卻是一些很早以前發生的事件，而這些事件並沒有給我們留下深刻的印象。那我們在當時為什麼不會忘掉，以至於它們會在最近的夢中出現呢？

對於這個問題，我認為可以從那些心理病患的精神分析中找到答案：那些以前發生的、具有重大意義的事件，在其發生不久後就被移植、重排，被替換成了一些無關緊要的小事，並且這個「替代品」也就留在我們的記憶裡。換句話說，這些看似無關緊要的小事，其實都是我們心靈裡某些意義重大的事件的替代品。否則，它絕不會在我們的夢中出現。

透過分析大量實例，綜合其他學者在這一方面所做的工作，我們發現夢的第三個特點——夢的內容有時會是我們早已忘卻了的兒時的經歷。從這樣的夢裡甦醒過來之後，我們根本不可能把夢中出現的所有情景完全記清楚，因此也就無法知道這種類型的夢所發生的頻率。我們要想證明兒時的經歷，就必須有客觀的、合乎情理的證據，但在日常的生活中，類似的夢例實在是太少了。莫里曾說過一個非常經典的夢例，這個夢是：一個在外漂泊了二十多年的人，想要返回他的家鄉。就在臨走的那晚，他夢到自己在一個完全陌生的地方，正和一個陌生的人交談；當回到家鄉後，他才發現夢中的那個陌生地方正是他的家鄉，而那個陌生人正是他已經去世的父親的一位健在的至交，他還在當地居住。這個夢清晰地重現了他兒時的一些經歷，當然，這個夢更可以反映出他的思鄉心切。這個夢還可以理解為一種急切的夢，就像那位將要去聽演講的女子所做的夢，還有將要和她的爸爸一起去旅遊的小女孩所做的夢一樣，它們都非常直白。可是，做這些夢的動機是什麼呢？如果不經過解析，真相是無法得知的。

有一種「經常顯現」的夢，可以不透過解析就能知道緣由，比如兒時做過的夢，到了成年後仍會浮現在夢裡。雖然我沒有做過這樣的夢，但我的身邊卻有一些這樣的夢例。一個已經三十多歲的醫生曾對我說，他從小到大經常會夢見一隻黃獅子，而且可以詳盡地描繪出夢中的情形。後來，他找到了一個早已被他淡忘的瓷獅子，他的母親告訴他，這個瓷獅子正是他兒時最喜愛的玩具，但他對此早已毫無印象了。

透過對此類夢例的解析，我們會發現，引起這些夢的願望及其他的實現，均源自兒時的一些經歷。所以令我們驚奇的是：在夢中，那段早已遠逝的兒時歲月以及當時的所有衝動依然存在。

我們來重新討論那個以前提到的很有意思的夢——「夢中我的朋友R先生變成了我的叔叔」。當時我對這個夢的解析結果，是我被晉升的願望得以實現，而在夢裡我對R先生的那種特別的情感，被解釋成因為我詆毀了兩位同事而表現出來的反駁。夢是我本人的夢，但我對這樣的解析結果不甚滿意，所以打算更深入的解析。儘管我在夢中如此詆毀兩位同事，但現實中我對他們的評價卻很高，而且我認為自己對這晉升的態度，並沒有達到那種做夢都要惦記的熱切程度。假如我真有這樣的「上進之心」，這是種失常的野心，並且早就該為此感到羞恥和不安了。當然，這只是我自己的觀點，也許別人會認為，我正是這種富有野心的人吧！就算我是一個有野心的人，這樣一個「副教授」的頭銜會使我滿足嗎？

可是，這份野心確實在我的夢中表現出來了，它到底是怎麼來的呢？我想到了一件兒時經常聽到的事：在母親生我（我是母親生的第一個孩子）的那天，一位老婆婆曾對母親說：「你的這個孩子將來一定能成為世上傑出的人物。」聽到這樣的話，再加上一些親戚的附和，母親非常高興。我想，那位老婆婆一定是因為自己沒有這樣的福氣，於是就把她的希冀傾注在新生兒的身上，於是對母親說了這些恭維的話吧！可是這幾句世俗的話語就能成為我那「野心」的淵源嗎？我突然又想起一件事，它發生在我的孩童時期，也許它更具有說服力吧：那時我大概十一二歲，我們一家還在普拉特居住。有天晚上，全家到常去的一家餐廳吃飯。當時餐廳裡有一個貧困潦倒的詩人，他能按照你出的題目即興作詩，以此討要餬口的飯錢。當時他正挨桌討錢，父親讓我去把他叫來為我們作首詩。可是在父親還未出題目之前，他就主動為我作了一首小詩，並且說我將來一定能當上部長級以上的大官；直到現在，我還記得聽到這些話時的那股得意。幾天前，父親帶回來幾個已經出名的大學同學肖像，並掛在客廳裡為我們門廳生輝，而在這些出名的人物裡也包括幾個猶太人。也許就是由於這件事，我在入大學前的最後一刻才從法律改成了醫學，畢竟一個學醫的人是永遠不會當上部長。

現在，讓我們回到這個夢上，就會了解到我目前這樣枯燥的日子與那「部長的日子」之間的天壤之別，正是因為我欠缺這種「年輕時的野心」。至於那兩位我素來敬佩的同事，正是因為他們都是猶太人，所以我在夢中以「呆子」、「罪犯」來詆毀他們。這種情形就好像我是一個高高在上、手握大權的部長。也許是因為部長沒有升我的官，所以我就在這個夢裡扮演了這個「部長」的角色，並且做了這些荒唐的事。

經過對夢的深入分析，我們就會發現有許多夢的素材是兒時經歷，在夢的隱意起源裡占有一定的地位。

在一般情況下，兒時的經歷會隱祕地顯現於夢的顯意之中，透過仔細地分析後它才會露出真正的面目。但要印證這種類型的夢是很難令人信服的，原因是沒有任何證據可以證明這些兒時經歷的真實性。這種很久以前所發生過的往事，在記憶裡早就變得模糊不清了。所以，「兒時印象在夢中重現」這一結論，只能透過資料收集及其分析的結果加以相互印證。

幾種典型的夢

按語：

幾乎每個人，都是以個人的性格特點來構築自己的夢幻世界，因此外人都很難理解他所做的夢；但有一些內容相同、意義相近的夢，幾乎每個人都做過。這種最為典型的夢，正是本節的主要內容。本節佛洛伊德將帶我們走進夢的世界，探索夢的奧祕。

在一般情況下，假如夢者隱瞞了夢的一些意念和想法的話，我們就無法合理解析這個夢，這將嚴重制約我們的釋夢工作。這種說法還需要作一點說明：當夢裡含有「象徵因素」的話，我們的釋夢工作是不需要這些意念想法的。在這種情況下，我們所採用的釋夢方法，準確地說應該叫做「釋夢的輔助方法」。

幾乎每個人，都是以個人的性格特點來構築自己的夢幻世界，因此外人很難理解他所做的夢；但有一些內容相同、意義相近的夢，幾乎每個人都曾做過。這種最為典型的夢，不管夢者是誰，來源都是幾乎相同的。因此研究這些夢，將有助於我們探討夢的來源。這裡，我將把它們作為一整節的內容來討論。透過解析這些「典型的夢」，我們就可以發現這種釋夢方法的作用。如果我們的方法尚有不足之處，還可以以此來做一些修改和完善。

令人難堪的裸體夢

在夢中，夢者一絲不掛地（或穿的衣服很少）出現在陌生人面前，這有時不會使夢者感到難堪和羞愧。但這裡我們將要探討的夢是相反的情況：夢者夢到自己裸體並感到難堪、很想躲避，但自己似乎又被束縛了，無論怎樣都不能改變這種尷尬的窘態。具有這樣的特點的夢，才是我們要探討的內容，否則夢的核心內容就會包含諸多的關係以及各式各樣的個人特徵。這種夢的關鍵是：夢者在夢裡感到羞愧和難堪，想盡快改變現狀，但又無能為力。我想絕大多數的讀者都做過類似的夢吧？

一般而言，夢中的裸露程度非常模糊。夢者可能會辯解：「我是穿著內衣的。」但事實上這通常並不確定。在很多情況下，夢者都會用一種含糊的方式來表達夢中的裸體情形：「我好像是穿著內衣或是襯裙之類的衣物。」但這類衣物的單薄程度，一般不會引起夢中那麼深刻的羞愧感。

通常，夢中出現的旁觀者都是些陌生人，而且沒有確定的外貌特徵。在這種典型的夢裡，夢者常常不會由於自己的裸露而受到別人的責備；相反，這些人表現出一副冷漠的表情，或者是像我曾經留意過的一個夢，夢裡那些人的表情是呆板僵硬的，這一點值得我們認真考慮。

「夢者本人的難堪」和「別人的冷漠」形成了強烈的對比。從夢者本身的角度來看，這些人多少應該表現出驚訝的神情，或是對他嘲笑、訓斥一番。我以為在這種情況下，夢中「願望的實現」代替了別人厭惡的表；可是夢者所感受到的難堪，卻由於某種原因保留了下來。對於這個被「願望的實現」改裝的部分，我們還不甚了解，可是這個現象確實存在。據此，安徒生寫下了那篇童話〈國王的新衣〉（*The Emperor's New Clothes*）。在安徒生的那篇童話裡，兩個騙子為國王織了一件所謂的「只有高貴和誠實的人才能看見」的衣服，於是國王就穿上了這件連他自己都看不見的衣服，而那些裝腔作勢的大臣和虛偽膽小的人們，都稱讚國王的這件衣服是如何高貴華麗，而不敢承認國王確實赤身裸體。

其實，我們夢中也會出現這樣的情景。我們可以做一個假設：夢中出現的那些令人無法理解的內容，正是由這赤裸的情形所引起了某些記憶。只是這些記憶中的情景並不具有原有的性質，而是具有新的刺激意義。由此我們可以發現：在某種意識裡，「續發精神系統」將怎樣「曲解」夢的原有內容，並且它是決定夢的最後形式的重要因素。另外，在形成恐懼症或強迫意識的過程中，這種「曲解」（相對於具有同樣的心理人格而言）也是一個重要的因素。

我們甚至還能知道，是什麼素材產生了這種曲解。夢其實就代表那兩個騙子，夢者本人就代表國王，而被曲解的事實，是因為道德方面（只有誠實的人才能夠看到這件衣服）的原因而曝光，這些表達了夢的隱意——被抑制和禁止的願望。從我分析心理病患的夢來看，我發現夢者兒時的記憶，在他們的夢中確實占有很重要的地位。只有在兒時，當我們穿著極少的衣服在親戚、保姆、傭人、甚至是陌生人的面前出現時，才不會感到羞愧。有某些年紀稍大一點的孩子，當他們脫下衣服時，不但不會感到羞愧，反而會高興地跳著叫著，還不時地拍打自己的身體，這時母親或是其他在場的人會嗔怪說：「喂！趕快穿上衣服，丟不丟臉！」也許小孩就是有這種在人前裸露自己身體的慾望。我們也許都有這樣的經歷：當我們路過一個小村子的時候，總有幾個兩三歲的小孩當著我們的面解開衣釦或是撩起裙衫，也許他們就是用這種方法來向我們問候吧！我的一位患者就清楚地記著這樣一件事：他八歲時，有一天睡覺前，他非要只穿著內衣去他妹妹的房間裡跳舞，但後來還是被傭人制止了。心理病患對這種兒時在異性小孩面前暴露自己身體的記憶，有著深刻的印象；而患有妄想症的患者在脫衣服的時候，會產生一種被別人窺看的妄想，這也可以歸咎於兒時的某些經歷；那些性變態患者的「暴露症」，通常也是由這種兒時暴露慾望的不斷增強所引起。

每個人的兒童時代都是天真無邪的，人們在成年後回想起那段日子，常常彷彿有「置身於天堂」的感覺。事實上，我們每個人在童年裡，都曾想過天堂能實現自己很多幻想，而這就是人們在天堂裡並不為自己的裸體而感到羞愧的原因。人們一旦產生了羞惡之心，就從樂園裡被驅逐，產生了性和文化，並不斷發展。往後，人們就只有在夢中才能重溫天堂美好的往日。我們曾作過推測：那些最早的兒童（三歲以前）印象，都是一些本能慾望的直觀表現，所以這些印象的重現，就是願望的實現。由此看來，裸體夢的本質就是「暴露夢」。

這種「暴露夢」的主角，通常是現在的夢者，而不是童年的形象。日常生活中種種穿衣的情形和夢中的「審查作用」，導致了夢者在夢裡往往不是全裸的，而是一種「衣冠不整」的樣子，然後夢裡出現了一個陌生人，從而引起夢者的難堪羞愧之感。在我手邊這種類型的夢例裡，我發現夢裡的那些旁觀者，並不是童年時期在旁觀看的那些真實人物，因為夢本身並不是一種單純的回憶形式；令人奇怪的是，那些歇斯底里患者和強迫性心理病患者兒時的「性」興趣對象，不會在夢中出現，而旁觀者卻會出現在妄想症患者的夢中。儘管患者本人也看不見「他」，卻可以荒誕地肯定那個「他」就在身邊。

可是夢中的旁觀者，為什麼會被替代成那些對夢者的難堪場面並不留意的「陌生人」呢？事實上，這正是對夢者想在熟人面前暴露願望的一種「反願望」。夢中的「陌生人」有時還會有別的意義，但從「反願望」來看，它通常代表了一種隱祕之事（夢到「所有的親人在場」也是同樣含義）。我們還可以發現，妄想症患者夢到的那種「往事重現」，也能符合這種「反願望」。夢中並不是只有夢者一個人，一定有另外一個人（或一些人）在窺視著夢者，而這個（些）人的形象也是「陌生的、特徵模糊的、奇怪的」。

在這種「暴露夢」中，「抑制作用」也會產生一定的力量，這是因為那些完全裸露的影像，會被「審查作用」禁止，因此在夢中無法清晰地顯現。由此我們可以看出，夢中所感到的那種尷尬感覺，完全是由「續發心理系統」引起的反應。而避免這種令人不快的感覺的方法，就是讓夢中出現的情景不再繼續下去。

親人之死的夢

上述所講的那種夢，其實算不上是「典型的夢」。對這樣的夢進行解析，我們可以發現它其實是暗示著某種隱祕的、表面上無法獲知的願望，這個願望才是這種夢的本質內容，而夢者並不會因此而哀傷。我們知道，這種夢蘊含的情感並不屬於夢的顯意，而是屬於夢的隱意，並且這種「情感內容」並沒有經過「改裝」，而仍然保持著「觀念上的內容」。

可是在另一種夢裡，夢者卻夢到了親友的死亡，從而使夢者感到哀傷和悲痛。從夢的顯意來看，夢者本人有這種希望自己的親友死亡的願望，但曾做過這種夢的讀者們一定會對此產生懷疑。下面，我將盡量採用足以令人信服的理由來說明這個問題。

在我以前所舉的一些夢例中，一些被實現的願望並不是夢者當前的願望，它們很可能是那些以前的、被遺忘的，或是被深深壓抑的願望。但我們不能因為它曾經在夢中出現過，就認為這些願望還繼續存在於我們的意識裡。不過，它們確實沒有完全消失，並不是像人那樣死了以後就徹底地歸於虛無，而倒是與《奧德賽》（*Odyssey*）裡的幽靈有點相似，一旦喝到人血就會復活。

我們先來考慮一下，小孩與他的兄弟姐妹之間的關係。我們總是認為，兄弟姐妹之間永遠充滿了關愛，這一點我怎麼想也不明白。事實上，我們每個人都曾怨恨過他們，而且我們可以證明這種疏遠源於兒時心理，有的至今仍未消除。儘管有些人對他的弟妹們確實照顧得很周到，但他們的心裡仍然存在著早在兒時就已產生的怨恨和敵意。兄長打罵他的弟妹、搶奪他們的玩具，年幼的只能忍氣吞聲、對兄長充滿了畏懼和忌妒。後來，這些年幼的小孩首次為「獲得自由」而引發的鬥爭，或對自己不公平的境遇所進行的反抗，也都是針對他們的兄姐進行。每當孩子們爭吵扭打的時候，父母們總是對此抱怨不停，卻找不出其中的原因。

我們無法要求一個小孩的性格達到成人的成熟水準，小孩絕對是利己主義的，當他產生了一個願望，就會迫不及待地想去實現它；而一旦出現了競爭對手（也可能是別的小孩，但多數情況下還是他的兄弟姐妹們），他們更會竭盡所能地去實現自己的願望，但我們並沒有因此稱他們為壞孩子，我們只會說他們調皮、搗蛋。畢竟他們的年紀太小，無法透過判斷來辨識其行為的對錯，也無須為他們的過失負什麼法律責任。而當他們長到了所謂的「童年期」時，他們幼小的心靈開始萌發了道德觀念和助人為樂的意識；如果用梅涅特（Theodor Hermann Meynert）的話來說，就是由於「續發自我」的產生，從而壓制了「原發自我」。當然，這種道德觀念的發展，並不是在所有方面同時進行，童年時期中的非道德期也因人而異。我們通常把道德觀念的失敗發展叫做「退化」，其實這只是一種「遲滯現象」。「續發自我」的產生，使「原發自我」漸漸被掩蓋，但在歇斯底里患者發作的時候，我們仍能或多或少地發現「原發自我」的跡象。我們發現：在「歇斯底里個性」與「頑童」之間，確實存在著非常明顯的相似之處；而那些強迫性心理病患者卻恰恰相反，他們是因為「原發自我」過於明顯，而使得「道德觀念過分的發展」。

許多人與他們的兄弟姐妹相處得非常和睦，而且對他們的死亡感到悲慟欲絕；可在他們的夢裡仍能發現兒時潛意識裡的敵意，它們仍然沒有被完全消亡，並仍會在夢中出現。

我幾乎可以肯定，每個人都曾夢到過有關兄弟姐妹死亡的夢，並且能找到那些潛在著的強烈的怨恨和敵意，而這在女性患者身上（除了僅有的一個例外）都得到了證實。至於那個例外，我並不需要進行複雜的分析，就可以把它也作為一個證據。有一次，我正在向一個女患者解釋某件事情，我突然想到她的病也許會與這種情況有關。於是我就問她是否做過這樣的夢，讓我驚訝的是她的回答居然是否定的。但她說她四歲的時候做過一個與此顯然無關的夢（她是家裡最小的孩子），後來這個夢又反覆出現了好幾次：「一大群小孩在草原上做遊戲，其中包括她的表兄和表姐。突然間，他們全都長出了翅膀飛走了，並且再也沒有回來。」她本人並不了解這個夢的意思，但我們可以看出這個夢確實是表示所有小孩都死亡的夢，只不過它沒有受到「審查作用」的很大影響，而以一種原始形式表現出來了。我可以作一個大膽的推斷：這個女患者小時候和別的小孩在一起生活，而在這麼多孩子裡，曾有個孩子夭折了，而當時還不到四歲的夢者一定會提出這樣一個問題：「小孩死了以後會變成什麼樣子？」也許她所得到的答案是：「他們的身上會長出小翅膀，然後就會變成了小天使。」經過這個推斷，夢中的那些兄、姐們就長出了翅膀，像天使那樣——飛走了（這一點很重要），然而夢者本人——天使的製造者卻留了下來，其餘的全部都飛走了。一群小孩在草原上玩遊戲，突然就飛走了，這好像是在說蝴蝶——由此看來，小孩的聯想，就和古人對靈魂都有蝴蝶般翅膀的聯想一樣。

說到這裡，也許有人會問：「就算是兄弟姐妹之間存在著敵視態度，但孩怎會像你所說的那麼邪惡？難道孩子會希望他的對手和比他強大的夥伴全部死去嗎？難道孩子對所有罪惡的懲罰，只有置於死地這唯一的方法嗎？」可是人們沒有注意到：小孩對死亡的理解，並不像成人所理解的那樣。小孩並不理解屍體、腐爛、陰森的墓穴、恆久的虛無以及由此產生的種種恐怖印象，所有這些對一個大人來說是不能忍受的，但小孩根本不能理解令人恐怖的死亡，他甚至和他的夥伴開玩笑：「如果你再那樣做的話，就會像法蘭西斯一樣死去。」但假如一個母親聽到這樣的話，她肯定會大為震驚，因為在她看來，有很多孩子會早早夭折。一個八歲左右的孩子和母親參觀完自然歷史博物館之後，這個孩子對媽媽說：「我親愛的媽媽，我是多麼愛妳！如果妳死了，我就要把妳做成標本放在房間裡，那樣我就可以天天看到妳了。」從上面的幾個日常例子中，我們可以發現小孩對死亡的認知，和我們成人的多麼千差萬別！

另外，對一個沒有見過臨死前痛苦場面的小孩來說，「死亡」就是「離開」的象徵，而「離開」則意味著「不再打擾那些活著的人們」。但小孩不明白這種「離開」是怎樣形成的，是因為距離上的遠近，還是由於相互關係的疏遠，抑或是死亡？有一位對精神分析稍有研究的父親，想看看自己的女兒是否能區分「死亡」和「離開」這兩個概念，而他的女兒四歲了，而且極為聰慧。有一次，小女孩在吃飯時搗蛋，當看到一個住在她家裡的女傭人在瞪著她時，她就對她的父親說：「讓那個約瑟芬趕快去死。」她的父親平和地問她：「為什麼一定要她死呢？讓她離開不是更好嗎？」這個小女孩答道：「不行！她離開之後還會再回來。」從兒童的利己主義來看，他們把任何一個細小的干涉，都視為不可寬恕的罪過，因此在他們的法典裡只有一種刑罰——死。現在讓我們來設想一下，一個小孩在很小的時候，他的保姆被解僱了，過了不久他的母親又去世了。從我們的分析來看，這兩件不同的事情，在這個小孩的記憶裡將疊加成一個單獨的事件，而且小孩對某個離開的人並不會表現出強烈的思念，而這一點經常使某些不了解內情的母親傷心不已。比如說，有個母親外出旅行了好幾天，當她回來後聽到傭人說，「你不在家的時候，孩子從未問起你」；但是如果母親真的去世了，永遠不會回來，起初時孩子們似乎忘記了她，但隨著年齡的增長，他們自然會逐漸回憶起去世的母親，並為她哀悼。

所以，當一個小孩希望別的小孩離開時，他就難免會用死亡的形式來表達這種願望。而從那些包含著死亡願望的夢裡所表達出來的心理反應可以證明，儘管夢中的內容有多大的差異，但夢中兒童所表達的願望，和成人的願望卻是相同的。

從上面的論述中，我們可以知道：小孩夢見他的兄弟姐妹死亡，是因為他們的利己主義，他把他的兄弟姐妹看成了競爭對手，從而引起了潛意識裡的怨恨和敵意。但是，對於父母死亡這樣的夢又該怎樣來解釋呢？父母生我、養我、愛我，即便是從利己主義出發，也不該有這種期待父母死亡的願望吧！

我們可以找到某些線索來解釋這個問題：大多數類似的夢中，夢者都夢見了與他同性親人之死。也就是說，男人夢到了父親之死，女人則夢到了母親之死。當然，我以為這並不是絕對，但絕大多數情況下是這樣的。所以，我們就要從那些具有普遍意義的因素出發，對此進行解釋。一般情況下，根據童年時「性」的選擇規律，男孩視其父親為情敵，女孩則視母親為情敵。因此，只有在除去情敵的條件下，夢者才會如願以償。

也許有人會認為，我以上的說法是奇談怪論，但我想大家還是先對父母與兒童的關係作一番思考。在考慮這層關係之前，我們要把傳統的行為標準以及世俗的孝道所要求的父子關係，與日常生活中的真實父子關係分開，這樣才能發現父母和兒童之間常常隱含著敵意。而正是這種關係的存在，為那些無法通過「審查制度」的願望提供了絕佳的機會。

我們先來看看父子之間的關係：在古代的家庭裡，父親越是暴虐，兒子就越敵視他的父親，內心裡急切盼望父親盡快死去，從而可以繼承父親的大權；而在那些中產階級的家庭裡，父親往往不讓孩子自主選擇，甚至違背孩子的意願，使父子之間的敵視態度日益增加。醫生在現實生活中經常可以看到這樣的現象：兒子在聽到父親去世的噩耗時儘管悲痛欲絕，但有時仍會流露出因此而得到自由的滿意神色。一般情況下，現代家庭中的父親仍牢牢地握著父權不放，因此著名的詩人易卜生才會在他的戲劇中充分體現這種歷史悠久的衝突。

當女兒長大成人，並希望獲得性自由的時候，她卻發現母親總在身邊監視著自己，於是在母親和女兒之間就形成了衝突和敵對；另一方面，母親面前的女兒已是亭亭玉立了，這也引起了母親為自己失去的青春而感傷。

以上的事實都是我們耳聞目睹的。但對那些推崇孝道的人們來說，這種親人死亡的夢是無法解釋的。然而我們卻可以依據上述的探討去探索童年早期的有關死亡願望的來源問題。

對心理病症的分析，無疑證實了我上面的觀點。分析的結果表示：小孩最原始的「性願望」，在很久以前就產生了，那時女孩最早的情感對象是她們的父親，而男孩的對象則是他們的母親。因此對男孩來說，父親就變成了他所嫉恨的情敵。同樣，女孩也是如此，就像上述兄弟姐妹之間產生的敵意一樣，小孩的內心把這種情感寄寓到「死亡的願望」裡。當然為人父母者也有同樣的「性選擇」。一般情況下，父親疼愛女兒，而母親則疼愛兒子。這種規律並不能使判斷力受到任何改變，每個父母還是嚴格教育子女的。而小孩本身也能注意到這種偏愛，於是就反抗不那麼疼愛他的一方。小孩並不僅僅滿足於他的某個特殊願望能夠得以實現，而且還希望父母們愛聽他所說的話，縱容他的各種意願。簡而言之，小孩之所以這樣做，首先是出於自身的「性本能」，而父母的一些做法更加強了他的這種傾向。

我曾經仔細研究過一位經歷過不同精神狀態的年輕女子。起初，她的疾病處於一種極為混亂的激動狀態，並且對她的母親表現出極大的厭惡感。她的母親一走近她，她就又哭又鬧；但相反的是，她對僅比自己大兩歲的姐姐卻百依百順。接著她又處於一種神志清醒的狀態，但此時她極其冷漠，而且睡眠也不安穩。我就是在這種情況下治療她，並且分析了她的夢。她所做的很多夢，都是以不同形式表現出來的關於母親死亡的夢：有時她夢到自己去參加一位老婦人的葬禮；有時又夢到她和姐姐穿著喪服一起坐在桌旁。這些夢的意思都很明顯。當她的疾病開始好轉的時候，她又會表現出歇斯底里性驚恐。在這種情況下，她非常擔心她的母親，深怕她發生什麼意外，不管她在什麼地方都要急忙回家，好讓自己相信母親還活著。這個特殊的患者，還有其他的一些經驗使我深受啟發：精神系統對同一刺激觀念會作出不同方式的反應，就好像用不同的語言來翻譯同一句話。我認為在混亂的狀態中，那些平時受到抑制的原本精神系統，推翻了續發精神系統，從而使她的潛意識裡對母親的敵意得到了一種強烈的運動性表現；而當她處於清醒狀態時，潛意識裡的反叛就平息，此時的審查制度又得以重建。因此只有在夢中才能實現那個希望母親死亡的願望了。如果正常狀態可以繼續鞏固的話，她就會產生一種歇斯底里性的逆反應和防禦現象，這又會讓她過度地擔憂自己的母親。由此不難了解，為什麼患有歇斯底里的女子，總會對母親表現出強烈的依附情感了。

以我的經驗來看，那些後來才患有心理病症的患者，在兒童時期，父母在他們的心裡占有主要的地位。在童年時期，他就深愛著雙親中的一方、而怨恨另一方，從而產生了一種永久性的心理衝動；同時，這也是導致他們在日後患上心理疾病的重要原因。但我並不認為心理患者與正常人在這方面存在著差異——即我不認為這些患者能夠自創出離奇的東西。比較客觀的說法（透過對正常的孩童的觀察，可以得到證實）是：在其對父母愛與恨這一方面，後來患上心理病的孩童對此表現得要比那些正常的孩子更為強烈與明顯。從古代流傳下來的一些傳聞裡，我們或多或少地可以看到類似的現象。要想真正發現這些現象的普遍性、深刻性，只能透過假設孩童的心理來實現。

對於這種親人死亡的「典型的夢」，我打算作幾點補充，來表明它們對一般的夢理論有著重要的意義。這些夢顯示出一種不同尋常的特性：一些潛伏的、被抑制的願望，未經「審查作用」就會以原本的面貌出現在夢的內容裡。這種情況的出現需具有兩個前提，首先，我們的內心一定有某些潛藏著的願望。對於這些願望，我們非常有自信，它們絕不會在夢中出現，所以這些潛藏的願望，就成功地逃過了「審查作用」的檢驗。就像所羅門法典一樣，在它策劃之初，並沒有想到把「弒父罪」加進去；其次，這種願望能夠以一種擔憂親人的形式，與日間的一些心靈殘留物相互融匯，也使憂慮的感受隨著與之相適應的願望出現在夢中。因此，日間所引起的對親人的關注，就會掩飾夢中的這個願望。如果有人非要認為，夢純粹是一種夜間的心靈活動，而對這種親人死亡之夢另作一番解釋的話，那他們的解釋將更加簡單，就不用再去探究那些尚未解決問題的原因了。

對這類夢與「焦慮夢」之間關係的研究，是很有啟發性的。在這類夢裡，潛藏的願望可以避開「審查作用」，而無須改裝，由此給人一種真實感，而引發出痛苦、哀傷的情感出現在夢中。同樣，「焦慮夢」也是受「審查作用」壓制而產生，但與此相反的是，只有當源自身體的刺激引起較為真實的憂慮感時，「審查作用」才會恢復。由此我們可以看出，心靈只能透過「審查作用」改裝夢，並以此避免產生憂慮和其他形式的痛苦情感。

前面我們已提到了兒童心理的完全自我主義，現在我需要強調的一點是：所有的夢都是以自我為中心的，而且每個夢裡，我們都可以發現自我的存在，有時這個自我是經過改裝後出現在夢中。而且夢所實現的願望，也都是自我的願望，從表面上看來是「助他」的一個夢，事實上卻是「利己」的。

電子書購買

國家圖書館出版品預行編目資料

總之，就是慾求不滿：恐懼症、戀母情結、惡夢的真相……一本書讀懂十九世紀最大膽的佛洛伊德精神分析學 / 劉燁，諾瓦編著. -- 第一版. -- 臺北市：崧燁文化事業有限公司，2021.11
面； 公分
POD 版
ISBN 978-986-516-913-8(平裝)
1. 精神分析學
175.7 110018259

總之，就是慾求不滿：恐懼症、戀母情結、惡夢的真相……一本書讀懂十九世紀最大膽的佛洛伊德精神分析學

臉書

編　　著：劉燁，諾瓦
編　　輯：簡敬容
發 行 人：黃振庭
出 版 者：崧燁文化事業有限公司
發 行 者：崧燁文化事業有限公司

E-mail：sonbookservice@gmail.com
粉 絲 頁：https://www.facebook.com/sonbookss/
網　　址：https://sonbook.net/
地　　址：台北市中正區重慶南路一段六十一號八樓 815 室
Rm. 815, 8F., No.61, Sec. 1, Chongqing S. Rd., Zhongzheng Dist., Taipei City 100, Taiwan (R.O.C)
電　　話：(02)2370-3310　　傳　　真：(02) 2388-1990

印　　刷：京峯彩色印刷有限公司（京峰數位）

定　　價：399 元
發行日期：2021 年 11 月第一版
◎本書以 POD 印製